新时代

非凡十年的宝山答卷

中共上海市宝山区委党史研究室 编

上海人民出版社

《新时代非凡十年的宝山答卷》编纂委员会

主 任 委 员 徐　静

副主任委员 申向军　杨遇霖　叶　强　严春敏

　　　　　　　祁　昕　高虹军　戴建美

委　　　员（按姓氏笔画为序）

王　建　王春明　王律峰　王素炎　王燕华　王　霖　毛玉兴

方永兴　方燕斌　邢　丹　吕继东　朱　英　朱显武　刘传宝

刘绪和　刘新宇　江海波　江瑞勤　江静良　孙红旺　孙　洁

孙康蓉　孙鲁峰　苏　玲　李　岚　杨　成　豆　翔　吴璟璆

沈玉春　沈　江　沈邵军　沈海敏　沈　斌　沈　强　宋发清

张晓立　张　健　张海雁　张　彬　张维倩　张　震　张　翼

陆　平　陆艳萍　陆琼瑜　陈志英　陈林勇　范文骏　范丽君

季　婷　金　晨　周少龙　周春艳　周　嵘　周裕红　郑　恺

赵　江　赵婧含　俞　虹　饶宇循　姜玮枫　姜　虹　钱　芳

郭昭如　唐凌峰　黄一欣　黄联卫　龚剑华　彭　渤　董　义

曾文慧　蔡　璐　潘振飞　潘惠芳

《新时代非凡十年的宝山答卷》编辑人员

主　　　编 戴建美

副 主 编 王素炎

编　　　辑（按姓氏笔画为序）

田翔辉　吴思敏　吴嫣妮　金　毅　郭莹吉

《新时代非凡十年的宝山答卷》撰稿员

(按姓氏笔画为序)

马　婕	王晓磊	王倩文	王韵怡	毛　烨	卞宇江	方　帆	田玉帅
朱　凤	朱龙明	朱　诚	朱　勇	朱晓婷	朱越倩	刘子禾	刘旭阳
刘　杨	刘　茜	刘晓菲	安昱昊	许倩倩	孙玉梅	孙　娇	严伊莉
李永红	李　阳	李　彤	李秋洁	李梦寒	杨人喜	杨　帆	吴依芸
吴泽昊	吴思敏	吴嫣妮	余圣洁	汪　宇	宋雨沁	宋紫薇	张子凌
张艺凡	张　嵘	张静雯	张燕娣	陆　韵	陆曙东	陈子慧	陈　军
陈非凡	陈易飞	陈　清	邵钰婷	武厚志	周丝雨	郑　捷	赵　欣
赵宗哲	赵　剑	赵晓怀	段楚雯	须平川	姜丽丽	贾如意	顾　宸
徐　辛	徐国芳	徐　莹	徐彩香	凌　超	高海婴	黄佳怡	黄　莺
黄　清	黄舒涵	曹登峰	崔　峰	程晓堃	谢清仪	蒲佳丹	樊哲然
潘　杰	潘　泓	潘浩强					

目

CONTENTS

录

前言

　　在宝山区砥砺奋进"北转型"、全力建设科创中心主阵地之际，为全面回顾总结党的十八大以来全区在经济建设、政治建设、文化建设、社会建设、生态文明建设以及党的建设等领域的发展历程和标志性成就，中共宝山区委党史研究室认真贯彻落实中共宝山区委和中共上海市委党史研究室工作部署，组织全区有关部门共同编写了《新时代非凡十年的宝山答卷》一书。

　　党的十八大以来，宝山区面对新时代发展中出现的新情况、新机遇、新挑战，始终坚持以习近平新时代中国特色社会主义思想为指导，贯彻落实中央、市委决策部署，积极践行人民城市重要理念，以实施重大战略任务为牵引，全面深化"北转型"战略布局，经济社会实现全面跨越式高质量发展，人民群众的获得感、幸福感、安全感迈上新台阶。

　　党的十八大以来，宝山区委、区政府紧紧围绕"两区一体化"总目标，落实"五个好"总要求，团结、带领和依靠全区人民，奋勇拼搏，胜利完成"十二五"规划的发展任务。坚持深度融合，加快转型发展，奋力打造宝山"两区一体化升级版"，坚决扛起市委赋予的建设上海科创中心主阵地新使命，凝心聚力、开拓进取，顺利完成"十三五"规划的发展任务，高水平全面建成小康社会，各项事业发展和人民生活水平迈上了新的台阶。坚持锚定"上海科创中心主阵地、国际大都市主城区、绿色低碳转型样板区"战略定位，系统性整体性推进产业转型、空间转型和治理转型，科技创新策源功能和高端产业引领功能不断强化，城市能级和核心竞争力不断提升。

　　《新时代非凡十年的宝山答卷》一书全面展现党的十八大以来党的创新理论扎根宝山、引领变革的思想伟力，全景呈现宝山区践行新思想新理念、推进新发展的生动实践，真实反映宝山干部群众踔厉奋发、笃行不怠的精神风貌。新时代的宝山，承载着吴淞开埠"开放立区"、建设宝钢"实业兴区"的深厚积淀，迈上了"科创强区"的新征程。希望本书的出版能够鉴往知来，激励全区上下紧扣"主阵地、主城区、样板区"的目标定位，聚焦"转型"发展，坚定不移推动产业和城市功能转型，奋力建设人民城市，谱写中国式现代化宝山实践的新篇章。

综述

　　党的十八大以来，党和国家事业取得历史性成就、发生历史性变革，推动我国迈上全面建设社会主义现代化国家新征程。**这十年**，习近平总书记先后五次亲临上海，出席重大活动，考察指导工作，作出重要指示，交办重大任务，赋予重大使命，为上海发展指明了前进方向。市委、市政府团结带领全市干部群众，以排头兵、先行者的姿态，牢记嘱托、砥砺奋进，奏响了新时代上海发展的最强音。**这十年**，宝山区坚持以习近平新时代中国特色社会主义思想为指导，坚决贯彻中央、市委决策部署，先后提出打造"两区一体化"及其升级版[1]、建设"国际邮轮之城、智能智造之城"等工作规划并积极推进实施，在转型发展的道路上艰辛探索，奋力追寻"后工业时代的诗和远方"。**特别是2020年以来**，市委、市政府作出"南北转型"战略部署，赋予宝山"上海科技创新中心主阵地、国际大都市主城区、全市绿色低碳转型样板区"的发展定位，曾以重工业名扬天下的宝山踏上了"勇担新使命、奋进北转型"的崭新征程，朝着"成为服务辐射长三角北翼的重要节点和上海北部经济发展新的增长极"的目标阔步前进。2012—2022年，宝山地区生产总值从1073.27亿元增至1771.20亿元，增长46.1%；区级一般公共预算收入从94.1亿元增至173.77亿元，增长84.7%；2015—2022年城乡居民人均可支配收入从48499元增至79344元，增长77.9%；成功创建中国产业互联网创新实践区（全国首家）、中国邮轮旅游发展示范区（全国首家且唯一），获得全国双拥模范城（八连冠）、平安中国建设示范区、国家卫生区、全国科普示范区等荣誉表彰；103个

---

　　[1]"两区一体化"：建设全市加快经济发展方式转变的示范区、推动城市转型发展的最佳实践区，率先基本实现城乡一体化。"两区一体化"升级版：着力建设发展战略性新兴产业的重要承载区、城市功能转型的最佳实践区，迈向更高水平的城乡一体化。

项目斩获国家、上海科学技术奖，全国首片 8 英寸石墨烯晶圆、首艘南极考察无人艇、首例新型烯碳铝合金等一批解决"卡脖子"问题、实现国产有效替代的科技成果项目在此诞生并转化。宝山大地经济更富活力、民主更加健全、科教更加进步、文化更加繁荣、社会更加和谐、人民生活更加殷实，在非凡十年交出了一份厚重提气、凝心聚力的高质量答卷。

一、坚持创新转型，持续推动经济高质量发展

坚持稳中求进工作总基调，加快产业转型和新旧动能转换，推动经济实现质的有效提升和量的合理增长。十年来，全社会固定资产投资累计达 5208.89 亿元，工业总产值、商品销售总额、社会消费品零售总额较 2012 年分别增长 24.8%、150.1%、91.7%。经济结构进一步优化，房地产业占区级税收比重下降到 34%，"十三五"期间，单位增加值能耗累计下降 29.63%。

推进战略性新兴产业集聚发展。坚持把发展经济的着力点放在实体经济上，围绕全市产业体系切入细分赛道，实施"南总部 + 北制造"全产业链提升计划，推进制造业从"基础性"向"战略性"跃升。上海机器人产业园、超能新材料科创园、北上海生物医药产业园、"数智南大"产业园、宝武（上海）碳中和产业园获批市级特色产业园，宝山成套智能装备产业集群入围国家级中小企业特色产业集群。生物医药产业成长迅速，近三年产值年均增速达 23.5%，企业数从 2020 年不足百家增至近 400 家，生物医药产业固定资产投资年均增速超 100%。建成"宝山药谷"等高品质、专业化载体，成功创建全市唯一的创新型疫苗科技园，集聚康希诺、蓝鹊、艾博、药物牧场等优质企业，全球首款吸入式新冠疫苗量产上市，全国首款自主研发的新冠 mRNA 疫苗在国外上市。先进材料产业迈向高端，在超碳、超导、超硅等细分领域形成先发优势，国内首个千米级高温超导电缆示范工程全线贯通，上海国际超导公司成功创建"上海市制造业创新中心"。机器人及智能制造产业发展壮大，全球工业机器人"四大家族"中的发那科、安川均在宝山布局，区内 5 家企业跻身全国工业机器人百强企业。

抢先布局新赛道。围绕绿色低碳、元宇宙、智能终端等新赛道，躬身入局，

抢占先机。加快打造全市绿色低碳转型样板区，出台实施意见、三年行动计划，制定碳达峰实施方案，发布"宝山区绿色低碳十大行动"，推动企业组建并壮大"宝山区绿色低碳发展联盟"，形成从长远布局到近期部署、从总体策划到具体安排的推进体系。低碳供应链先行先试，打造长三角低碳供应链公共服务平台，推动重点领域供应链绿色低碳转型。参与目前国内市场上规模最大的碳中和主题基金"宝武绿碳"基金，与宝武集团共建碳中和产业园。布局数据、模型等底层技术，参建碳量化国际标准，国产碳量化工业软件等首次纳入欧盟目录清单，为国家竞争绿色贸易国际规则制定权。聚焦元宇宙，发布工业元宇宙产业发展三年行动计划，首批遴选发布十大应用场景，打造工业元宇宙的创新孵化园、核心产业区、若干产业基地和一批"工业元宇宙示范工厂"，推动宝武碳业获评国家级智能制造示范工厂。

大力发展"五型经济"。推动创新型经济、服务型经济、开放型经济、总部型经济、流量型经济相互赋能、形成合力。为全市"五型经济"发展贡献宝山长板，大力发展以钢铁电商平台为代表的流量型经济，完成上海钢铁领域平台经济示范区创建，依托宝武等龙头企业，集聚千亿级大宗商品电商平台，交易结算量占全国六成以上，欧冶云商、钢银电商双双成为全国供应链创新与应用示范企业。上海钢联螺纹钢价格指数在新加坡交易所上线，成为现货与衍生品结算指数，提升国际话语权。大力发展服务型经济，推动服务业从"配套性"向"特色化"升级，2022年，第三产业增加值占全区生产总值的比重达65.3%；第三产业固定资产投资420.33亿元，占全区固定资产投资额比重为74.6%。大力推动现代服务业发展，以微盟等领军企业为代表的软件和信息服务业企业超90家，以能良电子、波司登、爱回收等为代表的15家电子商务企业完成交易额206.27亿元，比2012年增长3.1倍。构建"3+5+N"的商业发展格局，形成淞宝、北中环、共康三大商业商务集聚区和顾村、罗店、逸仙路、杨行、上大五大地区商业商务功能区，一批大型商业综合体和品牌连锁店相继建成开业。载体能级不断提高，亿元以上载体17个，92个重点商务载体单位面积税收平均达1798.49元/平方米。"宝山区五五购物节"连续四届成功举办，推动线上线下多元化消费。

打造一流营商环境。迭代推进优化营商环境行动方案1.0至6.0版，着力打造市场化、法治化、国际化的一流营商环境。深化放管服改革，审批事项总数大幅减少 16%，行政许可事项承诺办结时限比法定时限平均减少 70% 以上，创新推出"拿地即开工""单体竣工验收""桩基先行"等举措，"首席代办"获全市优化营商环境优秀案例。每年安排 10 亿元财政资金扶持产业发展，出台生物医药等专项产业政策。推进政务服务"一网通办"，"宝你会"一件事服务场景达 46 个，"宝你惠"政策直通车为企业提供资金拨付便捷服务，"宝你慧"智能填表覆盖 90 个高频事项及各类政务服务事项接近 3000 项，网办率突破 90%，审批环节、跑动次数普遍减少三分之二以上，整体审批用时压缩一半以上，申请材料精简三分之一以上。累计推出区级"免申即享"政策服务 28 项，政务服务"好差评"始终保持 99.99% 的好评率。与江苏苏州、浙江湖州、安徽宣城等地 53 个政务服务机构建立合作关系，形成"异地收件、两地联办、相互监督、责任可溯"的协作机制。落实国家和上海市减税降费等助企政策，出台宝山"46 条"、稳增长"20 条"、提信心"28 条"等，累计减税降费超 110 亿元。发展活力持续增强，注册企业数达178538 家。

推动改革开放向纵深发展。完成机构改革、群团改革、街镇体制改革、投促体制调整等重点改革任务，非公企业工会改革"顾村经验"全国推广。加快区属国资布局优化和专业化重组，国投集团、城建集团、高新集团、吴淞口文旅集团、城运集团挂牌运营。积极服务构建新发展格局，在全市率先实现长三角电子证照线上线下跨省调用，"跨省通办"合作圈扩至 10 个省，成功调用长三角电子证照1400 余次。稳定外资外贸，十年累计实到外资 35.3 亿美元，累计认定跨国公司地区总部 6 家，外资全球研发中心 2 家，外资研发中心 8 家。承接历届进博会溢出效应，成功申办 6 个进博会配套活动，累计达成采购成交 11.15 亿美元。上海吴淞口国际邮轮港成为上海国际水上客运口岸，累计接待邮轮 2267 艘次、国内外游客约 1400 万人次。推动邮轮船票试点、口岸监管机制、运营保障体系、市场秩序规范、邮轮发展生态等 20 余项制度创新，邮轮准点率和安全率达到"双100%"，吴淞口国际邮轮港获"上海品牌"认证，成为全国首家国际邮轮港游客服务认证单位。切实做好东西部扶贫协作和对口支援工作，累计投入自筹资金近3 亿元、实施"自选动作"项目近 1500 个，选派挂职干部 166 名、专技人才 441名，助力云南省维西傈僳族自治县、宣威市、罗平县、师宗县、富源县、会泽县和新疆叶城县 7 个县（市）打赢脱贫攻坚战，如期实现全面小康并高效衔接乡村振兴。

全面推进乡村振兴。把握大都市近郊乡村特点，扎实推进"三园"工程，统筹推进城乡一体化发展"358、650"指标体系[1]全面完成，罗店镇入选国家新型城镇化综合试点，罗泾镇获评全国特色小镇。推进"美丽家园"建设，农村人居环境整治实现全覆盖，获评 2020 年全国村庄清洁行动先进县，成功创建市级乡村振兴示范村 12 个、美丽乡村示范村 19 个，美丽庭院"小三园"覆盖所有形态村。打造"一脉五花"[2]示范片区，在全市率先形成罗泾"五村联动"和月浦、罗店"两镇八村"两大连片示范区域。推进"绿色田园"建设，大力发展都市现代农业，地产农产品绿色认证率从零认证提高到 2022 年的 27.02%，形成"花果宝山"品牌体系。母婴康养、民宿旅游、电商直播等新业态加快发展，创成一批全国乡村旅游重点镇（村）、中国美丽休闲乡村以及上海市乡村旅游重点村，新增 1 个乡村特色产业亿元村，2 个"一村一品"示范村。推进"幸福乐园"建设，全面完成农村集体经济组织产权制度改革，推行"村经委托镇管"，开展农民宅基地盘活试点。全国乡村治理体系建设试点示范工作通过评估。每年投入近 7000 万元保障村级组织基本运转。推行乡村治理积分制、清单制，开展农村移风易俗专项治理，获评一批全国乡村治理示范村、全国民主法治示范村和全国村级乡风文明典型案例。

二、坚持依法依规，深入推进民主政治建设

坚定不移走中国特色社会主义政治发展道路，坚持党的领导、人民当家作主、依法治国有机统一，发展全过程人民民主，发挥社会主义协商民主重要作用，弘扬

---

[1] "358、650"指标体系：3 年加快推进、5 年形成格局、8 年力争在全市率先实现；着力在统筹城乡规划布局、产业发展、基础设施、公共服务、民生保障、社会管理 6 个方面下功夫，加快推进落实 50 项主要指标和实事项目。

[2] 一脉五花："一脉"指潘泾路主绿道；"五花"指根据各村区位、产业、风貌等特征，打造蝴蝶花、十字挑花、玫瑰花、牡丹花、三叶草 5 个美丽乡村组团。

社会主义法治精神，构建大统战工作格局，画好最大同心圆。

充分发挥区委总揽全局、协调各方的领导核心作用。认真贯彻《中国共产党地方委员会工作条例》，坚持民主集中制，发挥区委把方向、管大局、作决策、保落实作用。与时俱进修订《区委工作规则》，完善"三重一大"事项决策等制度，健全专题会议深入研究、书记专题会充分酝酿、常委会集体民主决策以及全会决策监督机制，确保工作始终坚持正确政治方向。认真贯彻党组工作条例，完善党组领导体制和工作机制，加强对同级人大、政府、政协和法院、检察院的领导。加强和改进党对群团组织的领导，深入推进工会、共青团、妇联等群团组织改革，新组建区文联，支持群团组织依法按章履职。坚持党管武装，国防动员和后备力量建设有力推进，国防动员体制改革不断深入。老干部、党校、社会主义学院、档案、史志、机要保密等工作有序推进。

区人大依法履职行权。将人大工作纳入区委工作总体布局，制定实施《关于推动人大工作与时俱进充分发挥人大作用的实施意见》《关于加强新时代人大工作充分发挥人大在推进城市治理现代化中的作用的实施意见》。区人大及其常委会聚焦全区中心工作、人民群众期盼，完善监督方式方法，加强对"一府一委两院"的正确监督、有效监督、依法监督。完善人大讨论决定重大事项、政府重大决策出台前向人大报告等多项制度，依法做好选举和任免工作。把全过程人民民主贯穿始终，发挥基层立法联系点"民意直通车"作用，切实保障人民群众知情权、参与权、表达权和监督权；完善代表工作机制，建立代表联系群众"家站点"419个，促进代表更好发挥主体作用。加强人大"四个机关"[1] 建设，提升工作制度化、规范化水平。

区政协围绕团结民主履行职能。加强党对政协工作的全面领导，制定实施《关于进一步加强政协协商民主建设充分发挥政协作用的实施意见》。区政协深入践行全过程人民民主、协商民主贯穿履职全过程各方面，充分发挥专门协商机构作用，积极开展专题协商、对口协商、界别协商、提案办理协商，围绕高质量发展、全国文明城区创建和既有住宅加装电梯等开展协商议政和民主监督，畅通社情民意

---

[1] "四个机关"：政治机关、国家权力机关、工作机关、代表机关。

反映渠道，推动提案和社情民意信息工作提质增效，有力助推经济社会发展。推动政协协商与基层协商有效衔接，深化"协商于民"政协委员工作站建设。建立界别工作联席会议制度，打造一批界别委员工作室，完善委员联系界别群众制度机制，实现党的工作对界别和委员全覆盖。

巩固和发展最广泛的爱国统一战线。加强党对统一战线工作的领导，构建大统战工作格局，不断完善区委统一战线工作领导小组工作机制。深化政党协商，落实区委书记与党外代表人士集体谈心、季度座谈会、区情通报会制度。着力加强党外代表人士队伍建设，深入推进"上海党外代表人士挂职锻炼基地"品牌建设。扎实推进党外知识分子和新的社会阶层人士工作，打造"宝山知音论坛""宝山宝"等工作品牌，党外知识分子思想政治工作获上海统一战线"十佳案例"。高质量推进民族宗教工作，深化"铸牢"教育进中小学，坚持我国宗教中国化方向，促进民族和睦、宗教和顺。做实做细非公有制经济工作，深化"政会银企"合作机制，聚力搭建平台，服务"两个健康"，宝山区工商联被评为全国"五好"工商联。不断深化港澳台侨工作内涵，开展两岸特色交流活动。

全面推进依法治区。组建区委全面依法治区委员会，制定法治政府建设规划、法治宝山、法治社会建设五年行动方案，一体化推进法治宝山、法治政府、法治社会建设。积极开展法治政府、法治街镇、民主法治示范村创建。完成行政复议体制改革，组建区政府行政复议委员会，成立区行政复议局，全市首创"行政复议专递"，在各街镇全覆盖设立行政复议基层咨询服务点和复调对接工作站；全面推行行政执法公示、执法全过程记录，重大执法决定法制审核三项机制，严格规范公正文明执法水平不断提高。12 个街镇全部成立综合行政执法队伍，上线行政执法公示平台。围绕公正司法，率先推进并不断深化司法体制及其综合配套改革，全面推进公安改革，支持法院、检察院依法独立公正行使审判权、检察权，区检察院被评为"全国模范检察院"。围绕全民守法，完善现代公共法律服务体系，滚动实施五年普法规划，打造"法润宝山"法治文化品牌，在党群服务站点叠加普法场馆功能，建成使用"1 号湾"民法典公园，聚焦新就业群体，整合畅享驿站、基层立法联系点、户外职工爱心接力站等资源，成立"新享法服务站"，在全社会营造办事依法、遇事找法、解决问题用法、化解矛盾靠法的浓厚氛围。

三、坚持立根铸魂，日益彰显宝山文体魅力

始终坚持中国特色社会主义文化发展道路，大力培育和践行社会主义核心价值观，举旗帜、聚民心、育新人、兴文化、展形象，加快建设文化强区，提升城市软实力。

大力弘扬城市精神品格。推动上海城市精神品格内化于心、外化于行，凝聚奋斗新征程的强大力量。开展百项"永远跟党走"主题活动和千场"百年百人讲党史"宣讲，举办"强国复兴有我"系列活动700余场。加强各级爱国主义教育基地建设管理，现有国家级爱教基地1个，市级爱教基地10个，区级爱教基地15个。城市文明程度和市民综合素质持续提升，获第七届全国文明城区提名资格，成功创建全国文明镇2个、全国文明村6个。深化新时代文明实践中心建设，形成"1+12+530+X"全覆盖阵地网络。实施文明实践"传帮带"工程，创设文明实践"充电宝"行动载体，群众点单评单满意度达100%，区级中心和2家街镇分中心获评首批上海市"创新、创优"新时代文明实践示范中心。深入实施公民道德建设工程，广泛开展"宝山道德典型""宝山好人""平安英雄"评选，涌现出一批全国道德模范（提名奖）、中国好人、感动上海人物。扎实开展未成年人"扣好第一粒扣子"思想道德建设。各类志愿者增加到50.35万人。深化双拥工作，扎实开展"六进军营""双拥在基层"等活动，军政军民团结巩固发展。

打响城市特色文化品牌。统筹红色文化、海派文化、江南文化，着力打造国际邮轮滨江文化带、上海宝山国际民间艺术节、陈伯吹国际儿童文学奖和淞沪抗战、百年吴淞、学陶师陶、宝钢遗存、宝山沪剧、罗店罗泾、剧荟宝山、乐享体育等"3+8"品牌。全市首个"上海国际邮轮旅游度假区"落地宝山，并被纳入长江国家文化公园国家层面项目名单。陈伯吹国际儿童文学奖累计参评海外作品数量超过1300部，成为辐射全国、链接世界的文化纽带；首推"陈伯吹国际儿童文学奖"原创插画系列作业簿，被媒体称为"上海最美作业簿"。建成全国唯一全面反映上海14年抗战历史的淞沪抗战纪念馆，并获全国博物馆十大陈列展览精品推介优胜奖。成功承办"百年百艺·薪火相传"中国传统工艺邀请展。原创沪剧《挑山女人》获22个国家级奖项，成为沪剧有史以来在全国获奖最多的剧目；沪剧电影

《挑山女人》实现上海地方戏在中国金鸡奖上"零的突破"。实施"五个百年"文化赓续工程，传承罗店龙船、罗泾十字挑花、月浦锣鼓、杨行吹塑版画等"一地一品"非遗特色，罗店镇入选中国历史文化名镇，智慧湾成功创建国家级文化和科技融合示范基地。

完善公共文化服务体系。基本建成 15 分钟公共文化体育生活圈，新增公共文化设施 8.76 万平方米，完成人均公共文化设施面积指标，全面建成街镇社区文化活动中心，提升 419 个居村综合文化活动室服务效能。年均开展各类群众性文化活动 2 万场次，"宝山市民美育大课堂"入选全国基层公共文化服务典型案例。改扩建宝山文化馆、月浦文化馆等公共文化设施，建成"一村一居一舞台"176 个。创新推出沪上首座"有艺术作品展示，但没有围墙的美术馆"的一墙美术馆，被评为市级"艺术进社区"示范项目。推出宝山大剧荟、市民艺术修身导赏、宝山星舞台等品牌项目，上海芭蕾舞团的《天鹅舞》、上海京剧团《智取威虎山》《曹操与杨修》、上海越剧团《梁山伯与祝英台》、上海歌舞团《朱鹮》等全国和全市层面的精品力作在宝山上演，做优"春之樱、夏之邮、秋之艺、冬之阅"文化四季品牌，丰厚市民艺术涵养，提升城市文艺气质。谷好好、史依弘、王珮瑜、阎华、宋思衡、秦文君等大批文化艺术名家联袂而来，成立 23 组名家工作室。

广泛开展全民健身活动。以群众需求为导向，持续优化公共体育设施布局，提高大众健康水平。推动全民健身设施扩容提质，宝山体育中心年均接待锻炼 480 万人次，高标准建设和改造杨行体育中心、通河全民健身中心、区级体质监测中心等重大设施。焕发体育产业生机，培育创建市级体育产业示范项目（单位），支持体育科创类企业做大做强，支持高境镇"三邻桥"、吴淞创新城"博绣荟"等体育消费类项目发展。发展竞技体育，年均举办各类比赛近 300 场，许昕、吴佳欣等宝山籍运动员获奥运金牌 2 枚，在国际国内大赛上累计获得奖牌 103 枚。扩大赛事影响力，承办 WCBA 上海宝山大华女篮主场比赛、国际男篮挑战赛和宝马高尔夫大师赛等品牌赛事，打响"战 FUN 宝山""超霸杯"自主 IP 赛事，办好"四季路跑"、最强跑团、游跑两项赛等城市形象推介类赛事。用好滨江资源，举办上海邮轮港国际帆船赛等水上赛事。支持罗店体育小镇、月浦月狮村顽酷乡村项目、罗泾水上运动中心等发展，推动乡村体育产业发展。

四、坚持共治共享，不断创造高品质生活

深入贯彻人民城市重要理念，对照国际大都市主城区标准，加快构建 15 分钟社区生活圈，努力提高治理和服务效能，不断增强人民群众获得感幸福感安全感。

扎实推进民心工程。着力破解"老小旧远"等民生难题，推进电梯加装、早餐工程、停车难治理、架空线入地等民心工程，让人民群众更多更好共享发展成果。建立医康养相结合的养老服务体系，养老床位数 14203 张，新建一批养老机构、综合为老服务中心、老年人日间照料中心、社区睦邻点等，社区养老服务设施达到每千人 40.7 平方米，"银龄居家宝""银龄 e 生活"等智慧养老平台基本实现全覆盖。普惠性托育点布局覆盖 12 个街镇，开设首批"社区宝宝屋"。规划市属保障性住房754 万平方米，实现竣工 634 万平方米（约 9 万套），基本建成顾村、罗店大型居住社区。大力推进"两旧一村"改造，累计完成 10.48 万平方米旧住宅成套改造、1642.05 万平方米旧小区住宅修缮和 47.33 万平方米二次供水改造，解决 14923 户在外过渡动迁居民首套房源安置，1415 户无卫生设施旧里实现改造清零，为既有住宅加装电梯 437 台，首轮 6 个"城中村"改造动迁工作基本完成。完善"四位一体"住房保障体系[1]，筹措保障性租赁房源 17002 套。完善家门口服务设施，累计新改建标准化菜市场 48 家、早餐网点 208 个，其中 30 家门店列为上海市为民办实事项目早餐工程示范点。2020 年以来完成 13 个社区"停车难"治理项目。

织密织牢社会保障网。抓好就业这个民生之本，打好技能培训、创业帮扶等"组合拳"，年均新增就业岗位 4.1 万余个，就业困难人员、"零就业家庭"按时安置率保持 100%，离校未就业毕业生就业率实现 90% 以上，城镇登记失业人数始终控制在市下达指标内，年均扶持创业 600 人，成功创建"上海市创业型城区"。积极构建和谐劳动关系，获评全国农民工工作先进集体。完善社会保障体系，农村居民养老保障基本实现全覆盖，被征地人员落实社会保障率保持 100%，城乡居保月平均养老金和征地养老生活费等待遇水平分别累计增长 187%、171%。城镇居

---

[1] "四位一体"住房保障体系：包括廉租住房、公共租赁住房、共有产权保障房、征收安置住房的住房保障体系。

民医保和新农合平稳并轨，城乡居民医保实现"应保尽保"。优化医保服务，上线全市首个医疗救助"医保 e 助"平台，平均救助周期缩短 50%，精准度达 100%。全面推行长期护理保险试点，累计落实 6.45 万人照护服务，提供居家照护服务 1468.68 万人次。推进长三角异地就医直接结算。成立退役军人事务局，全面加强退役军人服务保障。

促进教育事业优质均衡发展。坚持教育优先发展战略，全面落实"五育并举"要求，扎实推进高质量教育体系建设"十大工程"，成功创建全国义务教育均衡发展区、全国社区教育示范区。传承陶行知教育理念，推进"学陶师陶"，牵头发起"长三角青年陶行知教育研究联盟"，成立以陶行知、陈伯吹等命名的本土教育集团，推进"学陶师陶"课程教学改革。优化教育资源布局，累计新建 78 所学校和幼儿园，启动 4 个紧密型集团办学试点，成立 12 个基础教育集团。扩大优质教育资源供给，引入华二、世外、上师大等知名教育品牌，已有新优质学校 44 所，市示范园 6 所。全面落实"双减"和"五项管理"工作，完成规范民办教育、镇办学校划归区管、随迁子女学校撤转等改革攻坚任务，获批 9 项上海市教育综合改革示范项目，获评"全国中小学劳动教育实验区"，成功创建"国家责任督学创新实验区"和"全国特殊教育改革医教结合实验区"。教育数字化转型经验获全国推广，被确定为"教育部人工智能助推教师队伍建设试点区"和"上海市教育数字化转型实验区"。打造"智慧同侪课堂"和"智慧主动健康"，"未来宝"教育数字基座覆盖全区所有学校，推出沪上首家教育电台——"未来宝"教育电台，在全市率先开展"社区教育+治理"。完善"产教融合"现代职业教育体系，打造"乐学宝山"终身教育品牌。

全面建设健康宝山。健全公共卫生体系，着力打造品质医疗，居民主要健康指标优于全市平均水平，成功创建国家卫生区、全国健康促进区，通过全国中医药工作先进单位、国家级慢性病防控示范区复评审。推进医药卫生体制综合改革，完善基本医疗服务体系，引进中山医院、仁济医院、肿瘤医院、新华医院儿科等优质医疗资源，做优八大医联体 [1]，建成 6 家区域性医疗中心，宝山中西医结合医院通

---

[1] 八大医联体：中山、华山、仁济、市九、曙光医院五大综合医疗联合体和新华医院（儿科医联体）、肿瘤医院（全市首家肿瘤医联体）、市第二康复医院（康复医联体）三大专科医疗联合体。

过三级甲等中西医结合医院复评审并成为上海中医药大学非直属附属医院。强化社区医疗服务供给，7家社区卫生服务中心挂牌示范性社区康复中心，3家社区卫生服务站通过市中医药特色示范社区项目评审，智慧健康驿站达20家，家庭医生"1+1+1"签约服务90.17万人、全市第二。打造互联网医院，上线"一老一小"代配药服务，支持医保在线结算。区医疗急救中心实施120急救车上医保实时结算，实现报销"零跑腿"。

坚决打赢疫情防控人民战争。按照"疫情要防住、经济要稳住、发展要安全"的要求，统筹抓好疫情防控和经济社会发展，最大程度保护人民生命安全和身体健康。面对2020年突发疫情，第一时间落实市重大突发公共卫生事件一级响应机制，第一时间组织医疗队驰援武汉，打赢社区防控、集中隔离、邮轮防疫、机场驻守、流调溯源等多场硬仗，平稳有序实现复工复产复学，率先形成邮轮防疫"中国标准"。坚持"外防输入、内防反弹"，做实常态化精准防控和闭环管理，持续完善公共卫生体系和应急响应机制，高效处置局部突发疫情。面对2022年上半年疫情防控形势，毫不动摇坚持"动态清零"总方针，扁平化指挥调度，奋力夺取胜利。落实"乙类乙管"要求，因时因势优化调整防控措施，实现平稳转段。积极构筑全民免疫屏障，累计接种新冠疫苗超360万剂，成人全程接种率超98%。

五、坚持生态优先，稳步提升城市功能

践行绿水青山就是金山银山的重要理念，在城市更新中统筹抓好布局优化、功能完善和品质提升，提高城市管理精细化和基层治理现代化水平。

推动滨江岸线转型。融入全市"一江一河"发展规划，推动昔日"工业锈带"变成"生活秀带""科创秀带"。上港十四区整体转型为集绿色岸线、文旅休闲和高端居住于一体的上海长滩，陆续建成阅江汇等一批高端文商旅综合体，上海吴淞炮台湾国家湿地公园免费开放，以邮轮港为核心的上下游6千米岸线实现全线贯通，落成以长江生态保护和文化弘扬为主题的"长江11号"邮局，成立上海宝山长江口绿色发展促进中心。建成全球最大邮轮变频岸电系统，建成瀑布公园、坡地公园等休闲空间，2000多亩滨江景观绿化全面呈现。推进滨水公共空间建设，实施黄

浦江（宝山段）景观灯光工程，蕴藻浜"科创之河"首发区"1 号湾"贯通开放。

加强生态环境治理。健全现代环境治理体系，全面推广河长制、片长制、路长制，坚决打好蓝天、碧水、净土保卫战。滚动实施环保三年行动计划，工业区外造纸、电镀等重污染行业整体退出。深化大气污染细颗粒物和臭氧协同控制，$PM_{2.5}$ 年均浓度累计降幅达 50.9%，SO_2、PM_{10}、NO_2 年均浓度较 2012 年分别下降 73.91%、38.3%、40%，环境空气质量优良率（AQI）跃居全市前列。河长制覆盖全部河道，劣 V 类水体全面消除，国考、市考断面水质全部达标，176 个断面水质优于 III 类的比例达 84.7%，城镇污水纳管率达 97%，农村生活污水集中处置基本实现全覆盖。积极参与长江经济带生态修复保护，坚决打击长江流域非法捕捞。倡导垃圾分类新时尚，成功创建上海市垃圾分类示范区并被住建部评为"农村生活垃圾分类和资源化利用示范县"，宝山再生能源利用中心成功试运行。2017 年以来，累计盘活存量低效用地 1.2 万亩，土地节约集约利用工作得到国务院表扬。

提升绿化环境品质。建成"一环、五园、六脉、多点"的绿地框架 [1]，实施"123"生态绿化 [2] 和外环生态专项等重大项目，完成"五个 100"绿化工程 [3]，生态空间进一步拓展。建设"公园城市"，启动环城公园带建设，建成一批"口袋公园"、街心花园，500 米半径公园绿地覆盖率进一步提高。十年来，累计新建绿地 1166.11 公顷，绿色生态步道总长突破 186.65 千米，建成区绿化覆盖率达 39%，

---

[1] "一环"即环区而建的宝山绿道。规划建成 100 千米的市区级绿道，宛如一条绿色的项链镶嵌在宝山大地上，春华秋实，四季有景。"五园"：结合顾村地区规划，提高外环林带建设标准，建成了 4.3 平方千米的顾村公园，成功创建罗溪公园、共和公园和友谊公园为四星级公园，炮台湾公园和顾村公园为五星级公园及国家 4A 级景区，炮台湾公园为国家级湿地公园。"六脉"：建设了自南向北的外环、郊环防护景观隔离带和宝山工业园区景观隔离带，自西向东的外环切线城隔离带、绿心沿线沪太路东侧南北延伸景林带和蕴川路两侧生态防护隔离带等"三纵三横" 6 条生态廊道。"多点"：在全区各居民区、商业商圈附近，实施"一纵三横多点"花卉景观工程，并建成了 88 座街心花园，点靓宝山城区，百姓"开窗望绿""出门见绿"成为现实。

[2] "123"生态绿化工程：建设万米墙体绿化：打造十大特色城市公园、建设十幅大型休憩绿地；改建百个市民街心花园、培育百条景观林荫道路、保护百棵百年古树名木。

[3] 累计建成 100 座公园绿地、100 个街心花园、100 千米绿色步道、100 条区级景观林荫道、挖掘和保护 100 棵古树名木。

人均公园绿地面积达 11.68 平方米，新增顾村公园、吴淞炮台湾湿地公园等 4A 级旅游景区，建成市级美丽街区 3 个、区级美丽街区 25 个，涉及道路约 180 条（段）。实施环境美化工程，聚焦城市主干道和关键节点，统筹实施全要素改造提升，打造宝山"迎宾大道"和"城市会客厅"。以钉钉子精神补短板，"五违四必"综合整治累计拆违 3000 余万平方米，完成 506 个部队"停偿"项目，关停低端货运堆场 226 家、占全区总量 87.6%。配合推进吴淞江（上海段）等重大工程，建成泰和污水厂、泗塘初雨调蓄池等一批重大功能设施。

完善交通网络体系。打通大动脉，抓住沪渝蓉高铁、沪苏通铁路落地机遇，加快高铁宝山站综合交通枢纽和"站城一体"开发，完善周边交通配套，打造北上海枢纽门户。畅通微循环，长江路隧道、S7 高速、郊环隧道等市级重要通道及祁连山路、宝安公路、富长路、康宁路、杨南路、潘广路等区域骨干道路建成通车，基本形成"三纵三横"快速路网和"七纵十一横"主干路网体系。坚持公交优先，轨交 15 号线开通运营，18 号线一期全线贯通，轨交运营线路总长从 2012 年的 44.054 千米增加到 52.832 千米，居郊区前列，新辟优化公交线路 105 条，建成公共充电桩 9759 个。推进蕰川路、沪太路等主干道客货分道，17 条道路实施集装卡车禁限行。

推进精细智能治理。市域社会治理现代化试点工作取得阶段性成效。实施街道体制改革，推动城管、房管等力量下沉，健全下沉事项准入机制，建立健全社区工作者职业化发展体系，持续为基层赋权、减负、增能。坚持党建引领，实施"头雁计划""美好社区营造计划"等六大计划，首创社区治理学院并在全市推广，划小做实 2791 个微网格，深化"红色物业"建设，打造一批"美好社区"样板。全覆盖设立人民建议征集工作站，连续 4 年获评市级先进。整体推进"活力楼组"微治理，获评中国（上海）社会治理创新实践优秀案例。推进社会组织服务中心和志愿服务中心实体化运作，社会组织总数增加到 727 家。推进治理数字化，区城运中心构建"一网统管"治理闭环，累计接入 6.9 万多路终端，汇聚 36 个应用场景、80 多项城市运行体征数据，实现市、区、街镇三级城运平台无缝对接，依托区大数据中心推进公共数据共享应用。智能安防建设全城布局，成功创建全国首批、上海首个"公共安全视频监控建设联网应用示范城区"。创新推出"社区通"，覆盖全部居村、90% 的家庭，回应解决群众诉求 30 余万件，90% 以上的问题解决在居村层面，获得全国城市基层党建创新最佳案例等多项国家级荣誉表彰。

增强城市安全韧性。坚持国家总体安全观，全力建设"平安宝山"，报警类警情、信访总量持续下降，荣获"2017—2020 年度平安中国建设示范区"、全国信访工作示范区等表彰，扫黑除恶专项斗争、政法队伍教育整顿工作得到中央督导组充分肯定。建设"平安宝山智联网"，创建全国首批、上海首个"雪亮工程"建设示范城区，成为上海首个全国综治信息化建设示范试点地区。完善社会矛盾纠纷有效预防和多元化解机制，开展"四重"信访矛盾攻坚化解和重复信访专项治理。健全公共安全管理网络，完善突发公共事件应急预案，建立统一高效的应急指挥体系，提升城市应急管理水平和自然灾害防御能力。严格落实安全隐患动态清零制度，聚焦生产、消防、食药品、交通、建筑、地下空间等领域加大排查整治力度，7 个街镇、社区获评全国综合减灾示范社区。构建"制度＋科技＋专业"监管模式，实施重大隐患挂牌督办和"黑名单"制度，探索高危企业第三方专业监测预警机制，在全国首创特种设备监管主体责任清单。落实粮食安全责任制，连续七年获得全市考核优秀。2018 年获得"全国粮食流通执法督查创新示范单位"荣誉。

六、坚持唯实唯干，纵深推进全面从严治党

毫不动摇坚持和加强党的全面领导，传承发扬党的百年奋斗重大成就和历史经验，认真贯彻落实新时代党的建设总要求，把全面从严治党要求贯穿于工作的全过程各方面。

着力强化思想政治引领。坚定不移把党的政治建设摆在首位，不断提高政治判断力、政治领悟力、政治执行力，忠诚拥护"两个确立"，坚决做到"两个维护"。坚持把学习贯彻习近平新时代中国特色社会主义思想作为首要政治任务，深入学习贯彻党的十八大、十九大、二十大等会议精神和习近平总书记考察上海重要讲话精神，扎实开展党的群众路线教育实践活动、"三严三实"专题教育、"两学一做"学习教育、"不忘初心、牢记使命"主题教育、党史学习教育等党内集中教育，隆重举办庆祝建党百年等系列重大活动。建立区委常委会"第一议题"制度，及时

传达学习习近平总书记最新重要讲话精神。坚持和完善中心组学习制度，全覆盖推进处级单位中心组学习巡听旁听，深化"先锋说"党员理想信念教育品牌建设。探索"三全六讲"党的创新理论大众传播新模式，组建"百人宣讲团"，统筹各级宣讲团队力量，推动党的创新理论"飞入寻常百姓家"。贯彻落实意识形态工作责任制，成立区融媒体中心，推动媒体融合向纵深发展，全面加强舆论引导和阵地管理。推动比学赶超常态化，形成人心思进生动局面。

着力打造高素质干部队伍。坚持党管干部原则，落实新时代好干部标准，把政治过硬作为首要标准，努力打造"充满激情、富于创造、勇于担当"的干部队伍，全区选人用人工作总体评价好评率提升至99.2%。加强干部选拔使用，建立"六必研"综合分析研判机制，做深做实干部政治素质考察，统筹用好各年龄段干部，领导班子结构持续优化，党政机关、企事业单位"三支队伍"建设不断加强。拓宽选人用人视野，从街镇企事业单位等一线提任处级干部比例明显提升，一批专业素养较好的干部从市级机关、高校院所引入区内。加大年轻干部培养使用力度，梯次储备"六个100"[1]优秀年轻干部队伍，建立年轻干部配备监测预警机制，实施"四个一批"[2]培养工程，每年选派100名左右的干部系统化开展实践锻炼，每年选派20名左右的干部到市级机关、大型国企、高校院所等开展高层次训练。加强干部教育培训，常态化举办处级党政负责干部政治能力建设专题班、处级干部进修班、专业能力提升班、中青年干部培训班等班次。完善干部监督制度体系，严格落实个人有关事项报告制度，持续巩固超职数清理、社团（企业）兼职清理、裸官等专项整治成效。加大干部履职考核力度，调整改进评优名额分配方式，考核工作"指挥棒"作用进一步发挥。激励干部担当作为，制定实施关于澄清保护、谈心谈话等制度，运行容错纠错研判平台。

着力推动基层党建高质量发展。深入贯彻新时代党的组织路线，坚持大抓基

---

[1]"六个100"：区委组织部直接掌握100名左右的副处级优秀年轻干部，100名左右的正科级优秀年轻干部，100名左右的优秀青年骨干，100名左右的教育、卫生、国企干部，100名左右的选调生和储备人才，100名左右的居村干部。

[2]"四个一批"：在基层一线历练一批；在重点领域、重大工程锻炼一批；在市级机关跟班学习一批；在大型国有企业挂职一批。

层，完善上下贯通、执行有力的组织体系。到 2022 年年底，全区共有 4369 个基层党组织，较 2012 年增长 60.10%；党员 104316 名，增长 29.36%。认真落实基层党建工作责任制，滚动实施三年行动计划，推进各领域基层党建全面进步全面过硬。注重把党建嵌入经济发展最活跃的经络，构建"科创大党建"格局，组建五大产业链党建联盟和吴淞创新城党建联合体、南大科创党建联盟，"红帆港"党建联盟品牌持续深化。加强新兴领域党建，出台"畅 12 条"，建立"高管党员"前置议事制度，建成多个加油站党群服务阵地体系，以集装卡车司机为重点的新业态新就业群体党建形成品牌。扎实开展抓党建促乡村振兴，出台中小学校、公立医院党建系列文件，推动机关、企事业单位党建提质增效。深入推进基层党组织结对共治，575 个居村党组织与机关企事业单位、"两新"组织等党组织结对共治。加强基层带头人队伍建设，选树一批市级担当作为优秀居村党组织书记，推进居村后备干部"丰羽行动"。整合各方资源，完善党群阵地服务功能，启用区党建服务中心新址，街镇党群服务中心场地总面积跃升到 5.5 万平方米，服务项目突破400 项。

着力营造风清气正政治生态。牢记全面从严治党永远在路上、党的自我革命永远在路上，从严从实抓好正风肃纪反腐，始终坚持严的基调、严的措施、严的氛围。统筹推进纪检监察体制"三项改革"，形成纪律监督、监察监督、派驻监督和巡察监督"四项监督"全覆盖的权力监督格局，强化区委对党风廉政建设和反腐败工作的统一领导。建立健全全面从严治党"四责协同"机制，首创"廉政风险清单"等工作机制并覆盖科级以上干部，出台《关于完善全面从严治党"四责协同"机制的实施意见》等制度 14 项，构建起具有宝山特色的"436"责任落实体系[1]。以钉钉子精神抓好中央八项规定精神的贯彻执行，驰而不息纠治"四风"，推动党风政风持续向好。开展"干部队伍作风集中整顿年"活动并不断深化整顿成果，深入整治形式主义、官僚主义。坚持无禁区、全覆盖、零容忍，严肃查处国有（集体）企业、"三资"管理、征地动迁、民生等领域腐败问题，强化不敢腐的震慑效

---

[1]　"436"责任落实体系："4"指党委主体责任、纪委监督责任、党委书记第一责任人责任和班子成员"一岗双责"四个责任；"3"指责任梳理分解、责任协同传导、责任考核追究三大工作机制；"6"指知责、明责、履责、督责、考责、问责六个环环相扣的关键工作环节。

应、构建不能腐的制度约束、夯实不想腐的思想堤坝，巩固发展反腐败斗争压倒性胜利。扎实做好市委巡视整改，坚定不移深化政治巡察，着力发挥"发现问题、形成震慑、推动改革、促进发展"作用，政治生态不断净化。

七、坚持全面重塑，全力建设科创中心主阵地

坚定不移把区域发展"小齿轮"挂上国家战略、上海使命"大齿轮"，出台建设主阵地的实施意见、行动计划、专项政策等系列文件，以科技成果转化和产业化为主攻方向，以打好"大学牌""大企业牌"为主要抓手，以吴淞创新城、南大智慧城等重点板块为核心承载，全区域协同、全要素配置、全链条融合、全方位保障，推动"科创宝山"全面起势。

推进大学科技园集聚发展。全力打好"大学牌"，与市内外高校加强合作，推动环上大、北大、复旦科创中心等一批大学科技园载体建设并形成集聚效应，初步形成"一核一带"大学科技园集群，近三年累计落地企业 361 家、转化科技成果 69 项。环上大科技园建成运行 9 大核心基地，初步形成科技成果转化全链条，推动无人艇等多项科技成果转化落地。二工大科技园获评国家级大学科技园。加快提升功能平台能级，石墨烯平台入选全市首批研发与转化功能型平台并获评市级孵化器，累计入驻和孵化企业 64 家，新能源关键材料平台初具服务功能。上海吴淞材料实验室落地，并纳入全市国家实验室"3+4"总体格局。宝山复旦科创中心启用，落地中科院赵东元院士领衔的功能介孔材料研发等一批国内外领先科技项目。

加快建设南大、吴淞核心承载区。保持战略定力，把握开发时序，统筹做好存量土地活化、公共服务优化、核心功能强化"三化文章"。26 平方千米的吴淞创新城进入整体转型阶段，按照"上海面向未来战略性新兴产业和新型城市发展的一面旗帜"的要求，加快打造吴淞市级副中心。联手宝武推进特钢、不锈钢 6 平方千米地块整体收储、联合开发，由原来的宝武集团整体开发调整为"企业自主转型＋政府局部收储"全新模式。坚持规划引领，建设规划、10 余项专项规划、特钢和不锈钢区域内两个 1 平方千米先行启动区控规获批，外环以南 9 平方千米完成国际方案征集。加快先行启动区建设，建成宝武钢铁会博中心等一批重要载体，上海

大学上海美术学院等项目稳步推进。6.3平方千米的南大智慧城完成综合整治，累计关停高风险高污染企业3000多家，实现从综合整治到开发建设再到全面转型发展的升级蜕变。调整完成新一轮控详规划，按照"不低于黄浦江两岸"的标准推进功能集聚、品质开发，携手临港共建地上、地下、云端"三座城"。西南片区1平方千米产业先行区全面启动，地标项目"科创之门"主体结构封顶，数智中心即将交付使用，15号线双TOD集群、中央公园、上师大附中宝山分校等项目加速推进。南大绿色生态示范城区被评为三星级"上海市绿色生态城区（试点）"。

培育壮大科技创新主体。强化企业主体地位，激发科技创新内生动力。创新科技创新组织形式，以企业核心需求为导向，整合产业链上下游资源，实施"创新联合体"计划，建设全区首个体系化、任务型创新联合体——宝山医疗器械创新联合体。加强政策引导和精准服务，构建科技型中小企业、高新技术企业、科技"小巨人"企业梯度培育体系。与2019年相比，国家级专精特新"小巨人"企业增加32家，总数达33家；与2012年相比，市级专精特新企业增长1400%，总数达567家；高新技术企业总数增长816.15%，总数达1475家；科技型中小企业总数达1074家。企业创新投入持续增长，全社会研发与试验发展经费内部支出、有研发费用的工业企业数占比持续提高。2022年技术合同成交额105.53亿元，较十年前增长5.08倍。上市挂牌企业新增172家，总数达175家。

不断优化创新生态。构建B-Link科创生态圈，营造"热带雨林式"的创新生态，入选"科创中国"试点培育区，推进全市首个"科创街区"建设，促进科创要素汇聚流动。强化政策支撑，出台"科创30条"、环上大"黄金十条"等扶持政策。深化体制机制改革，"以先投后股方式支持科技成果转化"入选全国首批全面创新改革任务清单，立项扶持首批7个项目5950万元。构建长三角国创中心"拨投结合"与宝山"先投后股"试点联合支持成果转化新模式，吸引激光晶体材料、泛半导体腔体等前沿项目落地。增强科创金融服务功能，与上海证券交易所共建上海（宝山）科创金融服务中心。与国家技术转移东部中心合作打造"数字科创港"和"科创宝"平台，促进科技创新供需对接。推进科创载体扩容，市级以上双创载体总数增加到32家，居全市第三。健全知识产权服务体系，成立长三角生物医药知识产权联盟，促成全市首单开放许可专利成交。成功举办中国国际石墨烯创新大会、中国生物医药产业创新大会等论坛会展活动，吸引高端要素资源集聚。

建设创新创业人才高地。坚持人才是第一资源，真心爱才、悉心育才、倾心引才、精心用才，推动创造活力竞相迸发、创新潜能充分涌流。深入实施海内外揽才工程，建设科创人才港，探索建立"揭榜挂帅""赛马"机制，吸引各类人才近悦远来。深化实施人才全生命周期服务，优化人才创新创业和生活环境，"樱花卡"服务品牌集成教育、医疗等多项公共服务资源，解决人才后顾之忧。稳步推动人才安居工程，累计新增人才公寓1.9万套。推动"科创双结对"，194名科级领导干部结对服务243名企业人才，提升人才工作精准度和精细度。

新时代新征程，宝山始终与党同心、与祖国同行，在加快建成上海科技创新中心主阵地、国际大都市主城区、全市绿色低碳转型样板区过程中，为奋力谱写中国式现代化的新篇章，贡献了宝山力量。

供稿单位：中共上海市宝山区委研究室

第一章

坚持创新转型，持续推动经济高质量发展

第一节 深化产业结构调整，加快经济转型升级

新时代，宝山区围绕供给侧结构性改革，加快提升服务业和高端制造业水平，实现第三产业快速发展。2022年宝山区生产总值完成1771.20亿元，较2012年增加了692.42亿元。其中，第一产业增加值1.20亿元，较2012年减少了1.77亿元；第二产业增加值613.12亿元，较2012年增加了22.06亿元；第三产业增加值1156.88亿元，较2012年增加了672.13亿元。

宝山区紧紧围绕国家和上海市发展战略，着力打造前沿产业集群，培育发展科技创新和产业融合能力，有力提升新引进企业能级，加快存量企业转型升级，促进区域产业高质量发展。2012年至2016年，宝山区产业发展呈现"空、天、陆、海、网"五位一体新格局。空：积极培育发展卫星应用产业，初步形成"1个平台（上海北斗卫星导航平台）+3个园区（大场镇、高境镇、宝山工业园区3个产业基地）"的发展格局，汇聚了北斗卫星导航平台、复控华龙、明石北斗创投基金、首戎北斗等一批卫星应用企业，并成立"空间技术应用产业基地"。天：助力推动国产ARJ21支线飞机完成总装，成功实现商用飞行。引进中航工业"飞机飞行模拟器项目"，加快培育航空飞行模拟器上下游产业链。陆：成功创建全市首家机器人产业园和首个市级石墨烯产业技术功能型平台，初步形成以机器人、高端装备、3D打印等为核心的智能装备产业，以石墨烯、超导材料、新型金属材料等为核心的新材料产业，以生物检测、芯片和诊断试剂、生物制品研发生产等为核心的生物医药产业，并集聚了发那科机器人、克来机电、鑫燕隆汽车装备、Materialise3D打印、利物盛超碳石墨烯、上海电缆所超导电缆、英佛曼纳米材料、飞凯新材料、达克罗涂复、复星诊断、优先生物、赛安生物及朝晖药业、景峰药业等大批优势企业。海：依托中国邮轮旅游发展实验

区建设，积极打造豪华邮轮制造及其衍生产业。网：重点聚焦大、云、物、移等新一代信息技术，以建设"中国产业互联网创新实践区"为抓手，全力推动互联网和制造业深度融合，促进传统企业由"制造"向"互联网＋制造"转型。积极打造欧冶云商、上海钢铁交易中心、上海大宗商品信息中心等具有国际影响力的钢铁信息、贸易、物流、金融服务平台，推动宝山成为全国最大的钢铁电商平台集聚地。加强与 IBM、华为、万达信息等企业合作，发挥区内三大通信运营商、宝信软件、软通动力、华谊信息、科技网、世纪互联、安畅网络、微盟、猎上网、优蓝网、触控科技等信息企业优势，积极推动新一代信息技术在产业转型升级、政府管理服务、民生保障等方面的应用。

2017 年至 2021 年，宝山区产业升级步伐加快，质量效益持续提升。成功引进华域新能源汽车驱动电机项目和电驱系统、赛赫智能、安川机器人、快仓、巨什、众宏等企业落户宝山。联手上海电缆所共同推动上海高温超导产业园建设。成功引进软通动力、积成电子，加快推动交通信息产业中心等项目落地。推动上药康希诺疫苗、宝济药业、艾博生物、国盛宝山药谷等生物医药行业企业入驻北上海生物医药产业园。成功创建国家级、市级、区级企业技术中心 139 家，区域创新能力得到显著增强。其中，宝冶、二十冶、飞凯科技是国家级企业技术中心；复控华龙荣获国家科学进步二等奖，宝武集团、上海利尔耐火材料有限公司、阿为特精密仪器有限公司等高新技术企业荣获上海市科技进步奖，企业创新能力不断提高。创建超导、石墨烯等科创平台，全球首条千米级高温超导电缆产业化项目实现挂网运行，产业发展活力日益显现。围绕轨交 1、3、7 号线，涌现了如智慧湾科创园、中成智谷、华滋奔腾、长江软件园、华滋奔腾移动互联网产业园、复旦高新技术产业基地、智力产业园、临港新业坊等品牌园区。建成一批科技型产业园区，如同济创园、中设科技园、新杨湾、联东 U 谷、金地置业、三邻桥等。同时加快建设一批特色园区，如临港科技绿洲、北郊未来产业园。至 2022 年，宝山区成功创建 5 家市级特色产业园区，培育认定 14 家区级特色产业园区，形成梯度发展体系。

供稿单位：上海市宝山区经济委员会

⚓ 罗泾港区

罗泾镇政府 ⭐ 罗泾镇

上海宝山高新技术
产业园区

上外北郊外国语学校 🎓

月浦镇

北上海生物医药产业园

宝钢基地

上海震旦职业学院 🎓

月浦镇政府 ⭐

上海交通大学医学院
附属第九人民医院（北院）🏥

宝武（上海）
碳中和产业园

月杨工业园区

罗店镇 ⭐

黄兰湖国际
会议中心

沪通铁路

宝山站 🚉

沪渝蓉高铁

⚓ 吴淞口
国际邮轮港

杨行镇

杨行镇政府 ⭐

吴淞创新城

吴淞中学

华二宝山实验学校 🎓

上海机器人
产业园

顾村镇

顾村公园

智慧湾

中成智谷

上海玻璃博物馆 🏛

复旦大学附属
华山医院北院 🏥

外环高速

张庙
街道

上海大学

南大
智慧城

财经大学 🎓

复旦大学 🎓

上海超能
新材料科创园
（宝山高新区南区）

数创

轨道交通22号线
（规划中）

轨道交通1号线

轨道交通3号线

轨道交通18号线
（一期已通车）

轨道交通19号线
（规划中）

同济大学 🎓

轨道交通15号线

沪嘉高速—中环

大场镇政府 ⭐

轨道交通7号线

2022年宝山区产业发展空间示意图

链接 1　战略性新兴产业发展势头良好

面向产业主战场和转型之路，宝山区通过培育和支持新兴产业发展，发挥战略性新兴产业先导性、支柱性作用，持续推动新旧动能转换，逐步由原来最"重"的钢铁之城，转变为现在最"轻"的材料之城；由原来的传统工业基地，到现在生物医药的产业高地；由原来的"科创边缘"到如今的"科创主阵地"，"科创宝山"品牌愈擦愈亮、越创越多，努力闯出了一条新时代老工业基地现代化转型新路。

宝山区战略性新兴产业（制造业部分）工业总产值不断提高，从2012年的320.01亿元升至2022年的723.84亿元，增长了403.83亿元。战略性新兴产业（制造业部分）工业总产值占规模以上工业总产值的比重，从2012年的23.7%提升至2022年的27.5%，增长了3.8个百分点。科技型企业规模不断壮大，科技型中小企业达1074家，高新技术企业达1475家，国家级专精特新"小巨人"企业33家，市级专精特新企业567家。

宝山区机器人及智能制造、先进材料、生物医药、新一代信息技术四大重点产业领域产值占宝山规模以上工业产值比重接近60%。其中新材料和生物医药成为重要的"产业新标签"，并在全市形成独特竞争优势。前沿材料地位突出，"石墨烯"和"超导""超硅"成为三大名片，石墨烯产业技术功能型平台持续推动基础研究到产业化创新，上海国际超导建成全球首条千米级高温超导电缆示范工程。生物医药产业加速崛起，2022年产业固定资产投资增幅超过400%，生物医药企业从2020年全区仅百家到2022年末近400家，呈现

2022年8月31日，视比特机器人上海研发总部在上海机器人产业园成立

每年翻番之势，在全市率先布局合成生物，挂牌全市第一家合成生物产业园。机器人产业高度集聚，汇聚了发那科、克来机电、赛赫智能等一批国内外知名机器人企业。这些领域与上海未来产业发展方向高度契合，成为宝山未来发展的重要动能。

供稿单位：上海市宝山区经济委员会

链接2 加速盘活低效产业用地

宝山区重点聚焦工业园区产出效率低下的地块，建立全区低效产业用地盘活储备库，持续推动产业结构调整，盘活存量低效产业用地，推动新产业、新项目、新平台、新生态加速集聚和构建。

2012年至2016年间，宝山区出台《宝山区盘活低效存量工业用地实施意见》，通过存量资源的改造、转型和转性等方式，累计调整淘汰"三高一低"企业600多家，腾出土地约11000亩，吸引各类投资超过300亿元，培育了近600万平方米的产业载体，集聚了"大、云、平、移"等各类新兴企业近10000家。有序推进宝工园北郊未来产业园一期、高境"科创小镇""新业坊·宝山"等一批重点转型项目建设。

2017年至2021年间，宝山区围绕服务重大招商引资项目，实施存量土地精准

2017年，华域汽车与麦格纳合资成立华域麦格纳电驱动系统有限公司。2018年4月，宝山区政府与华域汽车系统股份有限公司签订战略合作备忘录，围绕产业高质量发展目标，叠加政策、规划和产业等优势，联手推进新能源汽车产业在宝山集聚发展。2019年10月18日，华域麦格纳电驱动系统有限公司首台国产化电驱动系统总成在上海宝山工业园区内的"华域汽车创新园"生产基地正式下线

盘活、精准供给，创新如新宸宜、上成国际物流等 45 个工业园区低效地块"厂房不做灭失"的土地收储模式，累计盘活低效工业用地超过 8800 亩，完成产业结构调整项目 386 个。

2022 年，宝山区存量地块加快转型，形成低效产业用地"一地一册""一企一册"，通过收储出让、产权交易、提升转型、厂房租赁等方式，完成杰泽物流地块、普安柴油机地块、航发机械地块等存量低效产业用地转型盘活，完成富锦工业园区、机器人产业园、罗店工业园区的区域产业结构调整专项验收。

供稿单位：上海市宝山区经济委员会

链接 3　合力推进"中国产业互联网创新实践区"

产业互联网是通过传统企业与互联网的融合，寻求全新管理与服务模式，为消费者提供更好的服务体验，创造出更高价值的产业形态。2014 年，宝山区被认定为全国首家"中国产业互联网创新实践区"。2016 年，宝山区将建设"中国产业互联网创新实践区"作为对接市科创中心建设的核心内容，推动实践区建设。2017—2021 年间，宝山区先后制定实施《中国产业互联网创新实践区建设"十三五"行动指南》《宝山区产业经济数字化转型三年行动计划》(2021—2023 年)。

宝山依托传统产业基础，积极打造标杆无人工厂，加快布局工业互联网集群。至 2021 年年末，宝山区重点产业互联网平台共有 11 家。其中，欧冶云商的生态运营平台和钢银电商的智慧生态服务平台，助力宝山建成全国最大的钢铁电商交易中心；宝信软件的 xIn3Plat 工业互联网平台，赋能宝武集团构建跨产业、跨空间、跨人机的"三跨融合"管理体系；宝武装备的智维云平台，赋能链上企业实现基于设备状态变化趋势的智能决策；雷昶科技的 AIPM 工业互联网平台，通过提供 SaaS 应用下沉服务，助力生物医药企业实现数字化转型。宝山区重点产业互联网专业服务商共有 7 家，赛赫智能、克来机电为企业提供包括 MES 系统、数字化产线在内的一整套数字化解决方案。创新奇智基于人工智能技术开发的 Orion、

ManuVision 等一系列机器学习平台，大幅度提高企业生产效率。快仓科技和视比特机器人利用新一代信息技术与机器人技术，赋能企业数字化转型。宝武装备和宝钢节能作为宝武集团重要子公司，通过为钢铁冶金工业互联网提供的优质服务，成功入选上海市工业互联网专业服务商推荐名录。

2014 年 12 月，首届中国产业互联网高峰论坛举行。时任中国互联网协会副理事长高新民和时任中共宝山区委书记汪泓共同为"中国产业互联网创新实践区"揭牌

在产业互联网基础上，宝山发挥区域经济特色，做强大宗商品交易流量经济，打造全球最具影响力的钢铁电子商务基地。同时，还坚持做大数字经济和在线新经济，培育壮大在线服务、线上医疗、线上教育等龙头企业，打造新生代互联网产业集群。区域内鸭嘴兽、新通联、好屋网、微盟、爱回收、猎上网等一批企业带动传统行业在零售、贸易、物流等领域的互联网商业模式创新，打造基于互联网的行业功能性服务平台，引领传统行业转型升级。

供稿单位：上海市宝山区经济委员会

链接 4　深入推进区属国资国企综合改革

2022 年 8 月 24 日，宝山国有资本投资管理有限公司、宝山城市建设有限公司揭牌

宝山区实施国有企业分类管理，实现国资监管全覆盖。加快国资布局优化和专业化重组，调整组建三大平台公司，推动国有资本向新兴产业集中。深入推进国有经济结构调整和布局优化，实施存量资产转型升级行动，稳步推进混合所有制改革，努力实现由"管资产"向"管资本"转变。至 2022 年年末，宝山区国有及国有控股企业共 174 户，国有企业资产总额 556.72 亿元。宝山区城镇集体企业 62 户，城镇集体企业资产总额 49.28 亿元。

2022 年 2 月 24 日，宝山区召开深化国资国企综合改革动员大会，启动了涵盖加强党对国有企业的全面领导、推进国有经济布局优化调整、稳妥推进混合所有制改革、全面提升企业治理水平、优化企业市场化经营机制、提高国有资产监管效能 6 个方面共 24 项任务的综合改革工作。根据改革方案部署，宝山区国资国企打造以资本管理投资平台为引领，以城市建设、公共服务、商业商务、文化旅游、科创产业为五大功能板块，以主业清晰、主责明确的企业集团为运作主体的"1+5+X"功能布局。2022 年 8 月 24 日，宝山区国投集团、城建集团揭牌仪式正式举行，迈出了宝山国资国企参与践行宝山"北转型"战略和打造上海科创中心主阵地的关键一步。

供稿单位：上海市宝山区国有资产监督管理委员会

链接 5 高境镇倾力打造"科技金融小镇"

作为宝山区城市化进程最快的乡镇，高境镇承担着现代化新型城区建设的重要任务。2016 年，高境镇牢牢把握发展主动权，因地制宜，全区首个提出以科创发展为主题建设特色小镇。2021 年，围绕"构建适宜金融基金的发展生态环境"目标，发布了《高境镇关于促进金融投资产业良性发展的实施意见（试行）》。"高境科技金融小镇"荣获 2021 年度、2022 年度上海市特色小镇荣誉。

坚持创新导向，打造科创金融生态圈。聚焦符合宝山"北转型"战略的生物医药、在线新经济、双碳环保等产业，深入把握科技创新企业金融服务需求特征，以金融创新支持科技创新，为不同发展阶段的科技创新企业提供有针对性的金融产品与服务，创新推出科创扶持"六大举措""高境 10 条""八专行动"等镇级扶持政策，给予企业更全面有力的服务保障。针对中小微企业融资难问题，联合宝山区金融业联合会成立高境镇金融服务工作站，聘请业内专家进行指导，并积极搭建银企对接平台，定期举办银企对接会，为企业送去"源头活水"，力促科技金融政策落到实处。

高境科创中心

坚持项目导向，打开高质量发展空间。聚焦存量焕新、增量换乘，着力构筑高品质科创空间和高能级产业空间，积极推进老厂房改造、存量载体更新升级等项目引建，合理布局生产、生活、生态三大要素，加快推进产城融合，实现以城市"更新"提速品质"焕新"。随着三邻桥体育文化园、新杨湾科创园、新业坊·源创、长江软件园、复旦软件园、北大科技园等一批"四纵一横"产业地标建成投运，人才、项目、资金纷至沓来，"高境科技金融小镇"点亮宝山南大门，影响力逐步辐射北上海。

坚持市场导向，搭建多元化融资平台。充分发挥多层次资本在推进科创发展过程中的作用，激活金融血脉，积极构建多元化投融资体系。聚焦金融机构、金融产品、金融市场三大重点，以及投资、融资、上市三大环节，力促科技与金融紧密结合，推动实现创新型、科技型中小微企业资本市场有效对接。精准对接银企，不断加强与银行、保险、证券、资管、私募等金融业态合作，为科创企业提供多元化融资平台。

坚持人才导向，加强科技金融人才跨界。匠心打造人才汇聚的"强磁场"、创新创业的首选地，积极构建"科技＋金融＋人才"服务体系，先后推出"十、百、千"工程、"高境科创合伙人""50300"计划等政策措施，租赁公租房为企业提供人才公寓，在全区首开先河。同步深耕与北京大学、复旦大学、同济大学等知名高校的合作优势，鼓励人才双向流动、金融人才与技术人才地跨界交流，不断创优金融服务科技人才的软环境，"以产引才、以才促产、产才融合"的良性生态链逐步形成。

供稿单位：中共上海市宝山区高境镇委员会

第二节 打造产业发展新引擎，做大做强特色产业园

新时代，宝山区持续加快打造产业发展新引擎，新材料、机器人及智能制造、生物医药、新一代信息技术等主导产业加速集聚，获批上海机器人产业园、超能新材料科创园、北上海生物医药产业园、"数智南大"产业园、宝武（上海）碳中和产业园5个市级特色产业园。

新材料。2022年，宝山区新材料产值938亿元，近三分之一企业产值超亿元。重点聚焦先进基础材料（高性能金属材料）、关键战略材料（集成电路、生物医药复合材料）、前沿新材料（超导、石墨烯、介孔材料）、特色攻坚材料（碳纤维复合材料、高性能膜材料）四大赛道，先后获批国家新型工业化产业示范基地（新材料）、上海市高温超导产业基地、上海超导制造业创新中心等。持续推动无取向硅钢等重点项目正式投产，推动高温超导电缆示范工程落地运行，连续3年举办中国国际石墨烯产业创新大会。代表企业有：宝武、国际超导、国缆检测、超碳石墨烯、申和、飞凯科技、宝锐特气体、易卜半导体等。

2021年11月，宝山复旦科创中心启用，赵东元领衔的"复合分子筛"项目成为首批入驻项目之一。中科院院士、复旦大学教授赵东元领衔团队曾获得2020年度国家自然科学奖一等奖

生物医药。2022 年，宝山区生物医药工业总产值 33.6 亿元。2020—2022 年，全区生物医药规模以上工业总产值年均增速超 53%，投资年均增速超 100%，呈爆发式增长态势。从 2020 年全区仅百家左右生物医药企业，到 2022 年年末的近 400 家，数量每年翻番，重点聚焦疫苗、药物研发、细胞与基因治疗、合成生物、体外诊断、医疗器械六大赛道。2022 年，宝山区成立区生物医药产业发展领导小组，发挥生药办统筹协调职能，抢抓新赛道。连续 3 年举办中国生物医药产业创新大会。代表企业有：上药康希诺、艾博、博沃、蓝鹊、优卡迪、美迪西、宝济、药苑、乐土、美迪西、汉氏、吉态来博、复星诊断、康达卡勒福等。

机器人及智能制造。2022 年，宝山区机器人及智能制造产业产值 661 亿元，占全区规模以上工业产值的四分之一，近 40% 企业产值超亿元。重点聚焦工业机器人、服务机器人、特种机器人、机器人系统集成、核心零部件及关键支撑技术五大领域，加快发展智能机器人、人形机器人、协作机器人等。以上海机器人产业园为核心载体的宝山区成套智能装备产业集群获评工信部 2022 年度中小企业特色产业集群（上海首批五个之一），发挥辐射带动效应，吸引产业链上下游资源集聚。代表企业有：发那科、安川、克来机电、视比特、大界、伏能士、费勉仪器、快仓、赛赫智能、首坤智能、韶脑传感、蔚建科技、清宝机器人等。

新一代信息技术。2022 年，宝山区新一代信息技术产业产值 41.96 亿元，产值亿元以上企业 8 家。重点聚焦新一代信息技术在工业互联网、智能制造、软件研发、智能城市等领域的深度应用。2014 年，宝山区成为全国首家中国产业互联网最佳实践区，连续 9 年举办中国产业互联网高峰论坛。化工宝数字科技、欧冶云商获得工信部颁发的"2021 年新一代信息技术与制造业融合发展试点示范项目"称号。代表企业有中电二十三所、复控华龙、创新奇智等。

供稿单位：上海市宝山区经济委员会

链接 6　上海机器人产业园

　　上海机器人产业园以机器人全产业链协同发展为目标，深耕机器人及智能制造产业，推进科创中心主阵地的核心承载区和成果转化区建设。园区位于宝山区顾村镇，占地面积 3.09 平方千米，是全区离市中心最近的市级工业园区。园区成立于 1994 年，2012 年经上海市经信委批准挂牌，是上海市首家机器人主题产业园。2014 年被纳入张江高新区宝山园，并成为上海市首批转型升级示点区。2020 年被授予上海市首批特色产业园，属于上海八大智能制造核心园区。2021 年被认定为"上海市知识产权试点示范园区""宝山区经济数字化转型十大示范场景""环上大板块三园之一"。2023 年成为国家工信部首批中小企业特色产业集群之一；在全国"质量月"活动中，质量基础设施"一站式"服务获得"立功竞赛"优秀项目；荣获年度百家园区党建品牌案例中的创新力党建品牌案例。

上海机器人产业园

园区紧紧围绕上海北转型的战略部署，深耕机器人及智能制造产业。至 2023 年，园区共入驻机器人上下游企业 281 家，其中规模以上企业 58 家，高新技术企业 62 家，小巨人企业 6 家，专精特新小巨人 3 家，上市、挂牌企业 9 家，专精特新企业 39 家，战略性新兴企业 20 家，专家工作站 1 家，院士专家服务中心 1 家。涉及机器人产业链的企业占园区总量的 80% 以上，集聚了发那科、遨博机器人、视比特机器人、赛赫智能、伏能士等一批国内外机器人领域的龙头企业。鑫燕隆、快仓（宝山）全球智能机器人研发总部、联东 U 谷等以智能装备制造为主体的总部型企业落户园区。易卜半导体、费勉仪器等一批高端智能制造企业扎根园区。同时，园区拥有国家机器人检测与评定中心、上海市机器人研发与转化功能型平台、上海机器人产业技术研究院等科研机构，形成了"以龙头企业引领 + 中小企业共生"的特色产业集群，园区机器人及智能制造上下游产业生态链日臻完善。

供稿单位：上海市宝山区顾村工业公司

链接 7　北上海生物医药产业园

北上海生物医药产业园总面积 6.86 平方千米，由南部的富锦工业园、中部的罗店工业园、北部的宝山工业园区东部片区组成。2011 年，复星诊断入驻园区；2012 年，相宜本草进入园区；2017 年，衡道落户园区；2020 年，作为上海第一批特色产业园区的"北上海生物医药产业园"正式设立，园区专门划出 3 平方千米产业用地承接生物医药企业，推动上海生物医药产业集群发展；同年，宝山医药产业园落户园区。2021 年 1 月，上海首个新冠疫苗生产基地上药康希诺落地园区，实现当年创立、当年建成、当年投产；同年，汉氏联合落户园区；2022 年，艾博生物落户，其研发的 mRNA 疫苗成功"出海"，成为园区生物医药产业的新锐力量。

北上海生物医药产业园核心区罗店工业园区东至潘泾河，南至月罗公路，西至抚远路，北至石太路，面积2.39平方千米。至2023年已集聚宝济药业、朝晖药业、惠永制药、美迪西、优卡迪、安泰吉、乐土、禄亘等有一定规模、一定影响力的生物医药企业，拥有国盛产投·宝山药谷、天瑞金MAX科技园等特色园中园，创新要素不断集聚，创新成果不断涌现。国盛宝山药谷一期16万平方米产业载体边建设边招商，实现未竣工即"满租"；天瑞金一期招商中心及样板楼亮丽展现。国盛二期、禄亘项目被评为2023年市级"智造空间"优质项目，蓝鹊、乐土进入内部装修，惠永、优卡迪进入GMP厂房验证，药康生物获批实验动物许可双证。宝济药业两条管线完成临床Ⅲ期，惠永制药年内申报3个二类新药。宝济入选高新技术企业、市级专精特新企业、市级企业技术中心和市级外资研发中心。优卡迪、蓝鹊荣登"中国新技术药物企业创新TOP30"榜单。朝晖获评国家级绿色工厂。

2023年8月16日，国盛产投·宝山药谷（一期）竣工

供稿单位：上海市宝山区罗店镇人民政府

链接 8　上海超能新材料科创园

超能新材料科创园，是上海市首批特色产业园，园区核心面积 2.56 平方千米。至 2023 年，已引进新材料企业上海超碳公司、国际超导公司、申和热磁电子等 300 多家重点企业入驻。园区有院士专家工作站 4 家、跨国企业总部及研发中心 4 家。

超能新材料科创园效果图

园区特色产业明确为"超碳""超导""超硅""超膜"等先进前沿新材料产业，同时结合园区智能制造、生命健康等重点领域所需材料，在医疗器械、电子汽配及机械等产业实现融合突破，并不断延伸到先进金属材料、纳米材料、医疗材料等热门细分行业，实现融合发展。

在超碳领域，依托上海市石墨烯产业功能型平台，集聚金属复合材料（鑫烯复材、衍衡）、无机非金属材料（氢田、鹏霄）应用领域的企业，形成了从技术成果转化、孵化到企业培育的产业生态。在超硅领域，拥有硅产业上下游的材料（中欣晶圆、富乐华）、装备（汉虹、广川）、应用（申和传感器）企业。在超导领域，围绕超导电缆、超导磁体生产领域（国际超导）、超导磁体应用领域（康达卡勒幅）、电缆检测领域（国缆检测），初步打通超导产业链条。在超膜领域，已集聚涉及水处理膜材料（特瑞斯）、电池膜材料（素水）、镀膜设备（光驰科技）企业。

供稿单位：中共上海市宝山工业园区工作委员会

链接 9　宝山区数智南大产业园

数智南大产业园位于南大智慧城中心片区，是宝山建设上海科创中心主阵地以及城市数字化转型的核心产业板块，由宝山区政府与临港集团通过"区区合作、品牌联动"共同打造，于 2022 年 6 月成功入选市级特色产业园。

园区总占地面积 110 公顷，产业用地 36.1 公顷，产业载体 132 万平方米。园区结合南大智慧城西南片区整体开发建设，搭建数字产业生态，奠定了良好的发展基础，其中：首发项目——南大数智中心于 2023 年 6 月交付使用，数智绿洲一期于 2023 年年底竣工交付；科创之门、数智绿洲二期等产业载体加速建设。上师大附中宝山校区、中央公园、国际人才社区等重点产业配套和道路、绿化等基础设施同步建设，助力产业导入和氛围打造。

数智南大产业园效果图

在市、区各部门大力支持和通力协作下，园区全力推进招商引资，经济规模、产业聚集呈现出强劲的发展态势，初步营造出数字经济产业的发展氛围。引进了以捷瑞肯等为代表的芯片设计类企业，中软国际、新联数城、质数环银、红星云等软件服务企业，创新奇智、华科智谷等人工智能企业，国仪量子、本源量子等量子测算领域龙头企业，脑玑医疗、塞力斯、选象科技等数字健康领域企业。截至2023年7月底，园区累计引入企业863家，企业注册资本总额102.3亿元，累计实现税收总额7.8亿元。其中，高新技术企业24家，拥有发明专利数40余项，培育专精特新企业7家，科技型中小企业29家，数字产业占比超过50%。

供稿单位：上海南大开发建设有限公司

链接 10　碳中和产业园

碳中和产业园由北部宝钢股份外围区域及南部吴淞创新城特钢先行启动区两大片区内的宝武转型地块组成，规划总面积2.14平方千米，其中首发项目总建筑面积约65万平方米，作为上海市"双碳"目标下的核心产业载体，是宝山区打造"科创中心主阵地"的重要承载区，也是上海首个以绿色低碳创新及产业发展为特色的核心产业园区。

园区围绕"双碳"战略，依托宝地资产、宝武中央研究院、宝钢工程、宝武重工、宝武清能、宝武碳业、宝武环科、宝信软件等宝武生态头部企业，聚焦钢铁行业"双碳"核心优势技术攻关，引领行业绿色低碳发展，培育氢能、新材料、智慧制造工艺装备和循环经济等产业协同发展，带动绿色低碳创新特色服务业，实现园区、生态和经济社会发展共赢。

自2020年8月，特钢先行启动区（吴淞创新城15更新单元）作为中国宝武（上海）碳中和产业园区南部片区（特钢首发项目片区），控制性规划获批。同年，首发地块启动建设。特钢首发项目片区规划面积约134.5亩，建筑面积约28.89万平方米。特钢首发项目片区整体定位于以绿色低碳等为主导产业的核心功能区。围绕中国宝武主产业，发展以总部经济、科技服务、创新孵化、人才服务等为代表的现代服务业，着力提升园区科创、产业融合。

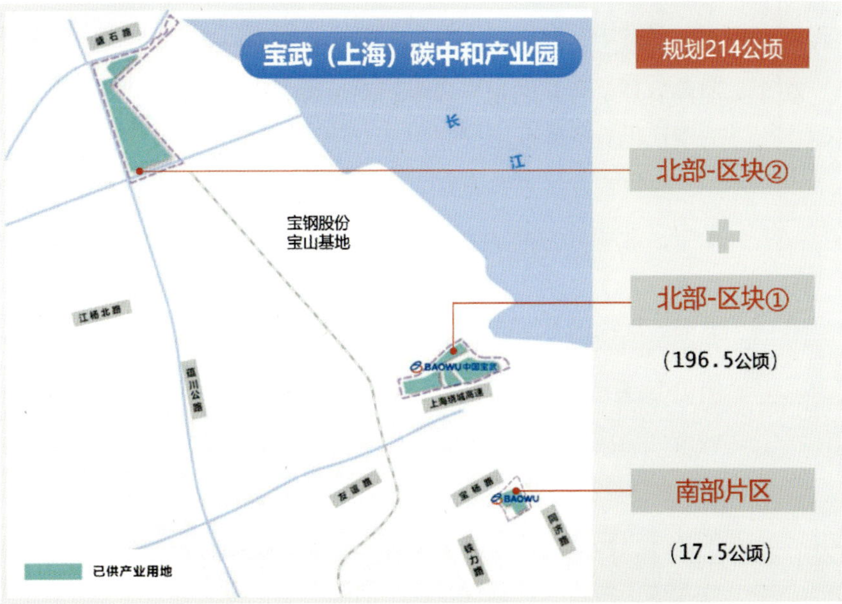

碳中和产业园规划范围

供稿单位：上海市宝山区发展和改革委员会

党的十八大以来，宝山区聚焦平台经济、商业民生、外资外贸、商务载体、粮食安全等重点领域，努力建设适应"北转型"新篇章的现代化商务体系。

全区商业规划布局持续优化，形成"3+5+N"的商业发展格局，淞宝、北中环、共康三大商业商务集聚区和顾村、罗店、逸仙路、杨行、上大五大地区商业商务功能区集聚效应逐渐显现，宝乐汇、龙湖宝山天街、宝杨宝龙广场、宝山花园城、经纬汇、宝山日月光、宝山 U 天地等大型商业综合体相继建成开业，盒马 X 会员店、山姆城市会员店、麦德龙 PLUS 店等首店落成。推进一刻钟便民生活圈建设，2022 年以来，友谊路街道、罗店镇美罗家园社区、大场镇大华社区、高境镇、吴淞街道社区、庙行镇、杨行镇杨鑫社区 7 个单位入选上海市"一刻钟便民生活圈"示范社区建设试点单位。聚焦民生实事工程提升消费幸福感，累计新改建标准化菜市场超 50 家。2020 年以来，新改建早餐工程网点 258 个，其中 29 家门店列为上海市为民办实事项目早餐工程示范点，成为老百姓感受宝山温度的重要窗口。

不断扩大对外开放力度，外资多项指标稳步增长。十年来，大批外资企业进入科学研究技术服务、软件和信息技术服务等领域，微盟、云励等外资数字经济企业不断成长壮大，为宝山区产业向新产业、新业态、新技术、新模式的转型发展起到了引导作用。同时，发那科、光驰、申和等先进制造业外资头部企业不断扩大投资，索灵、药苑、宝济等一批外资生物医药企业落地生根，助力宝山区产业高质量发展。成功举办"欧美同学会第二届中美经贸论坛"等投促活动，强化宝山产业宣传力度。加快外资高能级项目认定步伐，累计认定跨国公司地区总部 6 家，外资全球研发中心 2 家，外资研发中心 8 家。积极落实外贸发展重大战略任务。2016 年以来，全区外贸进出口总额年均增长 13%，高新技术产品进出口额年均增速达 18%；宝钢股份等 6 家企业被列入全市百家自主品牌企业；吴淞口国际邮轮、洋萌国际贸易等 5 家企业被列入全市百家新贸易企业，推动服务贸易创新发展取得突破。

2021 年 12 月，宝山日月光中心开业，该商场位于上海市宝山区沪太路与江场西路交叉口地铁 7 号线大场镇站上盖，总建筑面积 17.5 万平方米。项目以情景式、体验式消费为核心，引导以家庭为单位的社交化高频消费，着重于引入"自带流量"的特色主力店及首店，汇集了综合娱乐、餐饮美食、极致运动、潮漫次元、儿童文教、巨幕影剧院等，满足全天候的社交娱乐新体验

宝山区贯彻落实粮食安全"国之大者"要求，始终绷紧粮食安全这根弦，通过科学安排，优化为农服务水平，粮食收购做到应收尽收；通过粮库建设，智能化、信息化从无到有，实现了与市局信息系统的互联互通，监管方式由传统的人防模式向技防为主、人防为辅的模式转变；随着《关于进一步加强宝山区区级储备粮安全管理的实施意见》和储备粮网上竞价交易细则等一系列政策制度的陆续出台，粮食管理水平不断提升。宝山区粮食安全工作连续多年考评优秀，并于 2018 年荣获国家粮食局全国首批且上海市唯一一家"全国粮食流通执法督查创新示范单位"称号。

供稿单位：上海市宝山区商务委员会

链接 11　做优做强平台经济，培育壮大经济新动能

宝山区依托区位和产业优势，做大做强钢铁电商交易平台，整合钢铁供应链各方资源，发展平台金融服务、深化研发创新及大数据应用，优化提升交易、物流、仓储加工、供应链金融、大数据、研发创新等供应链综合服务，打造以世

界级钢铁交易平台为首的大宗商品交易平台。2021 年，全区实现商品销售总额 10110.44 亿元，十年间增长了 289%。其中，以欧冶云商、钢银电商为代表的平台经济贡献度超过 42%，两家企业合计用户超过 30 万家，吸引占全国钢铁产能 70% 以上的钢厂进行在线交易，合并结算交易量在全国钢铁平台中的市场份额超过 60%。2022 年，宝山区实现商品销售总额 9961.25 亿元。其中金属材料类商品销售额 8805.8 亿元，占全区商品销售总额的 88.4%。

欧冶云商股份有限公司成立于 2015 年 2 月，是中国宝武集团整合原有大宗商品电子商务优质资源，以全新商业模式建立的钢铁生态服务平台。2023 年 4 月 18 日，欧冶云商与上海宝山区政府签署战略合作协议。根据协议，双方在平台经济龙头企业快速发展、优化钢材线下仓储网络布局、推进循环物资线上阳光处置及带动生态圈企业共同发展等方面展开深入合作

宝山区依托欧冶云商、上海钢联、钢银电商等主体企业，通过规则创新、要素创新和监管创新，有效推动钢铁行业转型升级和钢铁流通体系的深度变革，助推平台经济高质量发展。在交易、物流、指数以及技术创新、绿色低碳等领域进行全面拓展，实现平台影响力和市场价值的快速提升，实现对钢厂端、贸易商端以及线下重点钢材仓库业务大覆盖，价格指数国际影响力显著增强，宝山区成为全国平台经济创新发展新高地。2022 年，宝山区成功完成上海钢铁领域平台经济示范区创建工作，示范区主体企业欧冶云商和钢银电商荣膺上海钢铁领域平台经济示范企业。

供稿单位：上海市宝山区商务委员会

链接 12 践行人民城市理念，促进消费提质增效

宝山坚持实施扩大内需战略，持续释放消费需求，激发市场活力，努力提升宝山消费贡献度、消费创新度、品牌集聚度、时尚引领度。2022 年，全区实现社会消费品零售总额 823.52 亿元，较 2012 年的 460.31 亿元，增长 78.9%。

为有效促进消费提质扩容，宝山区大力发展首发经济、品牌经济和免退税经济，活跃夜间消费、假日消费等终端消费场景，着力增强宝山消费水平。连续举办四届"五五购物节"，推动线上线下多元化消费。优化汽车消费环境，淞南镇"乐途淞南汽车创意街"获评"上海市汽车品质消费示范区"（创建）。促进老字号企业传承和发展，组织区内老字号企业参加上海老字号认定，"蜂花檀香皂""上海药皂"、裕华、白猫（香皂）、美加净、老香斋、"虹"（糕团）7 个品牌成功入选。发挥政策举措和节庆活动叠加效应，出台专项政策，激发市场主体和平台企业积极性，促进消费回补和潜力释放。2022 年，游客接待人次合计 387.81 万人次，营业总收入 11.99 亿元。

2023 第二届上海邻里生活节暨第四届宝山区"五五购物节"启动，围绕"品牌经济""夜间经济""数字经济"三大板块，集合多方优质资源，商旅文体联动，线上线下互动，共同开展促消费系列主题活动，进一步激发消费潜力，优化消费结构，提升消费能级

供稿单位：上海市宝山区商务委员会

链接 13　利用外资结构优化，做大做强外贸经济

宝山积极引导外资在重点产业链和现代产业领域扩大投资，打造外资集聚地。探索外贸新业态新模式，创建市级服务贸易示范基地，助力上海服务业扩大开放综合试点。

引进外资指标稳步上升。2022 年，宝山区全年合同外资项目 327 个，其中新批项目 244 个，增资项目 83 个。合同外资总额 15.07 亿美元，其中 1000 万以上项目 19 个，实现合同外资 13.10 亿美元。第二产业合同外资 9505 万美元，增长 1.1 倍，其中工业实现合同外资 9477 万美元；第三产业合同外资 14.12 亿美元，其中租赁和商务服务业实现合同外资 4.49 亿美元，科学研究和技术服务业实现合同外资 5.65 亿美元，批发和零售业实现合同外资 4829 万美元，信息传输、软件和信息技术服务业实现合同外资 3.18 亿美元。全年实际到位外资 6.01 亿美元。

外资经济运行保持稳中有进。2022 年实现进出口总额 1097.04 亿元，其中出口总额 398.13 亿元，进口总额 698.91 亿元。2022 年，宝山区服务贸易进出口合同金额 2.84 亿美元。其中技术出口合同金额 4428 万美元，技术进口合同金额 2 亿美元，服务外包合同金额 3912 万美元。宝山区企业经核准赴境外新设立企业 11 家，增资 3 家，投资总额 4109 万美元，增长投资国别（地区）主要包括中国香港、美国、日本等。对外投资主要流向软件及信息技术服务业、进出口贸易、多式联运和运输代理业等。

2021 年，欧美同学会第二届中美经贸论坛在宝山举行。论坛以"中美经贸合作的新挑战与新机遇——赋能长三角一体化发展"为主题，聚焦"国际贸易规则下的中美经贸合作新趋势"等重点领域研讨交流，开展务实有效的合作探讨

积极承接进博会溢出效应。截至 2023 年 2 月，宝山区先后组织 39 家企业参加进博会、3899 家企业到会采购，达成采购成交 11.15 亿美元，成功申办 6 个进口博览会配套活动——2018 和 2019 国际邮轮服务贸易高峰论坛、2019 年第三届今日加拿大论坛、2019 喜德瑞中国第八届高峰论坛、第三届进博会宝山投资交易签约仪式、"科创蝶变　奇迹宝山"宝山区投资推介会等，世界农产品交易平台、上海江杨水产品批发市场获批"6 天 +365 天"交易服务平台。

供稿单位：上海市宝山区商务委员会

链接 14　商务载体品质持续提升，集聚效应初具成效

宝山不断优化轨交沿线高品质商务载体，商务载体总量逐年壮大，能级水平不断提升，集聚效应初具成效，形成点上集聚、线上联通、面上辐射、各具特色的生产性服务业格局。2011—2016 年，宝山区累计建成"一带三线"现代服务业载体 104 个，面积 600 余万平方米，集聚一批以欧冶云商、微盟等为代表的"大云平移"新兴产业领军企业，全力推进复旦软件园、上海移动互联网创新园、博济园、同济设计产业园、上海芳草地、中设总部基地等一批服务业项目，上海钢联向世界输出首个中国钢铁价格指数。2016—2021 年，建成北郊未来产业园、龙湖天街等一批产业商业载体，重点商务载体单位面积税收增长 4.3 倍，亿元载体达 18 个。新增注册企业突破 14 万户，上市挂牌企业总数达

由棉花仓库改建而成的上海智力产业园。园区占地面积 824 亩，是集办公、展示、休闲等为一体的服务业园区，入选第四批上海市服务业创新发展示范区名单

165 家，较 2016 年年底翻了一番。

2021 年纳入监测的载体 91 个，服务业载体入驻企业共 3.4 万家，贡献税收 89.7 亿元，总税收单位面积产出为 2427 元 / 平方米；亿元载体总数达 21 个。商务载体品质不断优化，涌现出一批软件信息、商贸服务、在线新经济等行业的优质企业。载体空间布局更加合理，交通出行更加便捷，90% 以上的载体沿轨道交通布局，部分载体更是位于双轨交沿线，如同济创园、长江软件园、智力产业园、龙盛活力小镇等。

供稿单位：上海市宝山区商务委员会

第四节 多策并举，不断优化营商环境

新时代，宝山区以"北转型"为战略牵引，针对企业个性化需求，提升服务意识，优化服务质量。强化政企互动，建立常态化互动、办理反馈机制，以"企业感受度"作为提升改进工作的重要参照标准，以实际行动诠释宝山区不断优化营商环境的决心和信心，为宝山区经济高质量发展添能蓄势。

营造一流营商环境。宝山区加快转变政府职能，完善权力、责任、廉政清单，推行立项、执行、督查、问效"四位一体"目标管理。完善事中事后监管制度，全面构建市场主体自律、业界自治、社会监督、政府监管互为支撑的综合监管体系，深化商事制度改革。推进金融服务创新，完善多元化融资服务体系，发挥上海"双创"投资母基金等辐射效应。支持社会资本以 EPC、PPP 模式投资基础设施、公用事业等领域。深化国资国企改革，加强区属企业分类管理，调整优化国资布局结构，完善区属经营性国资集中统一监管机制。复制和推广自贸试验区改革试点经验。推进"区港联动"，在外资准入、通关便利、金融信贷、购物退税等方面改革创新。在全国率先实现"验登合一"，拿地即开工、单体竣工验收等优化营商环境十大创新举措全面铺开。持续深化"放管服"改革，"一网通办"实现"只跑一次""不见面审批"。邮轮港口服务标准等 24 项制度创新在全国推广，吴淞口国际邮轮港实现"四船同靠"，接待规模居亚洲第一、世界第四，获批首个中国邮轮旅游发展示范区。出台"科创 30 条"、大学科技园"黄金十条"等政策，科创服务体系更加完善。

打通成果转化链条，着力突破小试中试关键点。宝山区围绕资金投入，创新开展"先投后股"国家试点，立项扶持首批 7 个项目6000 万元，高端质谱仪器等 20 余个前沿项目落地。围绕孵化中试，

2021年1月7日，主题为"海聚英才，智聚科创"的宝山区科创中心主阵地建设海内外揽才工程正式启动

石墨烯功能平台建成中试线9条，8英寸石墨烯单晶晶圆研制成功，高温超导电缆产业化项目投产。围绕产学研用，大力发展大学科技园，环上大科技园9个产学研基地建成运行，转化成果106项。加速构建创新生态体系，设立50亿元科创产业基金和100亿元城市更新基金，上海（宝山）科创金融服务中心投入运营。推动各类科研资源整合，推进应用场景和公共资源开放共享，提供技术咨询转让、无形资产评估、概念验证、知识产权代理等科技中介服务，吸引国内外高水平研究机构和创新型企业等落户宝山。健全知识产权服务体系，成立长三角生物医药知识产权联盟，促成全市首单开放许可专利成交。

完善充满活力的创新生态。宝山区深化创业型城区建设，扩大宝山首创的"家庭创客"品牌覆盖面，组织开展各类创新创业大赛。推动创新文化、创新精神、创新价值成为社会共识、融入城市精神，深化全国科普示范区建设，打造"有科技感"的宝山新貌。入选"科创中国"试点培育区，建设全市首个"科创街区"，成功创建全国科普示范区。建设创新创业人才高地，全面贯彻落实中央人才工作会议精神，主动服务上海高水平人才高地建设，打造近悦远来的人才发展环境。深入实施海内外揽才工程，以全球视野打造宝山科创人才港，集聚一批高层次人才、拔尖人才和团队。聚焦重点产业领域和核心功能需要，鼓励企业、高校院所、科技服务专业机构联合建立人才培养基地，支持院校创业指导站、企业创新实践基地建设。做强"樱花卡"人才服务品牌，对创新人才实行持续稳定支持，围绕人才关注的居住、教育、医疗等事项提供更多柔性服务。

供稿单位：上海市宝山区发展和改革委员会

链接 15　涵养财源扩财力，千方百计稳增长

宝山区始终围绕加力提效、深化改革、助力发展的工作主线，加强财政收入组织，积极争取上级支持，财政综合实力显著提升，为稳增长提供坚实的财力保障。2022 年，在疫情和国家组合式减税降费政策的双重影响下，区级一般公共预算收入完成 173.77 亿元，与 2012 年的 94.11 亿元相比，增长 84.6%，财政收入总体呈现向上向好稳步增长的态势。

加快培育发展新动能。积极落实大规模减税降费政策，增强市场主体活力，助力营造一流营商环境；充分发挥财政"调节器""助推器""稳定器"作用，落实科创中心主阵地建设战略，完善专项资金投入机制，引导资本、资源向战略性新兴产业培育、科创成果转化应用等关键领域聚集，加快培育发展新动能。

积极强化财源培植建设。强化协同理财机制，研究完善区与街镇财政结算关系，财力进一步向基层下沉，鼓励做大总量，多劳多得；支持街镇（园区）发挥属地优势，加强招商引资，培育税源主体，优化税源结构，做大做强财政收入"蛋糕"。

2023 年 8 月 15 日，2024 年部门预算暨 2024—2026 年中期财政规划编制会议

统筹协调加强收支管理。强化对经济运行的前瞻性分析，加强收入预期管理，围绕重点行业、重点企业，加强跟踪分析研判，着力做好稳收入、挖潜力工作。坚持依法征收、应收尽收，推动财政收入规模、增幅和质量同步提升。加强财政管理，持续优化财政支出结构，大力缩减一般性支出，加大对稳增长的投入支持力度，千方百计稳增长。

更好发挥债券资金投资拉动作用。坚持"开好前门＋严堵后门"，积极向上争取新增债券资金，发挥债券资金投资拉动作用，切实保障重大项目、重要领域建设资金需求。自2015年国家发行地方政府债券以来，至2022年年底，宝山区新增一般债券80.5亿元、新增专项债券69.1亿元，重点用于交通基础设施、生态环境、社会事业等政府投资项目，有力推动了区域经济社会高质量发展。

供稿单位：上海市宝山区财政局

链接 16　落实税惠新政，不断提升税收治理效能

2018年，国税地税征管体制改革拉开序幕，国家税务总局上海市宝山区税务局挂牌。新机构运转五年来，走出了一条政策"加码"与办税"减负"相结合，破除藩篱与"乘"效显现相促进的改革路。

助企纾困，做税惠新政"实践者"。2018年，落实增值税税率、提高个人所得税基本减除费用标准等政策措施，减轻纳税人负担。2019年，实施更大规模减税降费政策，宝山减税降费总额超过85亿元。2020年，根据市局出台的7方面28项支持疫情防控和经济社会发展税费优惠政策，落实税惠红利，支持稳岗就业；2021年，实施"减税降费＋缓税缓费"政策，减税降费叠加效应显现，有力服务"六稳六保"大局。2022年，推出新的组合式税费支持政策，税惠红利步步扩围、层层递进。2023年，明确延续和优化部分阶段性税费优惠政策，进一步稳定了企业的发展预期，增强了企业的发展信心。

以税为擎，做数据赋能"先行者"。宝山区积极探索大数据及实时运算在"智

慧税务"方面的应用，借助人脸识别、人工智能等现代信息技术，构建"智慧税务"生态体系，办税服务厅智慧化转型、智能设备入驻自助办税区域、"数据墙"实时资讯展播、税费政策精准推送等，实现了办税服务的智能、高效、便捷、精准。十年来，"智慧税务"随着便民办税的春风不断"播种开花"，功能更集成，效能更强大，成为宝山优化税收营商环境的崭新名片。

2021 年 4 月，宝山区第 30 个全国税收宣传月启动仪式

履职尽责，做精细服务"提质者"。对于如何汇聚合力进一步延伸纳税服务触角，宝山很早就开始了实践。2020 年，宝山区开展第一次"宝税云课堂"直播，为纳税人讲解疫情期间房产税和城镇土地使用税相关政策，在税企之间架起了一座"云"桥梁；2021 年，区税务局第三税务所建立"103 职工创新工作室"，推动解决不动产登记缴税过程中人民群众"急难愁盼"的问题；同年，"税智惠"帮帮团成立，作为集精细化宣传、便捷化办税、智能化辅导、集成化共治四大服务功能为一体的服务品牌，累计服务纳税人 2.8 万人次。积极布局社会共治点，全区超过 2 万户楼宇及周边企业、28 万自然人享受着"家门口"的纳税缴费服务。

供稿单位：国家税务总局上海市宝山区税务局

链接 17   开展经济普查，统计服务经济增长

宝山区持续推进经济社会运行监测，加强经济形势研判，落实统计年定报，撰写统计分析、统计专报，开展全国经济普查，发挥统计服务宏观政策"数库"和"智库"作用。

2013 年和 2018 年，宝山区成立"经济普查领导小组办公室"，开展了第三次和第四次全国经济普查，分别对辖区内 27667 家和 33630 家单位开展普查登记，对经济发展规模和发展结构等情况进行彻底摸查。

2018 年，宝山区第四次经济普查动员大会举行

据统计，"三经普"至"四经普"期间，经济总量规模取得新突破，2013 年和 2018 年分别实现地区生产总值 1057.51 亿元和 1392.06 亿元，可比增长率由 2.2% 升至 5.1%。2018 年年末，从事第二、三产业的单位数 34637 户，较"三经普"增加 6970 户，大幅增长 25.2%。"四经普"期间营业收入年均增长 8.0%，高于"三经普"6.1% 的年均增速，实现平稳增长态势。"三经普"至"四经普"期

间，经济结构调整深入推进，2018 年第三产业增加值比重达 59.8%，比 2013 年提高 9.0 个百分点，显示出"服务业行业为主，第二产业仍是基石"的态势。小微企业不断壮大，与"三经普"相比，微型企业户数增长最快，增速达 20.7%，经济活力进一步提升。两次经普工作均完成了市、区、镇三级的单位核查抽查和自查，将普查数据开发与区域经济发展紧密结合，充分运用普查取得的数据信息，对全区三经普至四经普的经济发展情况进行专门研究，撰写了《从"四经普"单位数变化看宝山经济增长的活力和动力》等 2 篇课题研究和 8 篇分析报告。经济普查工作客观展现宝山每五年的企业发展变化情况，为把握宝山经济发展新变化和新特征提供统计依据。

2022 年，宝山区印发《关于印发宝山区加强统计应统尽统工作联席会议相关制度的通知》。两年多来，定期召开应统尽统工作沟通会，动态跟踪 3215 家规上单位上报和数据质量。持续抓好统计工作质量，制定《宝山区街镇（园区）统计工作质量年度考核评分细则》，并组织对 5054 家基本单位开展调查，对 11524 家重点单位、一户多证单位、注吊销、重点指标等信息进行核实，对 1538 家 2022 年准规模单位开展调查等。全面夯实统计基础数据，全年共形成统计简报 76 篇，反映宝山区经济结构优化调整、产业转型升级和经济发展新动能培育等方面的新进展。

供稿单位：上海市宝山区统计局

链接 18　依法审计监督，护航经济社会高质量发展

依法履行审计监督职责，积极发挥审计在促进宝山区经济社会高质量发展中的服务保障作用。2013 年至 2022 年，共开展审计和审计调查项目 333 项，累计查出违规和管理不规范金额 160.04 亿元。通过审计，促进增收节支 27.11 亿元，推动建章立制 322 项，各类审计报告获得批示 106 篇次。

2021 年 11 月 12 日，宝山区统筹投资促进工作推进科创中心主阵地建设落实情况审计调查座谈会

不断强化常态化"经济体检"，贯彻落实党中央"过紧日子"要求，聚焦财政资金提质增效和严肃财经纪律，助推规范财政预算管理、盘活存量资金，发挥财政资金最大效益。强化重大政策措施落实情况跟踪审计，聚焦产业发展、民生改善、生态环保、乡村振兴、信息化建设等重点领域，持续开展专项审计调查，一体推动揭示问题、规范管理、促进改革。强化对权力运行的制约和监督，紧盯领导干部履职尽责和担当作为，深化经济责任审计和自然资源资产离任（任中）审计，促进领导干部依法履职。做实审计监督"后半篇文章"，坚持高位统筹推进审计整改工作，多管齐下督促审计整改，开展实地督查，着力推动解决历史遗留问题和跨部门重点难点问题。

供稿单位：上海市宝山区审计局

链接 19　加强服务型监管，营造良好市场环境

新时代，宝山区紧紧围绕需求导向、问题导向、项目导向，充分发挥市场在资源配置中的决定性作用，以改革解难题、以开放促发展，商事制度改革激发市场活力。事中事后监管平台入选全市第一批自主改革创新经验案例，向全市复制推广。创新优化包容审慎监管、信用监管等模式，预防和制止市场垄断和不正当竞争行为，构建亲清统一的新型政商关系，营造公平有序市场环境。2022年，宝山区共有各类市场主体218622户，较2012年78420户，增长179%；注册资本总额1.32万亿余元，较2012年2712.57亿元，增长389%。其中：企业合计178538户，注册资本13206.93亿元；个体工商户39981户，资金数额22.43亿元；农民专业合作社103户，资金数额2.05亿元。

2022年6月，宝山区制定《关于落实市场监管领域包容审慎监管执法的实施意见》及《宝山区市场监管领域轻微违法违规行为包容审慎监管执法工作指引（一）》，建立完善市场监管领域轻微违法违规经营行为容错机制，细化轻微违法违规经营行为的具体情形，明确不予处罚裁量实施措施。"轻微不罚"为市场主体减轻了经济压力，避免"信用污点"，提升法治获得感，增强企业对市场环境的预期和信心。在免罚的同时，通过批评教育、指导约谈等措施，提升企业守法合规意识，将执法办案的过程变为精准普法的课堂。

2019年，在全市率先开通"一窗通"线下服务专区，实现开办企业营业执照与税务发票"一窗受理，一窗发放"。2021年年初，积极落实区优化营商环境"十大创新举措"，做到开办企业"一个环节、当天发照"。截至2023年11月，已惠及全区6万余户新设企业。"即办件"扩容至123项，覆盖率93%

2023年5月，宝山区市场监管局查办的"某公司发布违法广告不予行政处罚案"获评宝山区首批轻微违法行为不

予行政处罚典型案例。该案中，当事人违法行为轻微并及时纠正，且属于首次被发现，符合《市场轻微违法违规经营行为免罚清单》适用情形，依据相关规定，除责令当事人停止发布违法广告外，决定对其不予行政处罚。截至2023年，宝山区市场监管局落实市场监管领域包容审慎监管执法，共办理适用《免罚清单》的不予处罚案件473件，以温情执法向市场主体释放善意，以服务型监管营造良好市场环境。

供稿单位：上海市宝山区市场监督管理局

第二章

坚持依法依规，深入推进民主政治建设

第一节 充分发挥区委总揽全局、协调各方的领导核心作用

党的十八大以来，中共上海市宝山区委员会始终以习近平新时代中国特色社会主义思想为指导，坚定不移走中国特色社会主义发展道路，充分发挥总揽全局、协调各方的领导核心作用，以民主凝聚人心力量、以法治护航改革发展。

持之以恒加强区委自身建设。 深入贯彻落实习近平总书记考察上海重要讲话精神和对上海工作重要指示要求，始终把学习贯彻习近平新时代中国特色社会主义思想作为首要政治任务，深化落实区委常委会"第一议题"制度。认真贯彻《中国共产党地方委员会工作条例》，坚持民主集中制，与时俱进修订《区委工作规则》，完善"三重一大"事项决策等制度，健全专题会议深入研究、书记专题会充分酝酿、常委会集体民主决策以及全会决策监督机制，加强全会对重大问题的决策审议和监督。紧紧围绕统筹推进"五位一体"总体布局和协调推进"四个全面"战略布局，主动服务构建新发展格局，对全区经济建设、政治建设、文化建设、社会建设、生态文明建设实行全面领导。认真落实全面从严治党主体责任，加强党的长期执政能力建设、先进性和纯洁性建设。坚持率先垂范、以上率下，模范遵守党章党规，严守党的政治纪律和政治规矩，为全区党员干部群众作出示范。配合市委巡视和市委"八项规定"执行情况专项督查等工作，认真抓好反馈意见的整改落实。

支持人大依法履职和行使权力。 坚持党的领导、人民当家作主和依法治国有机统一，将人大工作纳入区委工作总体布局。支持人大及其常委会充分发挥重大事项决定权、监督权、人事任免权等职能作用，围绕重点领域改革、科技创新、民生改善等开展监督，完善对"一府两院"的法律监督和工作监督，促进全区各项工作有序开展。完善区、镇两级全口径预决算体系，推进人大预算审查监督

重点向支出预算和政策拓展，建立预算审查前听取人大代表意见建议机制。尊重代表主体地位，更好发挥人大代表主体作用，深化人大及其常委会自身建设，推动人大工作与时俱进。推进"代表之家""代表联络站"建设，加强审议监督和议案、代表建议督办。

2017年1月10日—13日，宝山区第八届人民代表大会第一次会议在区委党校举行

支持政协履行职能和发挥作用。 加强党对政协工作的全面领导，支持政协发挥专门协商机构作用，把协商民主落实到履行职能全过程。举办庆祝人民政协成立70周年座谈会。鼓励政协开展调研，建言献策，加强提案办理协商，畅通社情民意反映渠道。推动政协协商与基层协商有效衔接，深化"协商于民"政协委员工作站建设。建立界别工作联席会议制度，打造一批界别委员工作室，完善委员联系界别群众制度机制，实现党的工作对界别和委员全覆盖。广泛开展理论学习、座谈交流、走访考察、读书沙龙等，更好地凝聚共识，有效提升政协委员参政议政能力。

巩固和发展最广泛的爱国统一战线。 以《中国共产党统一战线工作条例（试行）》为基本遵循，构建大统战工作格局，不断完善区委统一战线工作领导小组工作机制。深化政党协商，落实区委书记与党外代表人士集体谈心、季度座谈会、区情通报会制度。加大党外干部推荐选拔培养力度，打造"上海党外代表人士挂职锻炼基地"，成立宝山中华职业教育社。党外知识分子思想政治工作获上海统一战线

"十佳案例"。高质量推进民族宗教工作，坚持我国宗教中国化方向，促进民族和睦、宗教和顺。做实非公经济工作，打造"长江口民营经济论坛"特色品牌，定期举办"民营企业家圆桌会"，开展非公经济人士理想信念教育实践活动。不断深化港澳台侨工作内涵，切实维护民族宗教领域和谐稳定。

统筹做好党领导下的各项工作。 深入推进工会、共青团、妇联等群团组织改革，新组建区文联，成立全市首家区级家政护工行业工会，支持群团组织依法按章履职。支持法院、检察院依法独立公正行使审判权、检察权。组建区委全面依法治区委员会，制定法治政府建设规划、法治宝山、法治社会建设五年行动方案，完成行政复议体制改革。坚持党管武装，国防动员体制改革不断深入，全国双拥模范城实现"八连冠"。老干部、党校、社会主义学院、档案、史志、机要保密等工作有序推进。

供稿单位：中共上海市宝山区委研究室

链接 20　高举旗帜，在大局中不断深化宝山转型发展战略

区委着力把方向、管大局、作决策、保落实，先后提出打造"两区一体化"及其升级版、建设"国际邮轮之城、智能智造之城"等工作谋划并推进实施，全面完成"十二五""十三五"发展任务，科学编制并实施"十四五"规划，实现区第六、第七次党代会提出的主要目标。

2020年以来，区委紧紧把握市委、市政府赋予宝山"上海科技创新中心主阵地、国际大都市主城区、全市绿色低碳转型样板区"的发展定位，全力推动产业转型、空间转型、治理转型，加快建设新兴产业集聚、产城融合发展、生态宜居宜业的现代化转型样板城市。

坚持系统谋划、一体推进。 成立宝山区推动北转型工作领导小组。建立协调会商制度，实行领导小组"季例会"和办公室"月调度"制。完善清单化管理责任链，每年年初编制转型发展重点任务年度清单、重大转型项目推进和储备清单，实行全过程跟踪管理。参照上海市南北转型发展主要指标，建立宝山区转型发展指标

评估体系。

打造创新主体活跃、创新人才集聚、创新功能突出、创新生态优良的上海科创中心主阵地。一是构建创新成果梯次孵化体系。打好以宝武为代表的"企业牌"、以上大为代表的"大学牌",初步构建"创业苗圃＋孵化器＋加速器＋大学科技园＋产业园"的梯次孵化体系。二是打造四大战略性新兴产业集群。围绕全市"3+6"产业体系切入细分领域,大力发展新材料、生物医药、智能装备、新一代信息技术四大主导产业。大力培育专精特新企业。实施高科技企业倍增计划和硬核科技企业共同成长计划,支持中小企业在细分赛道深耕细作。三是推进两大市级板块整体转型。南大地区基本拆平、土地整体收储,吴淞工业区低端企业基本停产。与宝武、上实、临港等央市属企业合作,高起点推进3平方千米先行启动区建设。

打造现代化、创新型、生态化国际大都市主城区。一是完善家门口的公共服务体系。引进知名教育品牌和三甲医疗资源,完善15分钟公共文化体育生活圈,推进城中村改造、早餐工程、居家养老等民心工程。二是以数字化赋能治理现代化。"一网通办"实现涉企审批事项100%"只跑一次"和"不见面审批","一网统管"汇聚36个应用场景、80多项城市运行体征数据。三是创新实践全过程人民民主。首创"社区通",覆盖全部居村、九成家庭,成为"手机端的民主协商平台"。首创"社区小先生制",带动约11万名家长参与社区治理,入选中国(上海)社会治理十大创新实践案例。

2021年11月4日,"勇担新使命,奋进'北转型'——打造新时代现代化转型的样本"登上《解放日报》专版

打造全市绿色低碳转型样板区。出台实施意见、三年行动计划，制定碳达峰实施方案，发布"宝山区绿色低碳十大行动"，组建壮大"绿色低碳发展联盟"，全力探索老工业基地绿色低碳转型新路。一是低碳供应链先行先试，打造长三角低碳供应链公共服务平台，推动重点领域供应链绿色低碳转型。二是央地协同推进碳达峰、碳中和。参与"宝武绿碳"基金，与宝武集团共建碳中和产业园。参建碳量化国际标准，为国家竞争绿色贸易国际规则制定权。

供稿单位：中共上海市宝山区委研究室

链接 21　建章立制，不断完善区委领导体制和工作机制

区委对党的制度建设和自身建设历来高度重视，始终坚持制度治党、依规治党，不断推进工作制度化、规范化、科学化建设。2012 年《中国共产党上海市宝山区委员会工作规则》（以下简称《区委工作规则》）出台以来，区委分别于2016 年、2021 年和 2023 年对《区委工作规则》进行了修订，持续规范组织运行、加强改善领导，坚决做到科学决策、民主决策、依法决策。

2016 年，六届区委在深入贯彻《中国共产党地方委员会工作条例》和《中国共产党上海市委员会工作规则》的基础上，结合换届工作，修订《区委工作规则》。修订后的《区委工作规则》共分七个章节。2021 年，为深入贯彻落实全面从严治党要求和中央、市委有关文件精神，充分体现宝山打造上海科创中心主阵地战略要求，不断推进区委工作制度化、规范化、

2016 年、2021 年和 2023 年修订的《区委工作规则》

科学化建设，区委结合 2016 年《区委工作规则》修订内容以及宝山实际，再次对《区委工作规则》作了修订。2023 年，为进一步贯彻落实党的二十大精神，体现市第十二次党代会赋予宝山的新定位，融入区第八次党代会有关部署，对标对表、贯彻落实近年来新出台的有关党内规定精神，区委第三次对《区委工作规则》进行了修订。

供稿单位：中共上海市宝山区委研究室

第二节 始终坚持人民当家做主，依法全面履职

党的十八大以来，区人大及其常委会以习近平新时代中国特色社会主义思想为指导，认真贯彻中央及市委、区委关于加强和改进人大工作的系列决策部署，在新时代人大工作的征程上，描绘了发展全过程人民民主的生动图景。

确保党的领导贯穿人大工作各方面全过程。认真贯彻落实中央、市、区人大工作会议精神，推动人大工作守正创新、与时俱进。人大工作重大问题、重要事项、重要情况及时向区委请示报告，做到区委工作重心在哪里，人大工作就跟进到哪里，力量就汇聚到哪里，作用就发挥到哪里。发挥人民代表大会制度的功效，善于使党的主张通过法定程序成为国家意志，善于使党组织推荐的人选通过法定程序成为国家政权机关的领导人员。

全过程人民民主夯实人大工作民意基础。将坚持全过程人民民主写进区人大工作制度，并通过积极有效的工作，持续扩大人民群众有序政治参与。把全过程人民民主要求充分体现到民主选举环节，2016 年、2021 年，区、镇人大代表同步换届选举，做到应登尽登、应选尽选。每年围绕群众最关心、最直接、最现实的利益问题依法行使决定权、监督权，广泛倾听人民声音，回应群众关切。

打造践行全过程人民民主特色载体。加强对基层立法联系点工作的指导，支持区劳动人

2021 年 11 月 16 日，选民投上神圣一票，直选区、镇人大代表

事争议仲裁院立法联系点做实参与立法、监督执法、促进守法和宣传普法"四大功能"，发挥民意"直通车"作用。加强人大代表联系群众平台建设，市、区、镇三级人大千余名代表通过全区 419 个"家站点"联系人民群众，助力解决群众急难愁盼问题。

2021 年 11 月 15 日，区委调研中央人大工作会议精神学习贯彻情况。图为区领导在基层立法联系点调研

正确监督、有效监督、依法监督取得新实效。围绕改革发展和民生的重大问题，依法开展法律监督和工作监督。认真落实讨论、决定重大事项有关制度。将依法行使重大事项决定权与监督工作有机结合，既对涉及全区发展的重大事项、群众关心的重大问题进行监督推进，又在调研、审议的基础上作出决定、决议或审议意见，交"一府一委两院"落实。

紧扣法律规定开展执法检查。落实中央关于上海率先建立垃圾分类管理制度的要求，持续四年对《上海市生活垃圾管理条例》贯彻实施情况加强监督，打出监督组合拳，推动生活垃圾分类管理体系不断健全。响应疫情防控要求，对市人大关于疫情防控工作的决定及《上海市公共卫生应急管理条例》贯彻情况开展检查，推动提升应对重大疫情和公共卫生突发事件的能力。开展食品安全执法检查，以"四个最严"维护百姓"舌尖上的安全"。

加强专项工作监督。听取审议科创中心主阵地建设三年行动计划实施，审查批准"十三五""十四五"规划纲要，监督调研南大、吴淞等重点地块转型和重点特色产业园建设。依法审议《宝山区总体规划暨土地利用总体规划（2017—2035）》，完成五个新市镇规划审议工作，推动完善城市空间格局。听取审议教育优质均衡发展、乡村振兴战略实施等工作，开展安全生产综合执法检查，首次听取审议区监察委员会专项工作情况报告，加强对司法工作的监督。

认真履行预算审查监督和国有资产管理监督职责。推进预算审查监督重点向支出预算和政策拓展。将国有资产管理纳入监督工作重点，2018 年起连续五年听取区政府关于国有资产管理情况的年度综合报告和专项报告。

服务和保障人大代表依法履职。定期举行代表集中培训，帮助代表"充电"增能。十年来，近 800 人次受邀列席常委会会议，2600 余人次参加专工委组织的调研和检查暗访等活动。每年开展代表集中联系社区活动，组织代表"带主题"听取社情民意 2900 余人次。探索设立科技创新、心理健康等专业代表工作小组，探索建立代表参与人大信访制度。完善代表议案处理流程和工作规范，对人大交付的 9 件议案重点研究处理；每年专题听取区政府关于代表建议办理情况的报告。2012 年至 2022 年，区政府有关部门收到代表建议 1164 件，均已办理并答复代表。

供稿单位：上海市宝山区人民代表大会常务委员会办公室

链接 22　坚持发扬民主，探索全过程人民民主有效形式

打造特色载体。把人大代表联系群众平台建设作为巩固和加强人大工作的重要阵地，切实打通代表联系人民群众、服务人民群众的"最后一公里"。2018 年年初，启动推进基层人大"代表之家""代表联络站"建设。当年 9 月，宝山区首家"人大代表之家"在庙行镇举行揭牌仪式，各街镇同步加快"代表联系点"建设步伐，至 2022 年在全区建设代表之家 12 个、代表联络站 57 个、代表联系点 350 个。市、区、镇三级人大千余名代表进"家"入"站"到"点"联系群众、倾听民意，助力解决群众急难愁盼问题。2022 年，以绩效评价为抓手，推进"家站点"规范化建设，15 个"家站点"经复核验收获评为市级示范点。

2019 年 2 月 21 日，顾村镇人大代表联络站授牌

擦亮示范品牌。2020 年，宝山区劳动人事争议仲裁院入选市人大常委会基层立法联系点，并在当年 6 月揭牌运行。区人大常委会指导、支持基层立法联系点建章立制，做实参与立法、监督执法、促进守法和宣传普法"四大功能"；推进完善立法信息采集点布局，在覆盖 12 个街镇人大代表之家的基础上，向人大代表联络站、人大代表联系点和园区楼宇等延伸，已建立 56 个立法信息采集点，构建起立法民意征询网络体系，较好发挥民意"直通车"作用。两年多来，联系点参与 20 部法律法规草案意见征求，累计收集立法意见 591 条，被采纳或部分采纳的建议 62 条。

供稿单位：上海市宝山区人民代表大会常务委员会办公室

链接 23 围绕经济社会发展大局，增强监督工作实效

监督助推"北转型"目标落地落实。区人大常委会将代表提出的关于对推进科创中心主阵地建设加强监督的议案，列入区人大常委会年度重点监督议题，听取审议区政府推进科创中心主阵地建设三年行动计划情况报告，组织代表视察南大智慧城、吴淞创新城建设以及生物医药、机器人等特色产业园建设，调研创新产业集

聚发展、科技成果转化、科创扶持资金使用管理等情况，在促进主导产业集群发展、产业区域协同发展、科技成果转化、科创企业扶持等重点方面积极建言、凝聚共识。

人民城市建设。将创新社会治理加强基层建设、开展"三治两去"（治违、治堵、治污、去火灾隐患、去低效产能）补短板、改善民生保障等作为履职重点，运用多种法定监督形式，合力推进落实。落实中央关于上海率先建立垃圾分类管理制度的要求，持续对生活垃圾分类管理加强监督，打出监督组合拳，组织代表进小区、入单位、到田头，实施"垃圾分类"代表在行动计划（向全体人大代表发出一份倡议书、组织一场培训、开展一次以垃圾分类为主题的代表联系社区活动、开展"代表献一策"活动、召开一次代表座谈会）。围绕提升应对重大疫情和公共卫生突发事件能力开展执法检查，推动完善公共卫生常态化管理体制机制。

监督方式探索创新。2014年11月，区七届人大常委会第二十二次会议以环境保护为主题，进行了首次专题询问。会前，组织代表到企业和排污现场实地检查和深入调研。针对发现的突出问题，区人大常委会组成人员和代表就企业排污监管、空气质量状况等方面犀利发问，深度追询，政府有关部门不回避矛盾，共同聚焦问题想办法、定措施。会后形成专题询问报告，

2014年11月，区七届人大常委会第二十二次会议上开展首次专题询问

并加强跟踪监督，做好专题询问"后半篇"文章。此后，区人大常委会对养老、社区卫生和去低效产能等11项工作开展专题询问，有效回应代表的关切，推动相关部门工作。探索采用监督听证会形式广泛听取各方面意见，对促进城市交通发展、教育均衡发展、公共文化事业、售后房物业管理费补贴等多个专项预算举行听证。

供稿单位：上海市宝山区人民代表大会常务委员会办公室

链接 24 服务代表依法履职，发挥代表主体作用

议案建议办理重实效。落实"内容高质量、办理高质量"要求，对代表撰写议案、建议加强辅导，对人代会交付的议案连续跟踪、重点审议，每年专题听取区政府关于代表建议办理情况的报告。探索建立主任会议成员重点督办、专工委专项督办、代表工委协调督办的代表建议分层督办机制并持续深化落实。十年来，区政府有关部门办理代表建议 1164 件，办理结果为已采纳、已解决或正在解决的约占72%，代表对办理工作满意率持续走高，近年均保持在 98% 左右。将有关优化营商环境、加快推进环上大科技园建设、高起点规划建设高铁宝山站、加装电梯等一大批关系发展和民生的代表建议转化为促发展、惠民生、暖民心的政策举措。

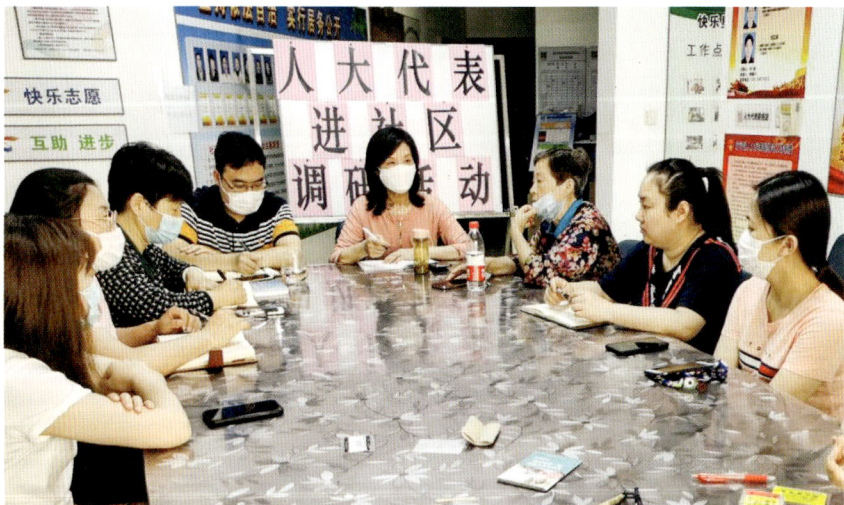

2020 年 6 月，上海市第十五届人民代表大会代表在宝山参加联系社区活动

代表联系社区常态化。推进代表与人民群众沟通联系经常化、制度化，夯实人大工作的民意基础。2012 年以来，区人大常委会坚持每年开展两次市、区人大代表集中联系社区活动，共有 2900 多人次代表围绕统筹推进疫情防控与经济社会发展、城市运行安全、垃圾分类、社会治理等主题，直接听取和反映基层意见。持续完善代表收集民情民意的反馈和处理机制，做到件件有回应、事事有回复。

探索组建代表工作小组。2020 年 11 月和 2021 年 2 月，以心理健康、科技创新为关注重点的两个区人大代表工作小组先后在宝山区精神卫生中心和上海市石墨烯功能型平台成立。这是区人大常委会鼓励代表创新履职形式的探索实践，旨在帮助代表在专业领域内，依托团队力量，收集社情民意、开展调查研究。区人大代表工作小组数量还将继续增加，关注领域也将进一步拓展至城市建设、社会治理、民生保障、法律服务等领域。

供稿单位：上海市宝山区人民代表大会常务委员会办公室

第三节 着力推进经济社会发展，实现高质量转型发展

党的十八大以来，宝山区政府全面贯彻习近平总书记考察上海重要讲话精神和对上海工作重要指示要求，坚持稳中求进工作总基调，持续推动高质量发展、创造高品质生活、实现高效能治理，实现"十二五""十三五"规划，实现"十四五"良好开局。

2020年9月，时任上海市委书记李强首次提出"宝山要打造成为全市科创中心建设的主阵地之一"，并将其写入上海市"十四五"规划《纲要》。2022年6月，在市第十二次党代会上明确提出"加快宝山区功能提升，建设科技创新中心主阵地与绿色低碳转型样板区"，市政府专门出台《关于加快推进南北转型发展的实施意见》和一揽子支持政策，进一步明确"主阵地、主城区、样板区"的新定位，成立由市长担任组长的南北转型工作领导小组协调推进。转型发展的两年多来，宝山区始终把发展作为第一要务，聚焦"主阵地、主城区、样板区"发展定位，紧紧围绕"疫情要防住、经济要稳住、发展要安全"的总体要求，高效统筹疫情防控和经济社会发展，不断提高经济增长的质量和效益。

经济运行回稳向好。2022年区级一般公共预算收入在2021年增长13%的基础上，完成173.77亿元，同比增长0.5%，增速位列全市第8位、郊区第2位；2022年全社会固定资产投资563.49亿元，其中工业投资143.16亿元，在2021年增长29.2%的基础上，同比增长11.9%，总量和增速均位居郊区第2位。2022年工业总产值、商品销售总额、社会消费品零售总额分别实现2839.99亿元、9961.25亿元、823.52亿元；2022年居民人均可支配收入达到7.9万元，同比增长2.3%。

经济结构不断优化。优化调整投资结构、土地供给结构和产业结构，工业投资在固定资产投资中的比重由2020年的15%提高到

2022 年的 25%；房地产税收在区级税收中比重由 2020 年的 42% 下降为 2022 年的 33%。战略性新兴产业（制造业部分）占全区规模以上工业总产值比重稳步提升，其中新能源汽车、生物医药、高端装备、新一代信息技术产值 2022 年分别可比增长 49.3%、15.1%、10%、12.1%。首发经济加快发展，山姆城市会员店等一批首店落户宝山，消费能级持续提升。进博会溢出效应持续放大，2022 年采购成交额达 2.81 亿美元，同比增长 10%，实到外资 6.11 亿美元，同比增长 5.5%。政府投资规模稳定增长，建成 S7 公路、陆翔路—祁连山路等一批重大基础设施。

上海市人民政府文件

沪府发〔2022〕5 号

上海市人民政府印发
《关于加快推进南北转型发展的实施意见》的通知

各区人民政府，市政府各委、办、局：
　　现将《关于加快推进南北转型发展的实施意见》印发给你们，请认真按照执行。

2022 年 6 月 13 日

— 1 —

2022 年 6 月 13 日，上海市人民政府印发《关于加快推进南北转型发展的实施意见》的通知

现代化产业体系建设提速。创新主体不断扩大，国家专精特新"小巨人"企业、市级专精特新企业总数达 263 家，高新技术企业总数达 1475 家。重大产业项目投资建设提速，上药康希诺疫苗、赛赫智能、华域汽车等一批高能级产业龙头项目建成投产，北郊未来产业园、临港科技绿洲等一批产业载体建成运营。在线新经济迅猛发展，钢银电商、欧冶工业品等大宗商品电商平台交易结算量占全国六成以上。

营商环境持续优化提升。加大对企业扶持力度，穿透性落实国务院"33 条"、市"50 条"、优化营商环境 6.0 版、宝山助企纾困"10 条"、经济恢复重振"46 条"、稳增长"20 条"等稳经济促发展政策措施。聚焦科创型新兴产业培育和发展，集中出台大学科技园"黄金十条"、优化营商环境十大创新举措、科创"30 条"等一系列产业新政，每年安排 10 亿元财政资金扶持产业，在全市首创扶持资金"当日申请、次日拨付""免申即享"、产业项目"拿地即开工""单体竣工验收"等审批模式。加大惠企政策服务力度，"首席代办专员"制度入选上海市优化营商环境优秀案例；推进"先投后股"国家试点，设立 5000 万元专项扶持资金，全球招募项目 48 项。

供稿单位：上海市宝山区人民政府办公室

链接 25 坚持破立并举，产业转型取得新进展

坚持"立新"和"破旧"并举，加快推动宝山由依靠土地等要素投入促进增长转向科技创新驱动发展的动能转换。

一手做好"立"的文章。新兴产业加快导入，艾博生物、易卜半导体等一批高能级产业项目成功落地。新增"数智南大"、宝武（上海）碳中和两家市级特色产业园区，全市唯一的上海创新型疫苗科技园顺利落户，集聚康希诺、蓝鹊生物、艾博生物等优质企业，全球首款吸入式新冠疫苗成功上市。上海国际超导公司获评"上海市制造业创新中心"。新功能平台加速集聚，北大科技园实现开园，宝山复旦科创中心正式投用，环上大科技园9个基地建成运行。新增超碳科技孵化器等市级双创载体，总数达32家，数量位居全市第三。建成新能源关键材料等一批功能型平台，8英寸石墨烯单晶晶圆研制成功，世界首条35千伏千米级高温超导电缆投入运营。围绕科创金融服务功能，设立50亿元科创产业基金和100亿元城市更新发展基金，国内最大的双碳主题基金宝武绿碳基金落地，与上交所共建上海科创金融服务中心。

2021年2月，上海医药与康希诺生物、上海生物医药产业股权投资基金联手打造的疫苗制造实体——上药康希诺正式成立

一手做好"破"的文章。低端业态整治加快推进，高举安全、环保大旗，依法铁腕推进货运堆场综合整治，已关停堆场 222 家、清空场地 5000 多亩。同步启动钢材仓储物流企业、废旧物资回收行业专项整治，物流货运企业加快调整优化，注册数量大幅下降。规范集卡通行秩序，17 条道路实施禁限行。国企存量地块加快转型，完成 75 万平方米国有资产升级改造，半岛 1919、申能集团等国企科创转型项目加快推动。低效建设用地精准盘活，深入实施存量低效用地盘活计划，建立低效用地区镇两级联合收储机制，通过混合用地出让、容积率提升、定制改造等方式，导入美迪西、海隆生命健康谷等一批优质项目。

供稿单位：上海市宝山区人民政府办公室

链接 26　坚持整体推进，城市功能转型取得新成效

以空间转型推动城市功能转型，加快推进五大功能片区建设，打造城市更新新地标，辐射带动宝山整体功能品质提升。

吴淞创新城转型开发驶入"快车道"。 宝武集团所属 6 平方千米土地由宝山、宝武联合开发，宝武保留产业地块由宝武负责投资建设科创载体、导入高端产业，市区联合收储区域由宝山负责整体开发。一批重大功能性项目加快建设，上大美院建设加快推进，工业、交通等一批市级专业博物馆集中落户，首发项目特钢区域南楼实现竣工，180 米超高层项目正加快建设，18 号线二期江杨南路站 TOD 方案深化研究。两个 1 平方千米先行启动区完成土地收储 138 公顷，同济路沿线城市设计方案基本稳定，"特钢 07-01"产业项目实现开工，谋划打造一批现代化、引领性的城市新地标。外环以南 9 平方千米分单元启动控规编制。

南大智慧城开发建设跑出"加速度"。 加快推进与临港集团合作开发，西南片区产业地块按计划出让，在建产业项目达 32 万平方米、总投资 103 亿元，双子塔楼即将交付使用，数智中心项目实现塔楼单体竣工，科创之门、中央公园等一

批功能性项目正加快建设。15 号线双 TOD 新地标设计方案深化研究，同步推进招商工作。40 个市政公建项目加快建设，瑞丰南路、祁康路等一批市政道路实现通车。

吴淞创新城特钢先行启动区效果图

高铁宝山站规划引入沪渝蓉高铁、沪通铁路二期，"站城一体"开发方案明确，2023 年将实现开工建设，打造站城融合发展的新地标，奋力提升宝山在长三角一体化发展和长江经济带中的重要节点功能。**上海国际邮轮旅游度假区**成功获批市级旅游度假区，吴淞口论坛等重大活动成功举办，阅江汇等一批功能性项目加快建设。紧抓国际邮轮复航试点契机，积极推进复航。加快滨江岸线转型开发和空间品质提升，全力推动阅江汇、长滩海豚商业共计 50 万平方米商业载体的招商运营，努力打造世界级旅游度假区。**吴淞江生态文化公园**以新川沙河水利工程建设为契机，打造集"生态＋景观＋文化"功能于一体，体现长江口生态特色和宝山文化特色的生态文化公园。宝山高新园完成社会管理职能剥离和政企分开，北部地区发展规划和功能布局持续优化。

供稿单位：上海市宝山区人民政府办公室

链接 27 坚持精细智能，城市治理转型达到新水平

以数字化转型为牵引，紧扣群众需求和城市治理突出问题，着力提升城市治理现代化水平。

数字化转型纵深推进。建成云计算数据中心，搭建"城运云"和"信创云"，加快建设"企业数字画像""人才安居""数字化养老"等一批数字化特色平台。"两张网"加快迭代升级，"一网通办"创新推出"人才公寓租金补贴申请"等一批"好办""快办"服务，一批涉企服务类和为民服务类高频事项实现"AI自助办"，"一件事"场景达46个。"一网统管"加快优化完善，区城运中心建成投用，7×24小时联勤联动处置机制持续增能，上线一批特色应用场景。

宝山区一网通办自助服务区

生态环境持续向好。全面落实"片长制""路长制""河湖长制"，生态环境治理成效不断巩固，$PM_{2.5}$浓度降幅、空气质量优良率位居全市前列。劣V类水体全面消除，全面完成"五个一百"绿化目标，成功创建上海市垃圾分类示范区。完成长江经济带生态环境警示片、市环保督查"回头看"反馈问题整改，并创新推出常

态化环保问题动态排查整治制度。宝山再生能源利用中心成功试运行，张华浜东、月浦城区两个排水系统全面投用。

城市精细化管理提质增效。以全国文明城区创建为契机，深入推进城市品质提升二期工程，打造一批"迎宾大道"和"城市会客厅"。完成共和新路、逸仙路—同济路高架涂装和吴淞大桥、同济路宝杨路等门户节点景观提升，蕰藻浜"1号湾"实现滨水岸线贯通开放，统筹推进智慧停车等一批精细化管理项目。运用货运堆场综合整治、"一超四罚"、高峰禁限行等举措加大集装卡车治理力度，集装卡车通行秩序得到进一步规范。

城市运行安全平稳有序。平安宝山建设成效显著，率先创建全国首批、上海首个"雪亮工程"建设示范城区。坚持把安全隐患当成事故，严格落实安全隐患动态清零制度，全面推行社区消防安全评价指标体系，聚焦农民自建房、燃气管网、危化品储运等重点领域，全面排查整治各类风险隐患，以查促改。持续提升乡村治理水平，启动为期三年的农村地区房屋租赁管理专项行动，用好安全整治、信息登记、村规民约等多种手段综合施策，切实消除安全隐患。

供稿单位：上海市宝山区人民政府办公室

第四节 牢牢把握团结和民主两大主题，积极履职尽责

党的十八大以来，区政协以习近平新时代中国特色社会主义思想为指导，坚决贯彻落实中央、市委、区委关于新时代加强和改进人民政协工作的意见，把深入践行全过程人民民主作为统揽政协工作鲜明主题和贯穿履职始终的突出主线，坚持党的领导、统一战线、协商民主有机结合，坚持发扬民主和增进团结相互贯通、建言资政和凝聚共识双向发力，围绕区委、区政府工作大局，在新征程中彰显政协新担当。

强化政治引领、广泛凝聚共识，彰显政协制度优势。加强党的领导，守好重要阵地。坚决贯彻党中央决策部署和市委、区委工作要求，自觉接受区委领导，严格执行重大问题请示报告制度，以政协党组统领政协履职"1+4"模式（即以政协党组工作要点为统领，以协商计划、民主监督计划、议政调研计划和学习计划为配套的"1+4"制度框架和工作模式），把党的领导贯穿到履行政治协商、民主监督、参政议政和凝聚共识各项职能之中，推动政协成为坚持和加强党对各项工作领导的重要阵地。

2022 年 10 月 12 日，宝山区政协首个界别委员工作室——工商联界别委员工作室揭牌

强化理论武装，搭好重要平台。深入学习贯彻习近平总书记关于加强和改进人民政协工作的重要思想，以政协党组理论中心组学习为引领，扎实开展党内集中教育，推进"书香政协"建设，建立建强"学海"系列委员读书矩阵，引导广大政协委员坚决拥护"两个确立"，坚定践行"两个维护"，推动政协成为用党的创新理论团结教育引导各族各界代表人士的重要平台。

广泛凝聚共识，畅通重要渠道。进一步促进党派团体在政协更好发挥作用，健全联系党外知识分子、非公有制经济人士、新的社会阶层、少数民族人士、宗教界人士等制度。实现政协委员工作站街镇（园区）全覆盖，建成界别委员工作室14个，打通联系服务群众"最后一公里"，推动政协成为在共同思想政治基础上凝聚共识的重要渠道。

聚焦服务大局、践行协商民主，贡献政协智慧力量。健全协商体系。建立完善以全体会议为龙头，以议政性常委会会议和专题协商会为重点，以对口协商、提案办理协商、界别协商等为常态的协商议政格局。召开全体会议11次、常委会会议61次，就事关全区改革发展稳定的重大事项、经济社会发展的突出问题开展集中协商。支持鼓励委员和政协各参加单位立足"党政所思、群众所盼、政协所能"群策群力。围绕"以科创建设驱动宝山产业能力提升"等主题，举办政协论坛11次，征集论文226篇，120名委员作论坛发言。围绕"年度政府投资重大项目推进情况"等开展界别协商、对口协商160余次。

强化民主监督。协助区委制定《关于加强和改进人民政协民主监督工作的实施意见》，聚焦"创全"、大学科技园建设、既有多层住宅加装电梯等全区重点工作和群众关切问题开展专项民主监督活动30余项、视察41次。136名（次）委员担任职能部门特约监督员，7名委员被聘为区纪委监委特约监察员，持续扩大政协民主监督影响力。

务实建言资政。引导政协委员围绕事关宝山经济社会前瞻性、全局性、战略性发展的重点领域，以及人民群众"急难愁盼"问题建言献策。组织250个专题课题调研，形成200余份调研报告。征集提案2761件，审查立案2258件，所有提案均在规定时限内得到有效办理。收到社情民意7182件，编发社情民意信息5782期，其中45件被全国政协采用。组织委员多形式参加围绕

"十三五""十四五"规划编制和实施、加强基层社会治理等开展的协商议政，发挥政协智力密集、人才荟萃的优势。

坚持固本强基、加强自身建设，推动政协事业发展。优化机构设置。修订《关于进一步

2023 年 1 月 1 日，宝山区政协九届二次会议举行联组专题协商

加强专门委员会工作的意见》，调整专门委员会机构设置，推动专委会工作高质量发展。建立主席、副主席联系专委会制度，配齐、配强专委会主任、副主任，坚持把联系委员、服务界别作为基本要求，把提高工作质量贯穿履行职责的各环节、全过程。

建好两支队伍。加强和改进委员履职管理服务，完善"三联系"制度，开展委员培训，落实政协常委提交履职报告制度，建立健全委员履职统计、评价和激励机制，建设"懂政协、会协商、善议政，守纪律、讲规矩、重品行"的政协委员队伍。增强履职尽责"一线意识"，提高履职能力水平，建设让党中央放心、让人民群众满意的模范机关，打造政治强、素质高、敢担当、善作为的政协机关队伍。

供稿单位：中国人民政治协商会议上海市宝山区委员会办公室

链接 28　把准政治方向，坚持加强党的全面领导

坚持党对政协工作的全面领导。把牢正确政治方向，自觉接受区委领导，坚持政协党组工作、政协年度协商计划等重要内容事项向区委作报告，确保党委的各项决策部署要求在政协得到有效贯彻。围绕区委、区政府中心工作，以政协党组工

2022年2月9日，时任中共宝山区委书记陈杰走访调研区政协工作

作要点为统领，制定协商计划、民主监督计划、议政调研计划和学习计划，把党的领导贯穿到履行政治协商、民主监督、参政议政和凝聚共识各项职能之中。全面落实区委批准的年度协商工作计划，以协商议事为抓手，确保政协与区委政治上同向、思想上同心、行动上同步，切实把政协打造成紧密团结的政治共同体。

切实加强政协党的组织建设。 加强政协各级党组织建设，积极构建政协党组统一领导、机关党组牵头负责、相关部门具体落实的工作格局。贯彻落实中共中央办公厅《关于加强新时代人民政协党的建设工作的若干意见》和市委相关文件精神，经区委批准成立政协机关党组，进一步完善政协党的组织架构。修订《中共宝山区政协党组议事规则（试行）》，制定《中共宝山区政协机关党组议事规则（试行）》《区政协关于中共党员委员联系党外委员的办法（试行）》等。探索在全体会议、委员培训、学习考察期间设立临时党组织，确保党的组织对党员委员全覆盖、党的工作对政协委员全覆盖。

供稿单位：中国人民政治协商会议上海市宝山区委员会办公室

链接 29　完善政协论坛，打造参政议政"金字招牌"

为更好搭建政治协商、民主监督、参政议政、凝聚共识平台，服务宝山发展大局，区政协持续加强政协论坛品牌建设，充分发挥履职形式的作用，在建言资政和凝聚共识上双向发力。

2022 年 9 月 22 日，以"科创建设驱动宝山产业能级提升"为主题的 2022 年宝山政协论坛举行

建立完善规范的工作流程，确保区政协论坛顺利举办：一是精准选题。通过加强与区委、区政府对口部门的沟通联系，围绕当前经济社会转型发展重点，确定政协论坛主题。二是提早征集。提前收集与论坛主题相关的中央和市级会议精神、全国和市级出台政策、兄弟省市相关资料，汇编《学习参考资料》，提前半年向参会单位发放征稿通知和《学习参考资料》。三是精心筹备。拟定工作方案，明确责任分工和时间节点；召开政协论坛推进会，完善论文稿件，提高建言质量；组织试讲会议，把控会议时间，提高发言质量等。2012 年以来，围绕"更高水平城乡一体化""落实科技创新战略，促进经济转型发展""绿色发展与美丽宝山""加快转型升级，推动宝山经济高质量发展""促进民营经济高质量发展""助力宝山经济高质量发展""培育经济新动能，助推上海科创中心主阵地建设"等主题，举办政协论坛 11 次，百余名委员做主题发言，遴选出的调研报告汇编成册，报送区四套班子领导和各相关部门作决策参考。

供稿单位：中国人民政治协商会议上海市宝山区委员会办公室

链接 30　完善平台载体，践行全过程人民民主重大理念

政协委员工作站是助力上海打造全过程人民民主"最佳实践地"的重要载体，也是在宝山全国政协委员、市政协委员、区政协委员联系基层、服务群众、履职尽责的重要平台。多年来，区政协坚持探索建立联系沟通基层群众的有效机制，保障委员参与基层协商、服务基层治理工作的有效开展。2017年，区政协将区政协委员划分为若干小组，与各街镇（园区）结对，组建区政协委员街镇（园区）联络组，并同步启动"委员进社区"工作。广大政协委员深入社区调研、参与基层协商，反映百姓呼声，在政府和社区之间架起"为民连心桥"。2021年，按照市政协统一部署，区政协在原有联络组的基础上设立政协委员工作站，并持续推动三级政协委员有序参与基层协商、有效服务基层治理，于当年实现委员工作站在13个街镇（园区）全覆盖。

完善组织架构，注重平台建设。建立工作推进小组，明确由区政协主席抓统筹，主席会议成员分工联系；实施联络组"双组长"机制，由担任政协委员的街镇（园区）党（工）委领导和机关处级干部共同担任联络组组长。按照统一部署，做好和所在街镇（园区）联络组的沟通对接工作，将三级政协委员落组到13个委员工作站。

宝山区政协委员月浦镇联络组迎接云南、新疆多地团队到政协委员工作站参观考察

健全制度机制，强化工作规范。2022 年 7 月，制定出台《宝山区政协关于 2022 年深化政协委员工作站建设的实施方案》，明确委员工作站的硬件和软件建设要求，规范"确定协商议题、拟定协商方案、开展调研学习协商议事、组织协商建言、做好成果运用、推动落地见效"六环节工作流程。

发挥平台作用，助力基层治理。街镇（园区）联络组始终以"谁来协商、协商什么、怎么协商"为导向，建立健全常态化双协商机制，打造"政协搭台，委员参与，议事协商"的协商品牌，将协商成果惠及于民，促进政协协商与基层协商在成果转化中实现有效衔接。2022 年，13 个街镇（园区）联络组围绕"协"力创全、农村社区化管理、乡村产业振兴、社区微更新微改造等主题，开展协商议事活动 30 余场次，共计 430 人次市、区政协委员参与。

供稿单位：中国人民政治协商会议上海市宝山区委员会办公室

第五节　加快建设平安宝山、法治宝山

新时代以来，宝山区政法系统全面贯彻学习习近平法治思想，坚决落实中央、全市政法工作会议精神，深入贯彻总体国家安全观，坚持和发展新时代"枫桥经验"，主动防范化解风险隐患，主动将维护大局稳定纳入"北转型"战略部署和"主阵地、主城区、样板区"发展定位之中，更加注重系统观念、法治思维、强基导向，推动社会治安形势根本向好，平安宝山、法治宝山建设成效显著。宝山区先后5次成功创建"上海市平安示范城区"并获评"2017—2020年度平安中国建设示范区"，2021年获评"全国普法工作先进单位"。区检察院获评"全国模范检察院"，区法院获评"全国法院司法宣传先进单位"，区公安分局获评"上海市优秀公安局"，区司法局友谊路司法所获评"全国模范司法所"，罗店镇北金村、罗泾镇塘湾村、月浦镇聚源桥村获评"全国民主法治示范村"。

砥砺奋进，维护大局稳定彰显新作为

深入贯彻总体国家安全观。成立区委国家安全委员会，落实党委维护国家安全主体责任。制定实施信息研判制度，强化重点人群管控、防范敌对势力渗透破坏，切实发挥各协调机制职能作用。依托三大国家安全教育基地，拓展传统安全和非传统安全知识普及，推动全民国家安全意识提升。

主动防范化解风险隐患。定期开展社会稳定形势评估，落实重大决策风险评估和协调推进，累计制定工程项目（可行性研究项目）风险管理预案178个。加强情报信息预报预警，使用"分色管理"法，滚动排查化解潜在不安定因素。

坚持和发展新时代"枫桥经验"。建成区级非诉讼争议解决中

心，形成多主体参与、多领域汇集、多链条驱动的矛盾纠纷多元化解机制。推进诉源治理，深化"检调对接"，设立全市首家驻检察院调解工作室。开展"百万警进千万家"活动，化解攻坚信访积案，89件区涉法涉诉信访全部化解（办结）。

主动作为，平安宝山建设迈开新步伐

持续巩固平安建设基层基础。制定实施《深化平安宝山建设实施意见》，成立平安宝山建设协调小组，深化治安巡逻防控、武装应急处突、群防群治守护"三张网"建设，自觉践行"以人民为中心"的发展思想，全区公众安全感、满意度始终保持全市较好水平。

不断净化社会治安环境。十年间，宝山区刑事案件、治安案件、信访总量大幅下降。扫黑除恶专项斗争取得压倒性胜利，战果受到中央督导组充分肯定。先后开展打击入室盗窃、游戏机赌博、涉毒、电信诈骗、长江非法"捕运销"等重点领域专项行动，确保社会面更干净、更有序、更安全。

加快推进市域社会治理现代化。出台《上海市宝山区推进市域社会治理现代化试点工作职责分工》，进一步创新完善党委领导、政府负责、群团助推、社会协同、公众参与的现代化治理体制，以"五治"有力防范化解"五类风险"。打造"宝山智治模式"，完成"雪亮工程"四期全部建设任务，深化场景应用，构建现代化智能安防体系。

蹄疾步稳，法治宝山建设实现新突破

深化司法体制改革。完善司法人员分类管理，健全法官检察官遴选和退出机制。推进执法司法制约监督体系建设，健全政法机关分工负责，互相配合，互相监督体制机制。推动各类辅助办案系统应用落地落实，实现政法机关办案系统互联互通、资源共享。

营造一流法治营商环境。坚定不移护航经济社会发展，在全市率先成立区级知识产权调解中心。完善柔性执法与包容审慎监管方式，出台《关于落实市场监管领域包容审慎监管执法实施意见》，选树一批执行免罚轻罚指导案例。加快政法队伍"互联网＋政务服务"，完善全方位政务服务体系，依法加强对个人信息的保护。

推进依法治区建设。成立区委依法治区委员会，推动"一规划两行动方案"贯彻落实。加快全国法治政府示范创建，扎实推进依法行政，落实重大行政决策监督指导机制，成立区行政复议管理局，行政复议应诉工作水平不断提升。成立宝山区法学会，建成"三横三纵"公共法律服务平台，打造系列普法品牌，营造良好法治氛围。

从严管党治警，队伍面貌展现新风采

旗帜鲜明讲政治。全面贯彻习近平新时代中国特色社会主义思想和党的十八大、十九大、二十大精神，持续推进"不忘初心、牢记使命""四史"学习教育，实现"两学一做"制度化、常态化。抓好领导班子成员"关键少数"，深入贯彻"首学"制度，系统性开展理论学习。

锐意进取建队伍。组织开展政法系统政治轮训，组织开展党的二十大精神专业化能力"2+X"培训及平安建设培训，举办"平安英雄"评选宣传活动，选树正面典型，加强政法队伍革命化、正规化、专业化、职业化建设。

2023年8月5日，《法治日报》刊载"构建法治新生态护航上海'北转型'"的报道

久久为功强作风。建立"1+5+X"宝山政法制度体系，严格执行新时代政法干警"十个严禁"，严格落实防范干预司法"三个规定"。扎实开展政法队伍教育整顿，聚焦"三大环节"，紧扣"四大任务"，开展刮骨疗毒式、激浊扬清式的自我革命，大力锻造政治过硬、业务过硬、责任过硬、纪律过硬、作风过硬的政法队伍。

供稿单位：中共上海市宝山区委政法委员会

链接 31　持续深化司法体制综合配套改革

新时代以来，宝山区进一步完善司法人员分类管理，健全法官检察官遴选和退出机制。推进执法司法制约监督体系建设，健全政法机关分工负责，互相配合，互相监督体制机制。推动各类辅助办案系统应用落地落实，实现政法机关办案系统互联互通、资源共享。

宝山法院深入贯彻落实习近平法治思想，围绕"努力让人民群众在每一个司法案件中感受到公平正义"的目标，持续深化司法体制综合配套改革。2020 年 4 月，宝山法院率先启动录音录像代替庭审笔录改革试点工作，制定《关于全面推进庭审记录改革的实施办法》，探索采用庭审录音录像替代传统书面庭审笔录方式对庭审活动进行记录。庭改实施以来，宝山法院庭改适用率已达 98% 以上，连续三年位居上海法院第一。并以"庭改全覆盖"为"先头兵"，积极带动全院全流程网上办案工作能级，极大地促进审判质效提升。

宝山法院积极推进庭审记录改革开启智慧审判新模式

供稿单位：上海市宝山区人民法院

链接 32　成功获评"全国模范检察院"

新时代以来，宝山区人民检察院通过聚集中心、服务大局，公正司法、检察为民，深化改革、守正创新，建强队伍、夯实根基等举措，不断提高工作能力和水平，成功获评"全国模范检察院"称号。

聚焦中心，服务大局。宝山区人民检察院出台《关于服务保障科创中心主阵地建设的若干意见》等系列制度，切实提高服务保障宝山经济社会发展精准度。积极营造一流营商环境，1起假冒注册商标案入选最高人民检察院"检察机关保护知识产权典型案例"。"助力企业刑事合规"工作品牌获评市"创新社会治理，深化平安建设"优秀案例。

2018 年 11 月，宝山区人民检察院被人力资源社会保障部、最高人民检察院授予"全国模范检察院"奖牌

公正司法，检察为民。强化刑事诉讼监督，1起监督案件被评为全国检察机关"优秀侦查活动监督案件"。强化民事诉讼监督，大力整治虚假诉讼。强化行政诉讼监督，2件检察建议获评市检察院优秀检察建议。加强特殊人群司法保护，支持起诉全国首例未成年被害人刑事附带民事精神损害赔偿案。聚焦公益保护，1起侵犯公民个人信息刑事附带民事公益诉讼案获评最高人民检察院"公益诉讼典型案例"。

深化改革，守正创新。1起案例入选最高人民检察院发布的首批检察改革典型案例；1起虚开增值税专用发票案入选最高检"企业合规改革试点典型案例"。2018年，全市首家设立 12309 检察服务中心，提供控告、申诉等 14 项"一站式"服务。

建强队伍，夯实根基。在全市率先制定《关于推进全面从严治"四责协同"机制建设的实施办法》，压紧压实党风廉政建设责任。加强人才培养，1人获评最高检全国优秀办案检察官、2人入选最高检检察人才库，19人获区级以上荣誉。

供稿单位：上海市宝山区人民检察院

链接 33 推动平安宝山建设走深走实

新时代，宝山区全面推进公安改革，形成可复制、可推广经验。积极推进市域社会治理现代化试点，获评上海市平安示范城区。顾村派出所荣膺全国首批"枫桥式公安派出所"。

持续巩固平安建设基层基础。制定实施《深化平安宝山建设实施意见》，成立平安宝山建设协调小组，深化治安巡逻防控、武装应急处突、群防群治守护"三张网"建设，自觉践行"以人民为中心"的发展思想，全区公众安全感、满意度始终保持全市较好水平。设立全市首家驻检察院调解工作室。开展"百万警进千万家"活动，化解攻坚信访积案，区涉法涉诉信访"6+2"工作台账全部化解（办结）。

不断净化社会治安环境。十年间，全区刑事案件、治安案件、信访总量大幅下降。扫黑除恶专项斗争取得压倒性胜利，受到中央督导组充分肯定。先后开展打击入室盗窃、游戏机赌博、涉毒、电信诈骗、长江非法"捕运销"等重点领域专项行动，确保社会面更干净、更有序、更安全。

加快推进市域社会治理现代化。出台《上海市宝山区推进市域社会治理现代化试点工作职责分

2021年12月，宝山区被平安中国建设协调小组授予平安中国建设示范县（市、区、旗）奖牌

工》，打造"宝山智治模式"，建成"平安宝山智联网"和农村地区智能安防体系，深化"雪亮工程+"建设应用，在全市率先构建综治智能化管理中心平台。因地制宜打造"一街镇一品牌"，宝山"社区通"智治主题经验材料，在全国试点交流平台宣传推广。

供稿单位：上海市公安局宝山分局

链接 34 全面提升法治政府建设水平

组建区委全面依法治区委员会，制定法治政府建设规划，法治宝山、法治社会建设五年行动方案，一体推进法治宝山、法治政府、法治社会建设。积极开展法治政府、法治街镇、民主法治示范村创建，张庙街道获评"上海市法治建设示范街道"荣誉称号，罗店镇北金村、罗泾镇塘湾村、月浦镇聚源桥村先后获评"全国民主法治示范村"，罗泾镇、顾村镇沈杨村、罗店镇天平村获评"全国乡村治理示范村镇"。

完成行政复议体制改革，组建行政复议委员会，构建全流程调解架构，在全区 12 个街镇全覆盖设立行政复议基层咨询服务点和复调对接工作站，行政复议"六字工作法"获评 2022 年上海市法治为民办实事优秀项目。严格规范公正文明执法，全面推行行政执法公示、执法全过程记录、重大执法决定法制审核三项机制。活用"三张清单"，深化基层综合执法改革。提升行政执法水平，打造全区统一行政执法公示平台。围绕全民守法，完善现代公共法律服务体系，滚动实施五年普法规划，打造"法润宝山"法治文化品牌，建成使用"1 号湾"民法典公园，聚焦新就业群体，成立"新享法服务站"，在全社会营造办事依法、遇事找法、解决问题用法、化解矛盾靠法的浓厚氛围。

2023 年 4 月 27 日，宝山区"法治政府建设能力提升"专题培训班开班

自国务院印发《法治政府建设实施纲要（2021—2025）》以来，宝山区各单位获评国家级法治建设相关荣誉5项，分别为宝山区获评"平安中国建设示范区"，区卫生健康委员会获评"全国依法治理创建活动先进单位"，区市场监督管理局宝杨市场监督管理所获评"长江禁渔执法监管先进集体"，区农业农村委获评"全国农业综合行政执法示范单位"，区人力资源和社会保障局获评"全国人力资源社会保障系统先进集体"。获评省级法治建设相关荣誉3项，分别为区发展和改革委员会、区建设和管理委员会获评"上海市优化营商环境工作先进集体"，区人民政府办公室、区生态环境局获评"上海市法治工作先进集体"，区法律援助中心、区人民法院涉未成年人纠纷专项执行团队获评"上海市妇女权益保障先进集体"。

供稿单位：上海市宝山区司法局

第六节 统筹做好党领导下的各项工作

党的十八大以来，宝山区坚持党的全面领导，统筹推进各项工作。不断深入国防动员体制改革，全力提升国防动员组织指挥水平，筑牢国防动员工程防护体系，始终把双拥工作作为传家宝，积极开展实事拥军，军地合力、军民同心，全国双拥模范城实现"八连冠"。持续深化全过程民主，在全市率先开展人民建议征集进"两会"活动，持续织密全覆盖渠道网络，持续深化全链条工作机制，主动将人民建议征集工作融入共建共治共享大格局，通过分析研判推动落实转化，与人民同心办实事解难事。聚焦模范机关创建、比学赶超等重点任务，深入开展"双在双争"主题实践活动，发挥所属机关党组织战斗堡垒和党员先锋模范作用，引导机关党员在单位里争当先进、在居住地争做表率。坚持党建引领，强化一体推进，全力推动新时代老干部工作，引导老同志在志愿服务中发挥余热、在关心下一代中实现价值、在科创宝山"北转型"中贡献智慧和力量。坚决扛起档案、史志工作"为党管档、为国守史、为民服务"的政治职责，推进档案、党史、地方志主责主业守正创新。打造党性教育品牌，构建党性教育分层培训体系，探索形成"忠诚教育课程体系"。成立宝山区统一战线智库中心开展专题研究，实现统一战线理论研究与统战智库中心有机结合。推动社院教育培训工作走向社区基层，实现基层统战对象、统战干部培训全覆盖。

2022年3月，《激荡百年——中国共产党在宝山图史（1921—2021）》由上海人民出版社、学林出版社正式出版

供稿单位：中共上海市宝山区委党史研究室

链接 35　谱写宝山区国防动员建设新篇章

深化国防动员体制改革，是坚决落实以习近平同志为核心的党中央关于加强国防后备力量建设作出的重大决策部署，是完善国防动员体系、重塑国防动员体制的重要战略举措。

坚决落实国防动员体制改革部署。一是依令推进改革，2023 年 3 月 23 日区国防动员办公室挂牌。做好机构设置和职能调整工作推进，落实新旧职能衔接转换；履行国防动员统筹规划、综合协调、督导落实职能，协调配合落实国防动员任务。二是加强和完善全区国防动员潜力数据调查机制，组织潜力需求对接，汇集数据向新型领域拓展延伸。研究建立区级国防动员潜力数据库，支撑潜力数据共享运用。

2023 年 3 月 23 日，上海市宝山区国防动员办公室挂牌

全力提升国防动员组织指挥水平。一是完成区级人民防空方案修编审核报备，指导街镇人民防空方案与居委、楼宇进一步衔接、配套。加强指挥所正规化建设，确保指挥功能常备完好。完成人防超短波数字集群专用通信网建设任务，进一步完善市、区、街镇三级人防指挥通信网络体系，为战时防空和应急支援提供有力的通信保障。二是参加宝山区"央企—属地"联合应对危险化学品泄漏实战演练，提升

国动办与区各部门在处置突发事故时的协同作战能力。坚持人防救援队伍日常训练不放松；加强国防动员社会兼职救援队伍建设，做好国防动员应急救援工作。

全面筑牢国防动员工程防护体系。一是坚持"以建为主、应建必建"，融入城市空间新格局，推进《吴淞创新城地下空间和民防工程专项规划》等规划建设，做好南大中央绿地和吴淞创新城防空专业队建设与上港十四区防空专业队工程入库，确保"十四五"规划骨干工程建设计划落地。二是深化"双随机一公开"，推进联合监管、分类监管，强化日常监管，推进人防门专项整治、人防工程日常监督检查、人防工程防台防汛等工作。做好公用人防工程维修养护，确保公用人防工程安全使用。

供稿单位：上海市宝山区国防动员办公室

链接 36　连续保持全国双拥模范"八连冠"

宝山区委、区政府和驻区各部队始终把双拥工作作为传家宝，全面促进军地合力、军民同心，携手推动宝山双拥工作高质量发展。

全区各级党政组织和驻区部队不断强化组织领导、健全体制机制、扩大宣传教育，持续推动军民共同参与，形成强大合力。领导率先垂范，坚持专题议军制度，定期组织领导干部开展军事日等活动。完善体制机制，着力调整、优化双拥工作领导小组，定期组织召开领导小组（扩大）会议、军地联席会议。注重宣传教育，深入开展双拥宣传进社区、进乡村、进企业、进学校、进军营，营造良好社会氛围。拥军支前落地见效，区委、区政府领导坚持春节、建军节和部队执行重大任务时走访慰问部队，全力以赴为部队办实事，解难事，做好事，全面保障退役军人安置、随

2020年10月，宝山区被评为全国"双拥模范城"奖牌

军家属就业及军人子女就学入学。支持发展"做表率"，驻区部队与公安健全军地一体化社会治安防控体系，积极参加重大活动保障；紧紧围绕宝山争创全国文明城区，主动参与环境整治、交通疏导等工作。为民服务"当先锋"，驻区部队心系驻地、关爱人民，坚持开展"军徽照晨曦"和"军徽映夕阳"等活动。做优做精特色品牌，扎实推进"一街镇一特色"双拥项目建设，探索打造一批双拥工作新载体。

供稿单位：上海市宝山区退役军人事务局

链接 37　做好人民建议征集工作

2020年10月28日，上海市宝山区人民建议征集办公室揭牌成立。自成立以来重点做好三方面工作，**一是持续深化全过程人民民主**。在全市率先开展人民建议征集进"两会"活动，会场开辟人民建议征集专区。加大在民心工程、实事项目上开展人民建议主动征集，鼓励支持市民为宝山城市建设发展建言献策。**二是持续织密全覆盖渠道网络**。亮相形象统一的建议征集红色邮筒，形成全区各街镇（园区）人民建议征集站点全覆盖。在区政府门户网站首页设置"人民建议专项征集"版块，并入驻"随申办市民云"App，形成线上线下"零距离"的人民建议征集网

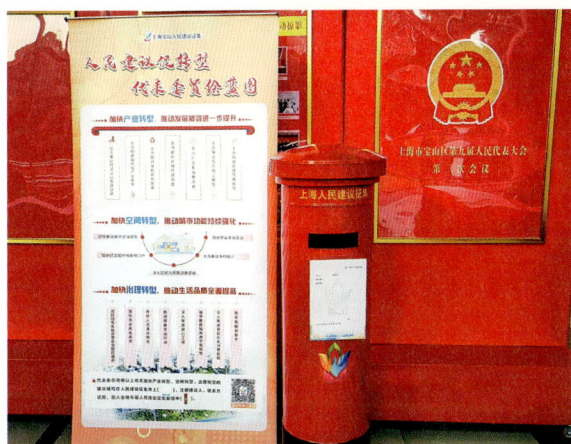

上海人民建议征集红色邮筒

络。**三是持续深化全链条工作机制**。建立由职能部门共同参与的人民建议征集会商制度，联动主题教育、"大调研""社区通"等挖掘培育更多高质量人民建议。构建人民建议征集梳理研判、转办摘报、调研论证、协调督办、沟通反馈、落实转化、表彰奖励闭环机制，做到件件有回音、有着落。

宝山区连续多年被评为上海市人民建议征集工作先进单位。从"手掌上"到"家门口"，越来越密的征集网络让信箱触手可及、建议随时可提；从"讲问题"到"提建议"，越来越多的市民群众踊跃建言、热情参与；从"被动集"向"主动征"，越来越多的职能部门主动开门问计、倾听民意；从"好声音"到"新引擎"，越来越多的"金点子"化作城市治理的"金钥匙"，结出了惠民利民的"金果子"。

供稿单位：中共上海市宝山区委信访办公室

链接 38　搭建"双在双争"实践平台

区级机关工作党委立足围绕中心、建设队伍、服务群众任务，结合区级机关党员干部相对集中的实际，持续开展"在单位里争当先进、在居住地争做表率"（简称"双在双争"）主题实践活动，引导党员在单位里做到"五带头"（带头参加组织生活、带头成为学习型党员、带头转变工作作风、带头提升工作业绩、带头遵守党风廉政建设各项规定），在居住地做到"五自觉"（自觉到居住地报到接受监督、自觉承诺践诺、自觉参与志愿行动、自觉践行社会公德、自觉崇尚家庭美德），激励机关党员干部立足岗位创先争优，深入社区为民服务。

2023年6月28日，"机关党员先锋行　奋楫笃行'北转型'——宝山区区级机关党组织'书记说''委员讲''党员谈'"活动在科创会客厅举行

岗位建新功活动扎实深入。开展以"让党旗在岗位飘扬"为主题的岗位建功行动，引导机关党员在本职岗位上比学赶超争创一流业绩。窗口单位、执法部门和服务行业围绕"三亮三比三评""比学赶超""群众满意窗口"等形式，打造优质服务品牌，优化营商环境。

党员参与社区志愿服务质效明显。建立《参与社区活动联系表》《参与社区活动服务卡》《参与社区活动反馈单》，推动党员到社区报到、亮身份、践承诺、作表率，落实每个在职党支部结对一个社区党组织，发挥机关党员在社会治理创新中的作用，为群众办实事解难题。开展以"让党徽在社区闪光"为主题的社区志愿服务，积极践行"人民城市人民建，人民城市为人民"重要理念，发挥党员干部在社区的战斗堡垒和先锋模范作用。成立 31 支机关在职党员志愿服务队，制定志愿服务行为规范，积极为群众提供服务、排忧解难。

供稿单位：中共上海市宝山区区级机关工作委员会

链接 39　服务老干部发挥作用

宝山区聚焦离退休干部的政治优势、经验优势、威望优势，引导老同志在志愿服务中发挥余热、在关心下一代中实现价值、在科创宝山"北转型"中作出贡献，为科创宝山建设贡献智慧与力量。

发挥政治优势，当好理想信念"播种者"。区委老干部局组织离退休干部宣讲团和"五老"宣讲员围绕《初心不忘、人民至上》《井冈山精神》《百年红色宝山》等课题进行线上线下宣讲，教育引导年轻党员和青少年群体传承红色基因、夯实理想信念的根基。

发挥经验优势，当好服务群众"实践者"。依托街镇社区离退休干部之家，在专业志愿服务队和"五老"工作室的基础上，创建"魏刚新语理论宣讲工作室""朱志仁人民调解工作室"等离退休干部发挥作用的专业工作室，充分发挥离退休干部党员的专业特长，立足家庭、社区、社会开展志愿服务，把离退休干部作用发挥在服务群众的实践第一线中。

2022 年 9 月 8 日，宝山区召开离退休干部区情通报会

发挥威望优势，当好和谐社会"守护者"。面对新冠疫情严峻考验之时，老干部们主动请缨、身体力行，以独特的威望优势凝聚抗疫力量，稳定民心，共同守护美丽家园。老干部们还在互联网上积极发声，紧跟党的思想，撰写正能量博文，带动身边的亲友在网络上共同释放正能量，争当和谐社会的"守护者"。

供稿单位：中共上海市宝山区委老干部局

链接 40 "留凭、存史、资政、育人"

党的十八大以来，宝山区档案工作坚持以习近平新时代中国特色社会主义思想为指导，深入贯彻落实习近平总书记对档案工作的重要指示批示精神，不断推进宝山档案事业高质量发展。

强本固基夯实档案基础。宝山区档案馆新馆建设项目开工建设，总建筑面积达 30594.8 平方米，将建成宝山文化新地标。党的十八大以来，加强档案资源建设，共接收档案 75357 卷、515845 件。推进"四重"档案管理，完成疫情防控和脱贫攻坚"两类档案"移交进馆。指导庙行镇、教育局、体育局成功创建全市样板档案室。**数字赋能驱动创新发展。**2021 年，成功创建国家级数字档案馆，成为"十四五"期间全国第一家通过测试的、高水平高质量的国家级数字档案馆。指导区法院顺利创建"上海市示范数字档案室"。推进"一网通办"电子文件归档和电子档案管理工作。**资政育人践行为民初心。**公开出版《宝山记忆》《影像·宝山》，举办庆祝新中国成立 70 周年、庆祝中国共产党成立 100 周年、"幸福是奋斗出来的""钱信忠珍档陈列展"等专题展览。扎实用好民生档案"全市通办"、长三角异地查询和全国民生档案查询三平台，近 4 年来查阅利用 66517 人次，收到表扬信、感谢信、锦旗 60 余件。完成馆藏形成满 25 年档案开放划控工作。先后征集到钱信忠、陈伯吹、沈同衡、袁希涛三兄弟、易素之、杨勇伟等红色档案、名人档案、区域特色档案近 7000 件，档案资政育人为民更有作为。

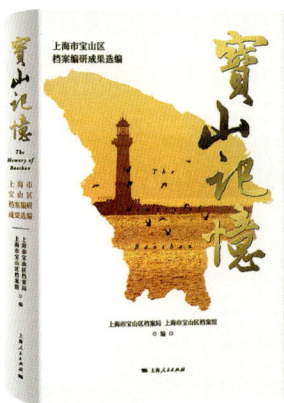

在中国共产党成立 100 周年之际，区档案局（馆）深入挖掘馆藏资源，公开出版《宝山记忆》，举办"红色印记　初心如磐"——庆祝中国共产党成立 100 周年红色档案展

区委党史研究室坚持"党史姓党"政治属性，紧盯党史工作"以史为鉴、资政育人"根本任务，深化地方党史编研宣传，加强区域全方位协作，努力构建大党史工作格局，持续扩大党史宣传教育的覆盖面和影响力，被评为"2016—2021 上海市党史系统党史工作优秀集体"。**以"存史"为第一要务，推动宝山全领域参与党史工作。**以区委为统领、以党史部门为基干、以多方联动为支撑的"大党史"工作格局，突出地方党史资料编研，构建多部门、全方位的合作研究体系。**以"资政"为基本导向，主动发力服务宝山主阵地建设。**紧扣重大历史主题发声，围绕

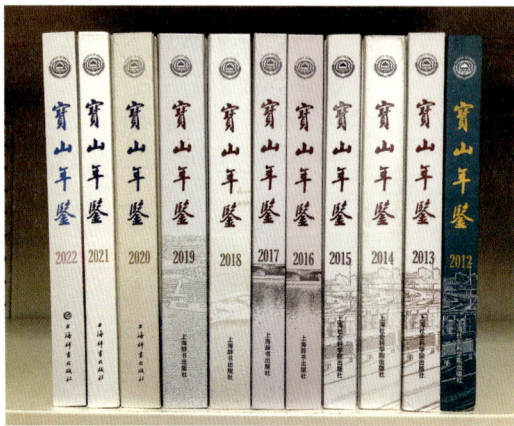

宝山区地方志办公室组织编纂的《宝山年鉴（2012—2022）》

党的二十大召开，编纂出版《激荡百年——中国共产党在宝山图史》《宝山的责任》《中共宝山区历史大事记（1996—2021）》。主动对接宝山建设科创中心主阵地使命要求，不断提升《宝山年鉴》编纂质量，实时记录宝山区打造上海科创中心主阵地年度工作。**以"育人"为实践途径，引领党员干部群众守初心、明使命。**紧扣党史学习教育、习近平新时代中国特色社会主义思想主题教育，打造党史宣讲平台，为全区开展党史学习教育提供史志支撑、智力支持。创新搭建平台载体，构建多元党史宣传教育体系。

供稿单位：上海市宝山区档案局、中共上海市宝山区委党史研究室

链接 41　推动党校和党外干部教育工作创新发展

中共宝山区委党校把学习贯彻习近平新时代中国特色社会主义思想作为首要政治任务。围绕学习贯彻党的十八大、十九大、二十大精神举办多期专题研讨班，全覆盖轮训全体处级干部。党的二十大召开后，第一时间举办 4 期专题研讨班，2023 年举办 9 期学习贯彻党的二十大精神"2+X"专业化能力培训班。在处级干部进修班和中青班中将习近平新时代中国特色社会主义思想作为独立教学单元。打造党性教育品牌，构建包括处级干部党性修养系列、青年干部党性砥砺系列、党员发展对象党性启蒙系列的党性教育分层培训体系。探索形成党的理论、党史学习、党章党规、党风廉政等教育为主要内容的"忠诚教育课程体系"。针对性开展政治

能力、领导能力、专业能力等多方面内容培训，形成进修系列、培训系列、专题系列等不同类型班次。在培训师资突出实践经验、培训方式突出实际操作、培训对象突出重点领域、培训周期突出短期高效上下功夫，做到务实管用、"靶向培养"。采用现场教学、先进人物访谈、案例式教学、研讨式教学、主题研讨会等现代化、多元化教学方式，提升培训成效。

2017 年 3 月 26 日—4 月 16 日，2017 年宝山区处级干部"1+7"专题培训班在区委党校举行

宝山区社会主义学院创建于 1990 年 7 月。自 2008 年以来，在全区 12 个街镇以及教育、卫健两个大口单位成立基层分院。2013 年 9 月建立 19 家实践教学基地。党的十八大以来，宝山区社会主义学院共举办各类培训班 197 期，培训学员12865 人次。

2013 年年底，宝山区社会主义学院成立统一战线理论研究会，集合经济、社会、书画等不同领域专业人士，开展形式多样的活动。2013 年加挂区级层面首家"中华文化学院"牌子，开展赴台交流，组织中华文化培训。2017 年成立宝山区统一战线智库中心，围绕统一战线热点、难点问题，开展专题研究，实现统一战线理论研究与统战智库中心有机结合。还利用院务委员会会议、座谈会、研讨会等，定期与各民主党派领导班子、专职干部沟通，搭建服务各民主党派的平台。

2023 年 10 月 31 日，宝山区举办基层统战干部培训班

宝山区社会主义学院坚持开放办学，充分发挥 14 家基层分院作用，依托相关部门、高校、科研院所等资源，聘请领导干部、专家学者、先进模范人物和优秀党外代表人士担任兼职教师。以开展基层分院年会、研讨会为抓手，通过联合办班、送教上门的形式，推动社院教育培训工作走向社区基层。在保证重点班次，提升培训质量上下功夫，将培训范围覆盖至统一战线各领域，实现基层统战对象、统战干部培训全覆盖，培养了大批同中国共产党亲密合作、坚定走中国特色社会主义道路的民主党派和无党派代表人士。

供稿单位：中共上海市宝山区委员会党校、上海市宝山区社会主义学院

第七节 更好发挥党联系群众桥梁纽带作用

　　党的十八大以来，宝山区深入推进工会、共青团、妇联等群团组织改革，支持群团组织依法按章履职。持续深化非公企业工会改革，进一步学习推广"顾村经验"，打造全国非公企业工会改革"宝山模式"，基层工会改革体现示范效应，形成"一个街镇园区一个特色品牌"。坚持党建引领，结合新时代少先队工作、创新社区治理和"人民城市"理念，创新推出"社区小先生制"，传承陶行知小先生制教育实践理念，形成了可复制可推广的青少年参与社区治理模式和实践育人模式，为探索少先队社会化改革提供新路径。坚持以党建带妇建、妇建服务党建，充分发挥广大妇女的积极作用，成立"巾声佳音"宣讲团、宝山"女性创新学校""宝家护航"妇儿维权联盟，不断完善妇联组织自身建设，为维护妇女儿童合法权益保驾护航。成立宝山区社区社会组织妇女联合会，实现宝山区"四新"领域妇联组织建设新突破。全面贯彻执行《红十字法》，积极弘扬"人道、博爱、奉献"的红十字精神，加强红十字会基层组织建设，立足核心业务，提升人道服务能力，扎实开展应急救援、应急救护、造血干细胞征募等工作。大

宝山区"社区小先生制"获得最佳志愿服务项目奖牌

场镇、庙行镇和友谊路街道成功创建"博爱家园"街镇。

供稿单位：中共上海市宝山区委党史研究室

链接 42　非公企业工会改革创造经验

2015 年 11 月，上海市全面启动群团改革试点。工会成为群团改革的排头兵。12 月 17 日，上海市总工会公布《上海市总工会改革实施方案》。宝山区总工会根据群团改革要求，更好地拓展联系职工路径、激活基层"神经末梢"，根据市总工会的统一部署安排，将非公企业工会作为改革突破口，顾村镇总工会率先启动改革试点工作，获得时任中共中央政治局委员、中华全国总工会主席李建国的充分肯定，并要求在全国总结推广。为进一步学习推广"顾村经验"，全区工会深耕改革、勇于创新，打造全国非公企业工会改革"宝山模式"。

2017 年 5 月 26 日，全国工会推广上海顾村经验观摩交流会在宝山举行

从 2017 年起，宝山工会分阶段分步骤出台一系列改革试点文件（1.0 至 4.0），打出一套加强非公企业工会建设的"组合拳"。按照"一年一方案、顾村先试行、全区再推广"的总体布局，推动形成以"依法建会、依法管会、依法履职、

依法维权"为核心的 1.0 版改革经验，以"加强协调劳动关系制度建设"为主要内容的 2.0 版改革做法，以"加强竭诚服务职工体系建设"为重点工作的 3.0 版改革探索，以"改革评估指标"为工作体系的 4.0 版改革闭环，改革实践率先形成制度体系。各街镇园区总工会敢闯敢试、扎实推进，形成"一个街镇园区一个特色品牌"，获评市总工会非公企业工会改革街镇级示范点、"小二级"工会示范点、非公企业工会改革民营企业工会示范点、街镇（开发区）非公企业工会改革创新案例等各类各级荣誉 363 个。

供稿单位：上海市宝山区总工会

链接 43 "社区小先生制"全面推行

为贯彻落实习近平总书记提出的"人民城市人民建，人民城市为人民"重要理念，通过广泛调研和深入实践，宝山区积极发扬和践行著名教育家陶行知先生提出的"小先生制"教育实践理念，2021 年，创新推出"社区小先生制"。先后被央视新闻、《人民日报》《中国青年报》等媒体报道 50 余次，获评上海青年志愿服务项目大赛金奖、中国青年志愿服务项目大赛银奖、上海城市治理实践十佳案例、上海优秀志愿服务项目、上海城市基层党建创新优秀案例、中国（上海）社会治理创新实践十佳案例等荣誉。

2022 年，大场镇开展社区小先生"我爱老宝贝"主题活动

两年多来，7.8 万余名少先队员拿着"通关护照"到 520 个社区报到，在就近就便的社区活动中培养为人民服务的好品德。带动约 11 万名青年家长参与到社区建设和治理

中来，近 3500 户独居老人和孤老得到经常性探望，新增 2 万余户家庭常态化保持楼道无堆物。"社区小先生制"工作，一是丰富党建引领下的社区治理架构。区别于传统的社区治理架构（三驾马车），突出并做实党团队一体化建设，丰富党建引领社区治理场景，激活社区治理的末梢神经。二是创新社区动员方式。有效吸引和引导青少年参与社区治理的同时，也带动青少年所在家庭的其他成员参与社区治理，充分实现社区治理的"支点效应"。三是改善社区服务供给。有效利用各类社区教育、区域场所、街镇配送、共建单位、家长志愿者等资源，改变"社区服务对象以老年人为主"的思维定势。随着"双减"政策落地，青少年暑期活动和服务需求激增，"社区小先生制"推行后，累计开展组织化活动近 8000 场次。四是取得柔性治理成效。"社区小先生制"坚持需求导向、学生主体，采取系统化设计、组织化推进的方式，以家庭为单位的社区参与，减少了社区冲突，增加了社区温情，学生受益、家长乐意、社区满意。

供稿单位：中国共产主义青年团上海市宝山区委员会

链接 44 妇女儿童工作蓬勃开展

新时代，宝山广大妇女群众求真务实、开拓奋进。以"巾帼大学堂"为载体，以"学用新思想"为主题，成立"巾声佳音"宣讲团，传播正能量，推动党的创新理论在妇女群众心中落地生根。推出"B-WOMEN"女性成长计划，成立宝山"女性创新学校"，为女性职业发展铺路架桥。团结引领全区广大妇女家庭锲而不舍开展 5 轮"家庭行动日"活动 622 场，辐射人群 19 万余人次，形成"每月有主题、家庭齐行动"的同城辐射同向聚合效应。发挥好部门协同作用，成立"宝家护航"妇儿维权联盟，完善"热心妈妈"维权预警、"知心妈妈"信访维稳、巾帼律师法律援助、专家智囊督导支持、社会组织专业服务 5 项配套服务。

2023 年 3 月，宝山区召开庆祝三八国际妇女节 113 周年大会，区领导同区妇联领导班子以及先进女性代表合影

　　宝山区妇联组织自身建设夯实有成。落实群团改革要求，优化调整机关部门设置，领导班子实现"专挂兼"（1 名主席 +2 名副主席 +1 名挂职副主席 +2 名兼职副主席）。承办上海市妇联发挥基层执委作用"破难行动"现场推进会，成立宝山区社区社会组织妇女联合会，实现宝山"四新"领域妇联组织建设的新突破。

供稿单位：上海市宝山区妇女联合会

链接 45 厚植红十字精神，汇聚人道力量

新时代，宝山区以优化流程、提高效率、提升服务为目标，不断增强区红会服务基层、服务群众的工作能力，加强区级红会对全区红十字工作的统筹协调、综合服务和业务指导。推进大场镇、庙行镇和友谊路街道成功创建市级"博爱家园"街镇。

围绕中心工作，倾力服务大局。 积极指导全区红十字系统有效参与疫情防控。2020年1月至2022年12月，区及街镇红会累计收到16107笔捐款，金额共计1125.73万元；区红会接收并发放社会捐赠物资24批次，支出1125.44万元，主要用于一线疫情防控；主动对接云南省维西县和宣威市，开展救护、救助的对口支援工作。

2018年9月7日，"交通安全'救'在身边"街镇红十字救护队应急救护比赛暨红十字冠名医院应急救护演练举行

立足核心业务，提升人道服务能力。 以"六进"为抓手，拓展救护培训对象，十年来，完成普及培训32.14万人次。在重点单位、人流密集场所共安装34台

AED 设备，努力夯实社区应急救援建设；积极开展"千万人帮万家""为大病青少年献爱心"、失智困难老人护理用品配送等救助项目；做好少儿基金（居保）工作，每年为全区约 20 万人办理少儿住院医疗互助基金手续。

凝聚爱心力量，传递博爱奉献正能量。积极开展造血干细胞志愿者征募宣传和志愿服务工作。十年来共有 8123 人加入造血干细胞志愿者库，有 16 名造血干细胞志愿者成功配对实现捐献。

供稿单位：上海市宝山区红十字会

第三章

坚持立根铸魂，日益彰显宝山文体魅力

第一节 精神文明建设『文润滨江』

党的十八大以来，宝山精神文明建设工作坚持围绕中心、服务大局，以习近平新时代中国特色社会主义思想为指导，以培育和践行社会主义核心价值观为主线，以争创全国文明城区为牵引，统筹推进文明培育、文明实践、文明创建，市民文明素质和城区文明程度不断提高。

核心价值观教育落细落实。 以"德润滨江 善行宝山"为主题，培育打造宝山"好"系列道德典型培树品牌；以"修身养德 知行至善"为主题，深入推进市民修身行动；广泛开展公益广告宣传，大力弘扬传统文化，积极倡导社会文明风尚。截至 2023 年，已经举办 4 届"感动宝山人物"评选活动，4 届"人人做好人、人人评好人、人人赞好人"主题活动；2017 年，在全市率先建立道德典型关爱礼遇机制。2023 年，创新实施"宝善卡"项目。全区共有全国道德模范（提名奖）2 名，全国文明家庭 2 户，"中国好人"15 名；"感动上海人物"及提名奖、特别奖 9 名，"上海市社会主义精神文明好人好事"及提名奖 18 名，上海市文明家庭 20 户；"感动宝山人物"及提名奖 112 名，"宝山好人"275 名。

2020 年 5 月 9 日，宝山区召开 2020 年精神文明建设暨新时代文明实践中心建设、全国文明城区创建推进大会

文明创建活动成效显著。不断完善创建工作制度机制，有效推动群众性精神文明创建工作常态长效，群众性精神文明创建面进一步扩大，创建质量水平进一步提升。2015 年成功创建上海市文明城区（第二轮），2017 年通过复评。2018 年启动全国文明城区创建工作，2020 年取得全国文明城区提名资格。深化群众性创建活动，截至 2023 年，全区共有全国文明镇 3 家、全国文明村 6 家、全国文明单位 6 家、全国文明校园 1 家；上海市文明社区 3 家、上海市文明镇 9 家、上海市文明小区 122 家、上海市文明村 21 家、上海市文明单位 125 家；宝山区文明小区 311 家、宝山区文明村 36 家、宝山区文明单位 250 家。

志愿服务体系日趋完善。加强志愿服务体系和机制建设。成立由文明单位、劳模集体、社会组织等组成的"宝山区志愿服务联盟"；实现区级志愿服务指导中心和 12 个街镇社区志愿服务中心达标建设全覆盖。全区建立 109 个市、区两级志愿者服务基地，志愿者网上实名注册人数 50.42 万人、志愿服务团队 1708 个、志愿服务项目 40641 个、全区志愿服务总时长 8396 万小时。近年来，涌现出以全国最美志愿者魏刚、全国最佳志愿服务项目"莳村小讲堂"、"社区小先生"、全国最佳志愿服务组织"康宝志愿服务团队"、上海市杰出志愿者林浩等为代表的一大批志愿服务先进典型。

新时代文明实践中心建设深化拓展。2020 年，宝山区级新时代文明实践中心揭牌成立，构建起"1+12+548+N"的区、街镇、居村三级全覆盖文明实践阵地和一批特色文明实践基地（点）。创新研发"宝山区文明实践管理服务信息平台"，整合文明实践五大服务平台优质资源，建立"供—点—派—接—评"五单式服务群众流程，并在上海市"圆梦新时代　为民办实事"精神文明主题实践活动总结会上交流展示工作经验。实施文明实践"传帮带"工程，创设文明实践"充电宝"行动载体，打造"思想学习宝""修身传家宝""志愿暖心宝""文明掌中宝"特色品牌，创新推出"一星一益"文明实践项目。宝山区新时代文明实践中心及杨行镇、张庙街道分中心被评为 2023 年上海市首批"创新、创优"示范中心。

未成年人德育有声有色。不断完善学校、家庭、社会"三位一体"的育人体系，提升未成年人思想道德建设工作水平。持续深化"强国复兴有我""童心向党"系列主题教育实践活动，广泛开展"喜迎二十大""新时代好少年"等主题实践活动，高境三中黄俊凯同学屡次刷新世界交互绳速度纪录，被评选为 2020 年度全国"新时代好少年"。组织青少年清明线上线下祭先烈、向国旗敬礼、优秀童谣征集传唱等活动，激发青少年爱党爱国热情。各类主题实践活动覆盖全区中小学生，每年参与人数 5 万左右。推进学校少年宫、学生社会实践指导站建设等阵地建设，全区有 18 所学校少年宫、12 所学生社区实践指导站，实现街镇全覆盖。

供稿单位：中共上海市宝山区委宣传部

链接 46　深入践行社会主义核心价值观

宝山区现有道德模范工作室 16 家。区文明办每年通过实地走访、交流座谈、现场评估等方式评估道德模范工作室建设运行情况，实施动态管理，并对通过评估的工作室每年给予经费支持。2019

2018 年 1 月 8 日，第二届"宝山好人"颁奖典礼举行

年 2 月 27 日，宝山区文明办命名首批 10 家宝山区道德典型工作室，为道德模范持续奉献社会、服务群众搭建平台和载体；2022 年 1 月 21 日，命名第二批 7 家道德模范工作室。2021 年 11 月 16 日，区文明办出台《关于推进宝山区道德模范工作室建设的意见》，进一步规范道德模范工作室的建设运行管理机制。近年来，道德模范工作室持续发挥先进性、示范性及"传帮带"作用，通过道德模范的精神感召力和影响力，带动身边人投入社区治理、乡村振兴、疫情防控、文明创建等活动中，真正成为身边好人的"孵化器"、社会正能量的"传播器"，进一步浓厚了崇德向善的社会氛围。

供稿单位：中共上海市宝山区委宣传部

链接 47　扎实开展群众性精神文明创建

　　宝山区从 2018 年起，全面启动全国文明城区创建工作，2018 年 6 月 5 日召开宝山区创建全国文明城区（提名区）动员大会。创全工作成为推动各项工作落地落实的总抓手和推手，成为实现老百姓向好、向上、向善、向美追求的最好自我展示载体平台，城市管理持续改善，城市形象不断提升，人民群众得到实惠，实实在在感受到创建带来的环境整洁、设施改善、服务便利和秩序良好。在创建过程中，建立了督促检查、绩效考核、工作调度、信息材料等一整套长效工作推进制度，搭建了"十大工程"、专项行动、主题月和集中行动周的立体常态工作框架等，形成了长效工作机制，成为宝山区推动经济社会发展尤其是社会治理工作样板和经验。2021 年 1 月，中央文明办正式发布 2021—2023 年创建周期全国文明城市（区）提名城市（区），宝山区成功入选。

2022 年 9 月 23 日，宝山区 2022 年文明交通主题月暨"礼让斑马线"专项整治主题周活动期间，宝山交警扶助老年人安全过斑马线

供稿单位：中共上海市宝山区委宣传部

链接 48　不断深化未成年人思想道德建设

党的十八大以来，宝山区广泛开展新时代好少年学习宣传活动，连续 8 年在全区中小学选树宝山区"十佳百优"新时代好少年，通过举办表彰发布活动，宣传他们爱党爱国、奋发向上、勇于拼搏、乐于奉献、全面发展的生动故事，引导广大未成年人向上向善、见贤思齐，自觉践行社会主义核心价值观，努力成长为担当民族复兴重任的时代新人。共有上海市"新时代好少年"14 名，宝山区"新时代好少年"167 名。2020 年 10 月 27 日，中央文明办、教育部、共青团中央、全国妇联、中国关工委在北京联合发布 36 名"新时代好少年"先进事迹，宝山区高境镇第三中学学生黄俊凯作为重点推介的 10 名好少年赴北京接受现场颁奖。黄俊凯从"热爱"跳绳到"酷爱"跳绳，不断挑战自我，三次刷新 30 秒交互绳速度吉尼斯世界纪录，在挪威举行的 JR 跳绳世界杯中获得金牌，并在央视《挑战不可能》《开学第一课》栏目中展现英姿。

2022 年 10 月 31 日，宝山区举办 2022 年度"新时代好少年"发布表彰活动

供稿单位：中共上海市宝山区委宣传部

链接 49　做强做实新时代文明实践中心

2023年3月4日，宝山区开展3·5"学雷锋树新风"志愿服务主题活动暨文明实践充电宝进社区活动

2020年12月2日，宝山区新时代文明实践中心新址正式启用，大力实施文明实践"传帮带"工程，创设文明实践"充电宝"行动载体，推出"星"系列特色项目，打造"宝"系列特色品牌，推动各项任务落实落细。"思想学习宝"加强思想引领，依托"1+25"区、街镇两级理论宣讲志愿服务队，组织开展习近平新时代中国特色社会主义思想、党的二十大精神等主题宣讲380余场，线上线下听众40余万人次。"修身传家宝"传播文明风尚，构建"人人时时处处"可参与的文明实践网络，开展82场文明实践"充电宝"进社区活动、42场"家庭行动日"活动、3场文明乡风"我践行"活动以及2场"洁净宝山6·15城市清洁日""秩序宝山6·25非机动车出行安全守护"集中行动。"志愿暖心宝"赋能社区治理，每月在"宝山文明"微信公众号发布文明实践和志愿服务项目清单，在"上海志愿者网"发布理论政策宣讲、文明实践、社区治理等项目37772个。"文明掌中宝"精准供需对接，依托宝山文明实践服务管理平台，整合文明实践五大服务平台和12个街镇新时代文明实践分中心的力量资源，通过"供点派接评"五单式服务群众闭环运行流程，促进项目供需对接，累计发布供单11.4万个、点单36.1万个、派单35.2万个、接单35.2万个、评单34.3万个，超过15万名市民注册使用，推动各级阵地队伍不断守正创新、开创新局。

供稿单位：中共上海市宝山区委宣传部

第二节 文化事业繁荣发展

党的十八大以来，宝山区以"文化，让生活更美好"为主题，深入实施文化强区战略，公共文化设施不断健全升级，文化产品日益丰富，文化品牌影响力日益凸显，公共文化服务全面铺实，文化大发展大繁荣的格局逐渐形成，为宝山十年转型发展、为"科创之城""幸福之城"的打造赋能提速。

构建更具艺术的空间设施。2017年年底率先完成人均0.18平方米公共文化设施面积的"十三五"指标，并提前完成"15分钟公共文化服务圈"建设。2018年100%率先完成全区419个居村综合文化活动室服务效能提升，提前1年完成市级指标。2019年年底提前完成宝山中心城区10分钟"公共文化服务圈"建设。在目前已经建成的460个村居综合文化活动室中，开展星级村居（社区）活动室创建评选，评选出73个星级综合文化活动室。在铺实全区社区文化活动中心的基础上，2020年起，利用老旧厂房、闲置库房等闲置公共空间，成功打造8个"众文空间"；同时，着力打造"共享书房"系列特色服务点，持续健全完善公共文化设施网络。2022年起，创新打造沪上首座没有围墙的美术馆——"一墙美术馆"，已举办主题性艺术展览40场，展出艺术作品近千幅，覆盖宝山12个街镇；2023年，启动建设"社区美术馆"项目。

配送更具活力的文化产品。积极探索线上线下相结合的活动新模式，在保障传统区级实事项目"公共文化资源配送"的同时，2016年在全市率先启动"宝山市民艺术修身导赏计划"，以讲座和互动授课等形式，建立300场宝山市民艺术导赏库，涵盖音乐、美术、文学、建筑、舞蹈、戏剧、电影七大艺术门类。2021年，率先启动"宝山市民美育大课堂"，携手十余个市、区级文化艺术场馆及周边大中小学校等联合打造第一批宝山"社会大美育"研学基地。

2020 年 4 月 1 日，上海樱花节系列文旅活动之"樱画书艺"——名人书画沙龙在顾村公园举行

2022 年，启动"市民艺术夜校"，为市民精心选取 16 门课程，11 个授课点位覆盖 7 个街镇，让不可多得的"艺术家园"遍地开花。2023 年，"宝山市民美育大课堂"入选全国 51 个基层公共文化服务高质量发展典型案例（全市共 3 个）。

打造更具影响的文化品牌。陈伯吹国际儿童文学奖自 1981 年创立，累计获奖作品达 494 部，获奖作家 408 人，参评的海外作品数量超过 1300 部，已成为辐射全国、链接世界的文化纽带。上海宝山国际民间艺术节创办于 1995 年，至今已经成功举办十届，来自全球近 50 个国家和地区的 139 支艺术团队、3300 多名来宾和民间艺术家先后在宝山一展风采。2014 年，"国际民间艺术交流平台建设"被文化部评为"第一批国家公共文化服务体系示范项目"。上海樱花节作为文旅融合的新典范，已成功举办 13 届，累计接待游客 1500 万余人次，发展成为沪上乃至长三角地区春季旅游的风向标。

推动更具生命的文艺创作。2012 年创排的大型原创现代沪剧《挑山女人》获得 22 个市级以上奖项。在上海市群文新人新作比赛中，宝山创作的音乐、舞蹈、戏剧小品、曲艺等多个项目的获奖数量和质量逐年创新高。2016 年，《石头缝中的小花》入围第十七届中国文化艺术政府奖——群星奖决赛，并参加第十一届中国艺术节演出。2017 年，宝山文艺专场亮相 CCTV-3《群英汇》，是宝山代表上海的群众文化成果首次集体亮相央视舞台。2019 年，情景小合唱作品《种子》入围第十八届群星奖全国总决赛。2022 年在全市范围内首推的方言话剧《雷雨》获票房、口碑双丰收。

供稿单位：上海市宝山区文化和旅游局

链接 50　红色地标功能彰显

宝山区打造上海解放纪念馆成为上海解放战争的资料中心、研究中心和上海重要的红色文化地标。上海解放纪念馆于 2006 年 5 月 26 日开放，2019 年 7 月实施功能提升改造，包括纪念馆内部改陈布展、纪念馆立面改造、整体环境同步优化等。外立面设计理念立足"解放"，寓意破旧立新，勇往直前。建筑形体分为上下两个明显的几何体，上部穿插悬挑的钢结构象征解放事业为上海带来的新局面新篇章，下部通过粗糙的剁斧石来体现解放事业的厚重历史和解放力量。主展览"战上海——上海解放革命历史主题展"获 2019 年度上海市博物馆陈列展览推介精品奖。

聚焦上海淞沪抗战纪念馆红色资源的传承弘扬和保护利用功能，积极发挥爱国主义教育基地功能。上海淞沪抗战纪念馆作为全国唯一一家反映两次淞沪抗战和上海十四年抗战全过程的主题纪念馆，被国务院命名为首批 80 家国家级抗战纪念设施、遗址之一，此后相继被评为国家国防教育示范基地、上海市爱

上海淞沪抗战纪念馆常年开设"艰苦卓绝——上海抗战与世界反法西斯战争主题展"

国主义教育基地、上海党史教育基地、上海市志愿者服务基地等。2017 年 8 月启动二期改造，并于 2020 年 8 月完成最终布展。常设展"艰苦卓绝——上海抗战与世界反法西斯战争主题展"获第十八届（2020 年度）全国博物馆十大陈列展览精品推介优胜奖。

供稿单位：上海市宝山区文化和旅游局

链接 51　文艺创作屡获大奖

　　2012 年 10 月 26 日，沪剧《挑山女人》首演，至今成功演出近 300 场，观众人数达 30 万人次以上。《人民日报》2013 年 6 月 29 日头版头条刊登专题报道，题为《〈挑山女人〉"挑"出一方天》，并配以短评《用百姓故事传递正能量》。该剧荣获了包括中宣部第十三届精神文明建设"五个一工程"优秀作品奖等 18 个国家级和省部级奖项，成为沪剧有史以来在全国戏剧舞台上获奖最多的一个优秀剧目。2018 年 10

《挑山女人》演出照

月，沪剧电影《挑山女人》于上海影城首映。这部被列为中国戏剧梅花奖数字电影工程的影片，为改革开放以来上海第一部现实题材戏曲电影。影片荣获了第十四届中美电影节"金天使奖·年度最佳戏曲电影"、第二届中国戏曲电影展"优秀戏曲电影"。2019 年 11 月，沪剧电影《挑山女人》获第三十二届中国电影金鸡奖·最佳戏曲片奖，开辟了沪剧历史的先河，实现上海地方戏金鸡奖"零的突破"。《挑山女人》不管是舞台版还是电影版，都用"讲好中国故事"的方式讴歌了平凡人不平凡的故事，通过这部接地气、饱含正能量、贴近时代、贴近人民的艺术作品，让所有观众感受到中国母亲的坚韧、宽容、担当精神，并引起人们的共鸣与思考。

供稿单位：上海市宝山区文化和旅游局

链接 52　文学奖项走向世界

　　2014 年，上海市新闻出版局、宝山区人民政府、陈伯吹儿童文学基金专业委员会三方合作，将"陈伯吹儿童文学奖"正式提升为"陈伯吹国际儿童文学奖"，成为国内首个国际性的儿童文学奖项，颁奖活动永久落户上海宝山。经过多年发展，文学奖不仅繁荣了中国儿童文学出版和创作，也助推了中国儿童文学站上世界的舞台。2016 年，刚获得陈伯吹国际儿童文学奖不久的中国作家曹文轩问鼎国际安徒生奖，这也是中国作家首次获此殊荣。2018 年和 2022 年，文学奖亮相全球规模最大、最具影响力的儿童出版物博览会——博洛尼亚国际儿童书展，成为"让世界读懂中国"的文化名片。同时，宝山深耕品牌实践，每年重点开展"1+6+X"

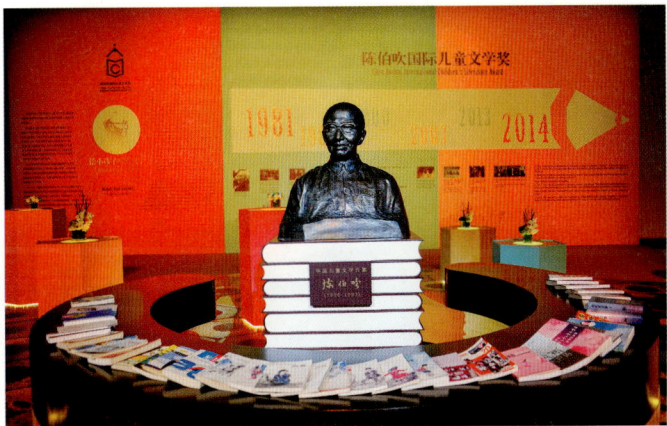

2014 年 11 月 19 日，2014 陈伯吹国际儿童文学奖颁奖仪式暨上海国际儿童文学阅读论坛在上海宝山国际民间艺术博览馆隆重举行，图为颁奖仪式现场

系列活动，即文学奖颁奖活动、原创插画展、陈伯吹童书屋、儿童文学创作大赛、名家进校园活动、经典作品诵读展演、原创儿童剧创排，以及覆盖全区、贯穿全年的百余项全民阅读推广活动，努力打造儿童阅读发展的高地。2023 年 2 月，宝山 12 万中小学生开始使用陈伯吹国际儿童文学奖定制版的"最美作业簿"，成为全市范围内首创美育新实践。原创插画展、获奖作品专架等还持续进入长三角地区的各中小学校、地铁空间、市级文化场馆等。

供稿单位：上海市宝山区文化和旅游局

链接 53 节庆文化国际交流

宝山区通过举办国际民间艺术节和黑池舞蹈节，为宝山融入了时尚元素，为宝山文旅融合打开了新局面，为宝山文化品牌注入了新动能，拓展了国内外文化合作交流渠道。

2018 年 10 月 26 日—11 月 25 日，"我们·拥抱·世界"第十届上海宝山国际民间艺术节举行

上海宝山国际民间艺术节坚持"大众参与，大众享受"的核心理念，成为"老百姓的文化盛会，家门口的五洲风情"，被联合国国际民间艺术组织荣誉副主席伊廷先生誉为"当今世界上无与伦比的民间艺术节"，累计参与群众达 420 多万人次。2015 年第九届艺术节从以往的 8 天延长为 1 个月，首次推出"宝山大剧荟"品牌，邀请京剧名家尚长荣担任总顾问，引入 50 多部精品剧目。2018 年第十届艺术节期间开展艺术团队进商圈、生活体验进社区、欢乐联谊在校园等，开展 136 场重点文艺演出，3000 余场系列文化活动，参与人数达 73 万人次，参与人数创历届新高。宝山 12 个街镇深挖"一地一品"内涵，如杨行的现代民间绘画年会、月浦的锣鼓年会、顾村的"诗歌文化节"等，让中国故事有了国际化的生动表达。

2016 年，上海引进被誉为"国标舞界奥林匹克"的黑池舞蹈节，为国际标准舞活动之首。2017 年，黑池舞蹈节落户宝山。2019 年的黑池舞蹈节吸引了来自 150 个国家和地区的近 8500 组次舞者展开激烈角逐，创下了百年来的新纪录，全国 58 家媒体进行图文采访，宣传内容总曝光量达 560 万次。

供稿单位：上海市宝山区文化和旅游局

链接 54　公共文化惠民利民

宝山区历经十余年的品牌培育和文化积淀，打造特色文旅活动品牌，打开展示宝山形象的重要窗口。

上海樱花节连续举办13届，累计接待游客1500万余人次。通过"生态＋文化＋旅游＋商业＋X"等产业深度融合新模式，创新举办人文雅集、书画展览、高定时装秀、传统文化导赏等文旅活动，引进儿童乐园、恐龙园、九州书院等配套项目，构筑"上海樱花节"文化品牌战略优势，提升广大市民群众的参与度和体验感。2020年"长三角生态一体化顾村公园示范基地"揭牌。

为进一步完善文旅管理体制，先后成立宝山区文联、宝山区作协等，并邀请曹鹏、史依弘、谷好好、秦文君、王珮瑜、阎华等23位（组）艺术名家工作室入驻宝山，开设专题讲堂，把作品搬到社区、公园，参与宝山区重大文化活动，

2021年国庆期间，宝山区邀请史依弘、黄蒙拉、夏小曹、罗威等多位艺术名家在蕴藻浜一号湾畔，为市民定制四场系列音乐会

切实做到与百姓面对面交流、零距离互动，实现"让艺术走进百姓，让名家走进群众"。宝山以艺术名家工作室为载体平台，发挥他们的桥梁和纽带作用，不断传承中华优秀传统文化，切实发挥文化对城市发展的滋养引领作用，演绎新时代精神、讲述中国故事、展示中国力量，着力打造与卓越的全球城市相适应的文化高地。

供稿单位：上海市宝山区文化和旅游局

第三节 文化产业持续发力

新时代以来，宝山聚焦文创产业，完善政策体系，不断提高文创产业规模和实力。宝山区文化产业助力科创中心主阵地建设和"北转型"步伐，重点发展文创与科创"双创"融合，区文旅局在产业载体建设、政策优质供给和营商环境优化等方面持续发力，近3年，虽受新冠疫情影响，宝山区文化及相关产业规模仍保持稳步增长，规模持续扩大，规模以上企业数量逐年递增。2020年全年产值168.41亿元，增长34.3%，增速位列全市第一。2021年规模持续增长达268.67亿元，净增加100亿元，规模以上企业从95家增加至120家。2022年受疫情影响，全年规模以上文化及相关产业总产值245.9亿元，较上年稍有回落。

三邻桥体育文化园

宝山区文创产业领域通过招大引强及本土培育，涌现一批"独角兽""瞪羚"及隐形冠军企业。在建筑设计领域，上海尤安建筑设计有限公司自迁入宝山以来，业务稳步增长，年营收超过10亿元，于 2021 年成功上市；在互联网服务领域，独角兽企业微盟集团 2013 年年初成立于宝山，基于微信生态圈实现蓬勃发展，于 2019 年在港交所上市，旗下盟聚、盟耀等全资子公司在细分领域成长迅猛，得到区文创引导资金关于"企业做大做强"的政策扶持；在传统广告服务业，上海壹墨图文设计制作有限公司为迪奥、星巴克、耐克等品牌提供橱窗设计及产品服务，通过技术迭代从传统图文制作转变为多品种个性化复杂形状塑料制品的快速开发。"小红书"头部 MCN 机构仙梓文化2022 年全年纳税 859.9 万元。

供稿单位：上海市宝山区文化和旅游局

链接 55　深化上海国际邮轮旅游度假区建设

上海国际邮轮旅游度假区位于"一带一路"、长江经济带、长三角一体化三大国家战略的交汇区域，被誉为"长江门户"。

上海吴淞口国际邮轮港

宝山区贯彻落实习近平同志 2007 年在上海工作期间提出的"黄浦江两岸的开发，要从卢浦大桥、陆家嘴逐步延伸到吴淞口，这是宝山的重要空间和机遇"指示，推动滨江岸线转型。滨江"老码头"转型为吴淞口国际邮轮港，钢渣"老堆场"改建为国家 AAAA 级景区吴淞炮台湾国家湿地公园，"老港区"上港十四区转型成城市综合体。这十年，在以邮轮港为核心的滨江岸线区域累计投入财政资金约 20 亿元，撬动社会投资超 300 亿元，打造 1 个亚洲最大的国际邮轮港、2 个五星级酒店（在建）、50 万平方米的商业商务载体等，为建设国家级旅游度假区打下基础。

2022 年，市政府在《关于加快推进南北转型发展的实施意见》中明确要求"高标准建设具有全球影响力的上海国际邮轮旅游度假区"。宝山区制定《上海国际邮轮旅游度假区总体规划》，明确了"四港一心、两带三园、五大组团"的空间布局，成立吴淞口文旅投资集团。发挥万里长江口、百年吴淞口和亚洲最大邮轮港的独特禀赋，打造国家级旅游度假区，成为长三角独特的水上消费集聚区、北上海开放枢纽门户的重要组成部分、中国首选的邮轮旅游目的地和世界邮轮旅游的重要枢纽。

供稿单位：上海市宝山区滨江开发建设管理委员会

链接 56 成功创建国家级文化和科技融合示范基地

宝山依托老工业基地遗存等空间，打造了一批具有浓厚工业风特色的文创园区，获市文创办认定 2023—2025 年度文创园区（楼宇）14 个，其中 1 个市级示范园区（智慧湾）、12 个市级园区和 1 个示范楼宇。

智慧湾位于宝山区蕴川路 6 号，2016 年年初开始转型升级改造，至 2023 年已完成六期，共开发建设 363 亩土地。园区打造文化与科技融合发展的综合体，通过设计创新和产业再造，将老旧厂房重新建设，将集装箱堆场改造成色彩明丽的集装箱办公空间，将仓库改造成个性办公空间。入驻企业 450 余家，产业集聚涉及智能物联网、人工智能机器人、3D 打印、增强现实和虚拟现实、在线新经济、创意设计等各类新兴行业，就业人数超 5000 人。每年举办赛事选拔、跨界文艺演出等文化与科技活动百余场，累计参与超百万人次。推动大学与科研院所、企业、政府协同创新，加速文化科技企业及产业融合。与清华大学建筑学院合作，广泛应用"人工智能 +3D 打印 + 混凝土新材料"研究成果，实现科技成果产业化。推动制造模式向个性化、数字化智能制造为主导的产业结构模式调整。通过先进制造技术的应用重塑产业链，推动各类文化和科技市场主体发展壮大，触发和满足更多个性化消费需求，不断激发文化创意和科技创新创造的活力，更好地将"文创"与"科创"相结合。2021 年，宝山"智慧湾科创园"入选第四批国家文化和科技融合示范基地名单。

智慧湾科创园

供稿单位：上海市宝山区文化和旅游局

链接 57　上海玻璃博物馆

在区委、区政府的大力支持下，淞南镇率先完成了工业遗址的转型改造，在上海玻璃仪器一厂原址上建成工业设计色彩浓厚的上海玻璃博物馆。

多元化集群，推动高质量发展。上海玻璃博物馆保留原生态工厂，以既有工业地景特征为依据进行设计规划整修。园区建制上，大量保留原有建筑空间结构与细节，在不破坏旧建筑的前提下对内部进行改建，保留一处原生态工厂维持原有的玻璃加工生产，传达历史、文化、艺术等内涵。经过十余年不断扩充，逐渐形成多功能的文教商业综合体，既寓教于乐引领市民思考，也充分发挥集群效应，兼顾文化艺术认同与商业收益，推动区域经济文化高质量发展。

上海玻璃博物馆外观

数字化运营，实现高效能管理。上海玻璃博物馆全方位提升服务质量、丰富品牌文化教育项目内容，积极拥抱"数字化＋博物馆"的社会需求。开发线上公共服务小程序系统，在用户画像基础上，制定个性化票务服务和参观建议。既有配合季节、节庆办理特殊活动及特展来吸引观众重复参观，也有不同于一般博物馆的创意手法来吸引新观众。通过租赁园区内各类型商办空间、承接品牌活动发布、成立工作室组建设计团队、开创自有品牌贩售文创产品、提供付费 DIY 活动等创新营收方式，延续工业遗址再利用的经济价值。

智能化服务，创造高品质生活。上海玻璃博物馆采用智能化服务系统，将科技发展成果转化服务市民高品质生活。线上场馆介绍全方位展示场馆历史、各场馆特色、馆藏物品、基础设施等。将信息科技建设与文化创意产业结合，打造数字化景区并建立精细化应用系统为科学决策提供有力依据，提高景区服务品质，保障最优质的游客体验，实现社会效益。科技创新驱动经济高质量发展的同时让城市更有温度精度，让淞南乃至全区、全市的居民群众生活更加美好幸福，真正实现激活高质量发展引擎，开拓高质量发展空间，共享高质量发展成果。

供稿单位：上海市宝山区淞南镇人民政府

第四节 体育事业红红火火

　　新时代以来，宝山区把握"发展体育运动、增强人民体质"的根本方针，遵循全民健身普及规律，深化"人民城市"发展理念，围绕创建"全国全民运动健身模范区"的发展目标，全面融入健康宝山建设、城市功能提升与精细化管理实践，以建设"人人想健身、人人能健身、人人会健身"的运动环境、丰富"可及可达、数字智能、多元多级"的健身服务为重点，积极推进体育基本公共服务标准化、均等化，着力健全"大体育"发展格局、着力提升"管办服"综合效应、着力深化"体育 +"多元融合，努力构建更高水平的全民健身公共服务体系。

2019 年 3 月 10 日，FEELING 菲灵"樱妳而来"2019 上海樱花节女子 10 公里精英赛在顾村公园举办

　　15 分钟体育生活圈持续优化，服务效能不断提升。全区累计建成各类健身步道 343 条、总长度 225 千米，益智健身苑点 1016 个，市民球场 123 片，区级和社区级市民健身活动中心 12 个。全区体

育场地总面积 554.07 万平方米，人均体育场地面积 2.44 平方米，体育健身设施实现城乡社区全覆盖。社会多元参与设施建设，契合城市转型进程，通过规划引领、项目指导、内容配送等方式，积极引导支持社会力量参与体育健身设施建设。大力推广中成智谷"园区＋体育"模式，探索在工业老厂房内植入体育设施和体育项目。积极推进"体育＋""＋体育"园区体育设施建设，涌现出"智慧湾""三邻桥"等体文融合型创新产业园区。一批社会体育组织和体育机构自建、租建、改建各类健身房、游泳馆、足球场、运动场、羽毛球馆、乒乓球馆等体育健身设施，累计面积约 10.5 万平方米，有效丰富了体育设施的多元供给。各类体育场馆设施有序开放。围绕体育健身资源整合共享，通过政策保障、购买服务等方式，积极引入第三方专业管理团队，推进社区市民球场、健身苑点两类健身设施的日常维护和开放管理。泗塘篮球公园试点引入"智慧共享球场"创新运管模式，利用互联网自由、开放、共享的特点，结合智能化硬件设备，建立人与运动、场馆的深度链接，促进了体育场地资源开放使用效能的有效提升。

"身边赛事"渐成体系，服务平台不断丰富。区级群体健身赛事品牌凸显。坚持政府、市场、社会"三轮驱动"，每年举办区群众体育大会和城市业余联赛等群体赛事。推行社会化办赛模式，联合社会组织和体育赛事公司，创新举办 2019 宝山区第四届运动会，打造"战 FUN 宝山"全民健身赛事品牌，培育宝山自主赛事IP"超霸杯"联赛，着力推进"一镇（街）一品"特色健身项目，大力推行工间操和适合不同人群的体育健身活动。引导青少年、职工、老年人、妇女、农民、军人、残疾人、少数民族等体育健身活动广泛开展，科学健身指导服务惠及广大市民，每万人拥有体育健身组织 26 个，经常参加体育锻炼人数占总人口的 49%，市民体质达标率保持在 98% 以上。

青少年体育后备人才不断涌现，竞技体育硕果累累。全区青少年注册运动员2844 人，宝山培养输送的运动员在奥运会、全运会等国际国内赛事中屡获奖牌，涌现出许昕、吴佳欣、徐天宇、王雪毅、袁茹蓓、陈昊聪等一批优秀运动员，在各级各类赛事成绩上实现新进步。

供稿单位：上海市宝山区体育局

链接 58　蓬勃开展群众体育

宝山区开展群众体育赛事，打造全民健身赛事品牌，深入推进体育运动全民化、生活化。2019 年 3 月，启动以"活力宝山、乐享体育"为主题的宝山区第四届运动会，历时 9 个月，贯彻"全民参与、全民运动、全民健康"宗旨，举办各类赛事 1540 场，参赛人数达 685863 人次，创下办赛主体最丰富、赛事种类最广、组织发动最广、参赛人数最多四个历史之最。2020 年，发布宝山全民健身品牌"战FUN 宝山"，推出"大美滨江"迎春跑、樱花女子跑等四季路跑品牌赛事和美兰湖游跑两项、小小铁人挑战赛等新兴体育赛事。以区群众体育大会和城市业余联赛等为平台，贴近市民健身活动需求，创新办赛机制，举办适合不同水平、不同年龄市民参与的群体赛事 900 多场，丰富全民健身赛事活动体系。2022 年，自主培育全新赛事 IP——"超霸杯"，包含足球、羽毛球、卡丁车等受众广、参与度高的系列赛事，吸引了千余名市民参与，获得多家国内外知名品牌的青睐与合作。

2019 年 5 月 30 日，宝山区第四届运动会开幕式举行

供稿单位：上海市宝山区体育局

链接 59 大力发展竞技体育

2016 年里约奥运会上，宝山乒乓球运动员许昕跟随国家队获得乒乓球团体冠军，射箭运动员吴佳欣获得射箭个人第六名、团体第七名；2021 年举办的 2020 年东京奥运会上，许昕获得乒乓球男子团体金牌、乒乓球混双银牌，吴佳欣获射箭女子个人第六。宝山培养输送 31 名运动员代表上海参加第十三届全运会，获 3 金 2 银 1 铜，22 人次获前八名；23 名运动员参加第十四届全运会，获 4 金 2 银 2 铜以及 12 个前八名。第十六届市运会上，宝山体育代表团获得 59.5 枚金牌、34.5 枚银牌、42 枚铜牌；第十七届市运会上，获得 70.25 金、44.75 银、38.75 铜。

2021 年 5 月 21—23 日，2021 上海邮轮港国际帆船赛在上海吴淞口国际邮轮港举行

体育赛事方面，上海邮轮港国际帆船赛于 2019 年创办，2021 年举办第二届，累计吸引了来自中国、美国、俄罗斯、澳大利亚、日本、挪威、意大利、比利时、新西兰等国家和地区的运动员约 150 人次参加比赛，已成为中国帆船界的新锐赛事。借由这场高能级赛事，宝山不断挖掘滨江岸线资源，加速推进上海国际邮轮旅游度假区建设。以赛事为切入口，让国内外游客体验各类宝山水上运动特色，挖掘宝山水域资源，聚力打造宝山区水上运动中心。美兰湖水上运动中心建成开放，长江口水上运动体验中心加紧建设，吴淞江水上运动中心启动筹划。

供稿单位：上海市宝山区体育局

链接 60　积极打造宝山篮球城

宝山区以打造特色篮球文化为目标，引入品牌赛事，增强篮球运动感染力，成功举办了"海峡杯"篮球邀请赛、超级企鹅篮球名人赛、2016 上海国际篮球文化高峰论坛，引进 2017NCAA 常规赛等赛事活动，积极引进 CBA 夏季联赛、选秀大会等优质篮球赛事，逐步提升宝山篮球城知名度和影响力。积极投入建设社区公共篮球场，构建亲民、利民、便民的社区篮球活动空间。打造"草根"篮球系列赛事，相继举办街球风暴市民篮球擂台赛、五星体育广播篮球挑战赛、宝山区市民体育大联赛篮球赛、宝山区行业系统篮球赛等区级赛事，极大地激发了不同年龄、不同职业市民参与篮球运动的热情，让篮球成为宝山市民参与体育活动的重要方式。注重内涵提升，大力扶持职业篮球运动。

2018 年 11 月 29 日，2019 年国际篮联篮球世界杯亚洲区预选赛中国队对阵叙利亚队的比赛在上海宝山体育馆打响，最终中国队以 101 比 52 战胜叙利亚队

2014 年 7 月，原上海体育职业学院、宝山区体育局、大华集团三方共同组建成立上海宝山大华女子篮球俱乐部，保障中国女子篮球联赛上海宝山大华女篮主场赛事。大华女篮两次获得联赛季军，连续 7 个赛季进入季后赛；获得 2020—2021 赛季 WCBA 三人联赛冠军，是上海宝山大华女篮球队历史上第一个顶级联赛冠军。2019 年 11 月 7 日，塞尔维亚政府总理布尔纳比奇到宝山为玛莲娜女子篮球学院揭牌，进一步推动了宝山青少年篮球尤其是女篮项目的普及推广，助力宝山篮球城建设的深度推进。

供稿单位：上海市宝山区体育局

第四章

坚持共治共享，不断创造高品质生活

第一节 优化完善就业及社会保障体系

新时代以来，宝山区不断完善区级社会保障配套政策，健全多层次社会保障体系，着力稳就业、强保障、聚人才、促和谐，推动改革发展成果更多、更公平地惠及人民群众。实现"一网通办"服务事项应进尽进，全市首创困难行业企业稳就业一次性补贴申请、劳务派遣经营情况检查 AI 全程网办等 7 个全程网办事项，实现综窗改革，企业和群众办事的便捷度和满意度不断提升。2023 年，区人力资源和社会保障局获评全国人力资源社会保障系统先进集体。

坚持扩容提质，更高质量的就业更加充分。以构建就业服务、技能培训、创业帮扶三大体系为目标，制定和完善促进就业、创业带动就业和职业技能培训等多项区级政策，推出"宝山就业""创赢宝山"两大服务品牌，打造"宝就业"数字化服务平台。抓实区、街镇、社区和专家志愿团阶梯式四级就业服务队伍，城乡登记失业人数始终控制在市下达指标数内，确保就业困难人员 100% 按时安置，帮助引领成功创业年均超 600 人，离校未就业毕业生帮扶就业率保持 90% 以上，离校未就业大学生超额完成高级及以上职业技能培训下达指标。杨行镇、月浦镇、友谊路街道获评国家级充分就业社区，区就业促进中心获评全国人力资源社会保障系统 2017—2019 年度优质服务窗口、全国农民工工作先进集体、上海市助力脱贫攻坚先进集体。

坚持应保尽保，多层次社会保障体系更加完善。聚焦扩大社会保障覆盖面、提升社会保障养老待遇水平、维护工伤职工合法权益等方面，先后出台 16 个区级配套文件，城乡统筹发展的社会保障体系基本形成。城乡居民基本养老保险参保覆盖率达 99%，推进区级统筹管理征地养老人员 100% 参加居民医保，征地养老医疗费实现不见面报销。推行工伤事务网上经办，工伤保险预防、康复、补偿

"三位一体"工作机制进一步巩固和发展，工伤、劳动能力鉴定案件按期办结率为100%。

坚持监管服务"两手抓"，劳动关系更加和谐稳定。组建宝山区协调劳动关系三方委员会，成立宝山区促进和谐劳动关系协会，建立劳动关系智能监测预警信息系统。截至2022年年底，全区有"上海市和谐劳动关系达标企业"811家，数量位居全市前列；坚持"早介入""早协调""早处置"，成立宝山区根治拖欠农民工工资工作领导小组，制定《宝山区〈全国根治欠薪线索反映平台〉移送欠薪线索处置办法》《宝山区劳动维权协同处置工作办法》，全面加强劳资矛盾源头管控。实现街镇劳动争议调解组织全覆盖，完成基层预防调解体系构建，全面推进先行调解工作，并在全市首推劳动争议"一站式"服务模式。宝山工业园区获评"全国模范劳动关系和谐工业园区"称号；辖区内上海北裕分析仪器股份有限公司获评"全国和谐劳动关系创建示范企业"；区劳动人事争议仲裁院成功创建全国劳动人事争议效能建设示范单位，并成为全区唯一的市人大常委会基层立法联系点。

2023年3月10日，上海济光职业技术学院联合宝山区就业促进中心、杨行镇人民政府、上海阅和实业有限公司共同举办2023年第一场创业训练营活动

坚持全链条发力，人才工作服务中心大局的作用日益凸显。出台完善安居资助、专项激励、人才公寓等多项人才政策。建成宝山科创人才港，并投入使用，打造人才服务的综合体、人才资源的集散地、人才成长的练兵场。升级宝山区高层次

人才服务樱花卡 2.0 版，推出涵盖子女教育、医疗保健、家庭关爱等便捷服务。建立"人才宝"信息服务平台，从人才成长、企业发展等维度，为区内优秀人才及企业提供全方位、多元化服务。与复旦大学、交通大学等 24 所高校共同成立宝山高校人才工作联盟，通过开展校园招聘、搭建"千企百校行"活动平台、组建校园大使队伍等形式，推动高校人才资源与区域智力需求对接。深入实施海内外人才揽才工程，举办"招才进宝"直播带岗活动、云上招聘会等。创新提出"一镇一员"专业服务，开展创新创业优秀人才工作联络员和先进人才驿站工作评选、樱花讲堂等系列活动。

供稿单位：上海市宝山区人力资源和社会保障局

链接 61　搭建"宝就业"服务平台

2023 年 2 月，宝山区"宝就业"服务平台正式启用，为广大企业和求职者搭建免费、放心、好用的招聘平台。集成人岗资源，抓住供给侧和需求侧，坚持"政府＋市场"模式，通过市、区、街镇、社区四级网络，以及与重点人力资源机构合作等方式，最大限度归集求职人员和岗位信息。平台根据宝山区求职者或企业所在地分类标记，就近匹配街镇（居村）服务专员提供服务，更主动、更精准服务重点群体、重点企业，全面打通公共就业服务的"最后一公里"，实现就业服务全覆盖。整合区职能部门、街镇、园区和居

2023 年 2 月 14 日，上海市"春风行动""就业援助月"主题日活动暨"宝就业"服务平台正式启用仪式举行

村力量，长期宣传"宝就业"，求职人员随时通过微信、支付宝、随申办 App 扫码线上找工作，招聘企业随时通过"一网通办"平台上线自行发布岗位或委托政府部门代发。动态研判就业形势，在平台数据集成的基础上，联合专业人力资源机构，对全区以及各街镇企业和劳动者的相关就业信息按需开展动态分析研判，从而推动实现就业形势监测预警和就业政策措施完善两大功能。截至 2023 年 10 月，"宝就业"平台注册企业已超过 1500 家，注册个人近 2 万人，累计 1373 家企业发布了1.3 万多个招聘岗位，收到简历万余份。

供稿单位：上海市宝山区人力资源和社会保障局

链接 62　成功创建上海市创业型城区

2012 年 6 月，宝山区启动两轮上海市创业型城区创建工作，成为上海市首批创业型城区。2019 年，启动新一轮创业型城区创建工作。截至 2023 年 10 月，帮扶引领成功创业 4086 人。建成市区两级创业孵化示范基地 22 家，建成院校创业指导站 4 家，并全部认定为市级院校创业指导站（完成区内高校全覆盖），杨行镇、高境镇、庙行镇、罗泾镇创建特色创业型社区。宝山区创业创新服务全面升级，创业创新和营商环境进一步优化，为加快培育发展新动能、实现更高质量更充分就业和经济高质量发展提供坚实保障。

2020 年，杨行镇以成功创建特色创业型社区为新起点，突出"科创"和"巾帼创业"两大特色，打开了创业就业工

2020 年 8 月 18 日，"杨帆启行·巾帼智荟"杨行镇女性创业服务月启动仪式在阁和众创基地举行

作新局面。依托"杨行镇促进就业专项基金"，推动政策覆盖落地，成功创建闾和众创基地、吴淞生态科技园和北外环信息产业园等区、镇孵化基地，打造"心联新"众创空间。闾和众创基地是首家区级创业孵化基地，突出"立足园区、辐射周边、地区互联"的定位和"女性创赢驿站"的特色吸引"馨心屋白领驿站"、上海女性创新学校宝山分校和大批女性创业者入驻，成为女性创业者和青年创业者的摇篮。

供稿单位：上海市宝山区人力资源和社会保障局

链接 63　全面构建和谐稳定劳动关系

新时代以来，宝山区以全国劳动人事争议处理效能建设示范创建、全国乡镇（街道）劳动争议调解综合示范创建等工作为契机，坚持"预防为主、基层为主、调解为主"的工作方针，全面打造预防、调解、仲裁"三位一体"的劳动人事争议预防处置模式，切实推进争议"源头治理、多元化解、依法处置"，有序维护了全区劳动关系和谐稳定。一是建体系、强队伍，夯实调裁工作基础。建立"区—街镇（园区）—企业"三级预防调解体系。推进街镇（园区）调解组织实体化建设，实现场所设施标准化、工作流程规范化、人员队伍专业化，打造专兼结合的调解仲裁工作队伍。二是优流程、强质效，提升争议处置效能。全面推进调裁一体化建设，开启争议处置"一站式"服务模式。在全区13个街镇（园区）预防调解中心设仲裁工作站、建仲裁庭、培养兼职仲裁员，努力实现争议

群案调解现场

处置不出街镇。实行仲裁案件繁简分流，执行颜色预警、案件讨论、文书两级审批等制度，开展"啄木鸟"行动，提升案件处置质效。三是树品牌、强服务，构建和谐劳动关系。开展"和谐调解""公信仲裁"品牌服务，帮助企业依法用工，劳动者依法维权，源头防范风险矛盾。

供稿单位：上海市宝山区人力资源和社会保障局

链接 64　不断提升社会保障水平

新时代以来，宝山区以"应保尽保、依法经办、管理精细、服务精准、资金安全"为出发点和落脚点，着力兜底线、织密网、建机制，让人民群众老有所养、伤有所保。全面推进"一网通办"建设，创新征地养老医疗费"免申即享"报销模式及工伤认定企业网上申报平台建设，加快数字化便民服务进程。深入实施全民参保计划，圆满完成社保扶贫工作；积极引导城乡居民参保，覆盖率99.3%，城乡居民月基础养老金由2012年的370元提高至2023年的1400元，增幅278%。

2019年6月19日，区人社局会同区建管委、区卫健委、区应急管理局、区总工会、区社保中心宝山分中心、中冶医院（上海金惠康复医院）等单位，在宝山区临江商业商务中心项目现场和宝世威石油钢管制造有限公司集中开展"工伤保险走进扶贫车间"主题普法宣传活动

稳步推进征地保障工作，修订完善区级征地落实保障"1+7"文件，认真落实市级征地保障新政。2013年至2023年10月，完成征地落实保障项目291个、13195人，实现新被征地人员100%落实社会保障。根据市民生保障待遇调整工作安排，及时完成城乡居保、征地养老人员待遇调整和发放到位。征地养老月生活费从2012年的1000元增至2023年的2833元/2913

元（70 周岁以下 / 以上）。不断优化工伤事务管理服务水平，坚持依法行政，细化工伤认定案件分类管理和多级审核审批，在全市范围内率先实行工伤认定、劳动能力鉴定公示制度。风险防控机制逐步健全，通过加强内部管理、开展社保基金管控、经办风险自查互查、常态化警示教育等，建立"一个稽核制度 + 三道监管防线"的风控新机制，守护好人民群众每一分"养老钱"和"保命钱"。

供稿单位：上海市宝山区人力资源和社会保障局

链接 65　不断完善医疗保障服务体系

新时代以来，宝山区兜牢民生底线、强调普惠公平，医疗保障网更密实。落实多层次、全民覆盖的医疗保障体系，加强城乡居保和互助帮困计划参保登记。推进生育保险与基本医疗保险制度的合并实施。落实重大疫情医疗救治费用保障机制。开展百岁老人长护险特别关爱行动，促进长护险规范健康发展。落实职工基本医疗保险门诊共济保障机制。**提高保障质量、切实减轻负担，医疗保障更有力**。持续深化"三医联动"改革。推进药品及高值医用耗材集中采购，推动新版医保药品目录在本区落地实施，减轻群众就医负担。落实医保支付方式改革，推进总额预算管理下的按病种分值付费（DIP）工作，中医优势病种按疗效价值付费试点，协同推进按床日付费、按人头付费机制改革，提高医保基金使用效能。**提高服务质效、增加医保措施能级，医保经办更温暖**。擦亮"暖保宝"服务招牌，当好惠企利民"店小二"。实施高频率医保经办事项下沉，打

区医保局运用云服务、RFID 无感知设备、智能化算法、大数据分析等技术，建设"长护 e 安"三级智能监管平台

造"15分钟医保服务圈"。推动医保服务事项在线办理，优化"一网通办""一件事"便捷化服务，落实异地就医直接结算全覆盖，实现120院前急救医保实时结算。开发运用"长护e安"三级管理平台，加强长护险服务全过程监管。建设医疗救助"医保e助"平台，实现"免申即享"精准救助，探索建立"因病致贫返贫监测预警机制"。

供稿单位：上海市宝山区医疗保障局

第二节 优先发展教育事业

新时代以来，宝山区坚持教育服务经济社会发展大局，多措并举促进优质教育均衡化，加快推进教育现代化，谋求教育高质量发展，办好人民满意的教育。

均衡布点、普惠主导，高质量完成民心工程布局。宝山区发挥优质幼儿园辐射功能，按时高质完成"新增5个普惠性托育点"政府实事项目建设工作，快速实现公益托额的目标。完成公办园开设普惠性托班，增加普惠性托额，提升托幼一体园覆盖率。新建、改扩建幼儿园，确保普惠性学前教育资源。不断完善宝山区社区"宝宝屋"建设，先后在试点街镇开设社区托育点"宝宝屋"。为有需求的适龄幼儿家庭提供公益免费的科学育儿指导服务。

2023年8月，友谊路街道"社区宝宝屋"正式对外招生

教治相长、协同共生，高水平推进社区教育治理。宝山区打造"社区教育＋治理"特色品牌，在全市首创社区治理学院，以"教

治结合"模式提升基层治理体系和治理能力现代化建设。通过打造社区治理培训平台、社区教育和社区治理融合平台、基层治理实践平台和多元主体参与共治平台,不断巩固提高拓展居村干部服务群众能力,为提高市域社会治理水平聚能赋能。组织各方力量推动建立"三层四级"社区治理学院体系,以"区—街镇—居村"为领导架构,以"社区治理学院、社区治理主题分校、街镇社区党群服务中心、基层党群服务站点"为工作架构,推进社区教育和社区治理载体相融、一体推进。打造来源广泛、类型丰富的优质师资队伍,由高校学者、社会组织负责人、社区知名老书记等成立"专家智库",为社区治理创新实践提供学理支持和实践示范。

创新思路、资源整合,有序推进教育综改项目实施。宝山区有序推进学区化、集团化办学。调整优化学校布局,整体提升办学水平,制定了《宝山区推进紧密型学区和集团建设工作实施方案》,打造8个紧密型教育集团和10个紧密型学区。扎实推进"初中强校工程"建设,投入资金2亿余元,对月浦实验学校等10所实验校开展专题调研,优先支持实验校校园文化建设及校舍大修。10所实验校在学生发展、教师成长、校园文化等方面均有长足进步,教育教学状态明显改善,办学特色明显增强,整体办学质量明显提高,家长对学校的满意度明显提升。稳步推进新优质学校集群发展,提升区域学校教育质量和办学品质。目前,全区共有8所市新优质学校、40所区新优质学校。深入推进城乡携手共进项目,宝山区两轮共有乐之中学、罗店二中等5所学校入选市"郊区学校精准委托管理"项目,庙行实验、行知外国语等3所学校入选市"城乡学校互助成长"项目。各项目学校在学校制度建设、校园文化建设、师资队伍培养、课堂教学、课程开发等方面取得了显著进步。

积极探索、技术赋能、全方位助力教育数字化转型。宝山区共设立48所教学数字化转型市级试验校、42所区级试验校,建立了"三个助手"应用信息报送和发布制度。创新应用生态建设,优化提升教学效能。针对宝山教育规模大、校际和学科发展还不十分均衡的实际,在充分发挥"三个助手"的作用优势基础上,整合新技术,设计新场景,创造性地实施"智慧同侪"课堂,为常规教学流程再造、教师教研模式迭代、教师发展方式重塑、学生学习方式转变、优质资源共享辐射提供技术支撑，助力区域教育优质均衡发展。创新专业发展路径，助力助推教师转型。宝山区作为教育部人工智能助推教师队伍建设试点区，着力建设技术赋能教师精准评价的区域教师数字画像，通过大数据采集分析和建模，精准定位教师自身教学风格特点、课堂教学师生互动特征、班级学生思维发展状态等情况，构建数据驱动的教师生涯发展和教师队伍建设模型，助力教师"数字化转型"。

供稿单位：上海市宝山区教育局

链接 66　探索"学陶师陶"名片，建成"陶行知教育创新发展区"

宝山教育将"学陶师陶"作为精神底色和时代亮色，充分依托"五个百年""上海解放"等丰厚的红色资源，不断传承、发扬"学陶师陶"的历史根脉和文化传统，实现了陶行知教育理念在当前教育综合改革背景下的创新发展与创造性落地，形成了"五育融合"的区域教育生态，打造了诸如行知中学"生活教育"实践基地等一批在全市乃至全国范围内有影响力的"学陶师陶"品牌项目。在全市首推应届党员毕业生培养工程——青蓝工程，通过长达十多年的探索与实践，培养了一批批德业兼修的"学陶师陶"典范。专职培养覆盖学前至高中阶段的青年教学骨干"青陶工程"近 800 人次，主持或参加过各级研究课题 120 余项，在各类教育教学评比活动中获奖近 500 项。在"五育并举、融合建设"课程建设方面，以打造区域优质教育为目标，挂牌确立了 67 个劳动教育基地校、12 个劳动教育校外实践基地，打造劳动教育"第三空间"，创设"小学兴趣化，初中习惯化，高中专项化"的"行知行"劳动教育格局，全面提升学生素质。在区委、区政府的支持下，在社会各界的协同下，"重走行知路""行知读书会""家庭创客""宝山小先生"等一系列学陶品牌"陶"花怒放，争艳斗芳。

上海市陶行知纪念馆位于宝山区大场镇南部大华行知公园内。2016 年，宝山区打造"陶行知教育创新发展区"，实施纪念馆和大华行知公园"馆园一体"建设，重新布展后的展厅面积约 700 平方米，展线约 240 米，展示陶行知各时期的经历

供稿单位：上海市宝山区教育局

链接 67　促进教育事业优质均衡，创建"全国义务教育均衡发展区"

党的十八大以来，宝山教育积极创建"全国义务教育均衡发展区"，促进教育质量优质均衡。

整合完善优质教育资源。加大优质教育资源的供给，规范民办义务教育学校校名，清退公建配套校舍租赁，完善民办学校章程，做好民办学位购买。完成 10 所民办随迁子女小学纳公，落实 5 所学校的公办托管。

推进优质均衡项目实施。实施紧密型学区化集团化办学，创建了 8 个紧密型教育集团。打造新优质学校的集群式发展，共创建了 8 所市新优质学校、40 所区新优质校，形成了课程与教学、管理与文化、评价与改进等三方面类别的新优质集群。实施初中强校工程，遴选 17 所学校作为全市公办初中强校工程实验校。实施二轮城乡学校携手共进项目，不断加大乡村学校的帮扶力度。

探索数字赋能教育发展。推进"三个助手"（备课助手、教学助手以及作业辅导助手）开发应用，试点40所市"三个助手"、50所"未来宝"智能教学助手（区"三个助手"）实验校。

2020年12月15日，"重整行装再出发 开启强校新征程"——上海市百所公办初中强校工程宝山区中期评估活动在高境四中举行，宝山10所强校工程实验校集中展示强校工程成果

建设学科知识图谱，构建知识图谱和教学资源库。自主研发教师课堂观察分析循证平台，建立宝山区课堂质量分析循证的数据基础。探索实施"同侪教研"，通过信息技术全面辐射，扩大了教研活动参与度、辐射面。开发智适应"小题大做"平台，打造了服务于中考的智慧复习应用。

供稿单位：上海市宝山区教育局

链接 68 打造"乐学宝山"品牌，创建"全国社区教育示范区"

2014年，宝山区被教育部评为"第三批全国社区教育示范区"，启动"乐学宝山"教育协作联盟，将社会优质教育资源汇聚至终身教育和社区教育事业中。聚焦空间共存，让社区融入学校。通过社区学院拓展育人空间，建立与区域化党建专委会以及各街镇的横向联动机制，在学校开设非遗学习、社区义工等社区教育课程。整合社会资源、特色社团和校外实践基地，形成"15分钟社区学习圈"，构建"开门办教育"的区域生态。聚焦资源共享，183个学校党组织与175个村居结对共建，让学校服务社区，成为村居的新时代文明实践中心。探索学校文化场馆、停车场库与社区共享机制。聚焦人员共生，通过宝山"社区教育＋治理"体系，组织教师队伍进社区，招募社区达人进校园、学生参与社区实践、家长参与学校治理、师生做社区志愿者、居民做教育参与者、学生做动员宣传的"小先生"、社工做基层治理的"学习者",形成良性的"双向"输入机制。聚焦课程共育,开展社区治理专题培训,开发党建引领基层治理"六大计划"课程,打造职业培训系列课程,让治理能力专业化。

2022 年 7 月 15 日,宝山区社区学院、第二老年大学、社区治理学院成立揭牌暨社区治理培训班开班仪式举行

供稿单位:上海市宝山区教育局

链接 69 推广"家庭创客行动"经验,获评全国中小学劳动教育试验区

新时代以来,宝山区挖掘劳动教育的综合育人价值,对中小学、幼儿园劳动教育的课程体系、实践路径、师资队伍、空间资源等进行系统规划,构建"家校社政"同频共振的"行知行"劳动教育新格局。2021 年,宝山区被教育部认定为"全国中小学劳动教育实验区"。

2022 年起，宝山区政府牵头，家、校、社合作打造以罗泾镇洋桥村"行知行"劳动教育第三空间为代表的社会劳动实践基地，打造"行知行"劳动教育品牌

坚持教育与生产劳动相结合，融合传统文化视域，建构家庭、校园和社会劳动教育课程群，开发百门"行知行"劳动教育精品课程。统筹协调区域内的"老字号"、爱国主义教育基地、校外联志愿者服务站等，打造"出门三公里劳动教育体验圈"，设立了 148 个劳动实践点。借力乡村振兴计划，打造了以洋桥村"第三空间"为代表的社会劳动实践基地，创建了以学校为主导、家庭为基础、社会全方位支持的劳动教育支撑网络，初步形成了促进劳动教育深入推进的区域生态。

坚持教育与科技创新相结合。2015 年，首创"家庭创客行动"，将创客理念引入家庭和社区，引导宝山区青少年儿童创建"家庭创客工坊"达 1 万家，构建起"家、校、社"一体的科创教育新模式，被评为"上海市教育综合改革 2015 年典型案例"，并在全国各省市推广。

供稿单位：上海市宝山区教育局

第三节 全力推进卫生健康事业高质量发展

新时代以来，宝山区全面深化医药卫生体制改革，深入推进公立医院和社区卫生综合改革，加强医联体和分级诊疗制度建设，加快构建公共卫生体系，不断提升医疗服务能级；夯实医疗基础设施建设，推进智慧医疗信息化，优化就医流程，改善群众就医体验，不断满足人民群众医疗服务新需求。先后获得全国中医药特色示范区、国家级慢性病防控示范区、国家卫生区、全国健康促进区、国家级妇幼健康优质服务示范区、全国计划生育优质服务先进单位、全国精神卫生综合管理试点区、全国社会心理服务体系建设试点区、上海市卫生应急综合示范区等荣誉称号。

医疗服务能力更强。"5+3"区域医联体发展格局基本形成，建立分级诊疗制度，优质专家资源进一步下沉社区，提升基层医疗机构服务能力。上海中医药大学附属曙光医院托管中西医结合医院，复旦大学附属中山医院托管吴淞中心医院，仁济医院托管大场医院。一钢医院转型为上海市第二康复医院，全区6家综合性医疗机构等级评审均达到二级甲等及以上，并全部挂牌上海市区域性医疗中心；区中西医结合医院成功创建上海中医药大学附属医院。学科人才建设迈上新台阶，学科规模效应和品牌效应凸显，医学科学技术研究项目量质齐升，建成市级重点专科（含中医）12个，区医学特色专科61个；获得国家自然基金项目立项36个，省部级科研项目立项58个，市卫健委和区级科研项目立项719个。发表论文共9427篇，专利授权458个，实现成果转化项目3个。承担国家级继续教育项目93个，上海市级继续教育项目111个。实施学科人才联动发展，完善重点优势学科、紧缺专业引进人才的分级分类奖励政策，全区医务人员数量明显增长，2022年卫生技术人员较2012年增长123.9%，执业（助理）医师增长107.5%，注册护士增长141.8%。

居民就医看病更方便。落实公立医院改革。深化吴淞中心医院现代医院管理制度市级试点。严格设定各医疗机构费用控制目标，规范药品和耗材"阳光采购"制度，公立医院药品占比从 2012 年的 49.26% 下降到 2022 年的 37.46%。推进社区卫生综改，构建"1+1+1+N"家庭医生团队服务模式，开展"1+1+1"签约、延伸处方、慢病长处方、双向转诊等服务，全区建成家庭医生团队 465 个，实现区内居（村）委全覆盖。全区 18 家社区卫生服务中心均建成中医馆，并实现儿科诊疗服务全覆盖；基层卫生品牌建设实现"一院一品"。建成 20 个智慧健康驿站，实现街镇全覆盖。建设全民健康信息化服务体系，推动"互联网＋医疗健康"便民惠民服务，各级医疗机构开展远程医疗、互联网健康咨询、分时段预约就诊、诊间结算、移动支付、移动家医等线上服务。

卫生资源配置更均衡。根据宝山区空间发展导向，加快推进重大卫生基础项目建设，新建华山医院宝山院区、罗店镇第三社区卫生服务中心、菊泉新城社区卫生服务中心、罗店镇社区卫生服务中心美兰湖分中心等；迁建大场医院、区精神卫生中心；改扩建区中西医结合医院、吴淞中心医院、仁和医院、罗店医院、上海市第二康复医院及部分社区卫生服务中心，区域医疗卫生资源布局不断优化，医疗服务硬件设施不断改善，构建"15 分钟医疗卫生服务圈"。

2013 年 4 月 2 日，上海市宝山区中西医结合医院（上海中医药大学附属曙光医院宝山分院）在友谊路 1 号门举行三级甲等中西医结合医院揭牌、挂牌仪式

公共卫生体系更完善。全面推进实施五轮公共卫生三年行动计划，加快疾控体系现代化建设，完善人员、车辆和应急处置装备配置。主要健康指标不断优化，达到或接近发达国家水平，户籍人口期望寿命从 2012 年的 82.32 岁提升到 2022 年的 82.72 岁；常住人口婴儿死亡率从 2.69‰ 下降到 1.53‰；人均公卫服务经费标准从 60 元增加到 97.46 元。面对新冠疫情，不断优化疫情处置和医疗救治方案，稳步推进疫苗接种，大力筑牢群体免疫屏障；不断加强医务人员疫情防控技能培训，疫情应急处置能力、医疗救治能力和精准防控水平得到进一步提升。

供稿单位：中共上海市宝山区卫生健康工作委员会

链接 70　组建八大医联体

党的十八大以来，区卫健委根据区域医疗资源结构布局和群众健康需求，形成以 7 家市级医院优质资源为依托，区属公立医疗机构全覆盖的"5+3"区域医联体格局。

2020 年，吴淞医院加入复旦大学附属中山医院医联体，通过开展远程多学科会诊等方式引入中山医院优质医疗资源

畅通服务供给渠道。建立医联体内双向转诊通道，预留部分门诊号源分配给家庭医生，为转诊患者提供优先接诊、优先检查、优先住院服务，优化连续性医疗卫生服务供给，逐步实现全方位、全生命周期的健康服务。

畅通资源共享渠道。推动优质医疗资源梯度下沉，下沉开设各类专科专病门诊、名医工作室、特需门诊，开展教学查房、科普宣讲、义诊服务。针对复杂疾病诊疗逐步形成以疾病为中心的多学科诊疗模式。

畅通信息流动渠道。丰富远程医疗服务内涵，开展线上会诊、线上预约、远程培训，建立影像（放射）诊断中心、心电诊断中心、医学检验诊断中心三大区级远程诊断中心，实现检查检验结果互联互通互认，让医疗信息多跑路，让就诊群众少跑腿。

供稿单位：中共上海市宝山区卫生健康工作委员会

链接 71　做实家庭医生签约制度

2015年8月，出台《宝山区进一步推进社区卫生服务综合改革与发展的实施意见》《宝山区关于完善本区家庭医生制度的实施意见》，推进家庭医生签约服务，构建以家庭医生助理为前沿，家庭医生为核心，公卫医师为支撑，其他人员补充的"1+1+1+N"（1名家庭医生、1名社区护士、1名公卫医师，N包括心理、康复、药剂等其他人员）团队服务模式，充分发挥助理在健康管理中的支持性作用。

经过多年的努力与实践探

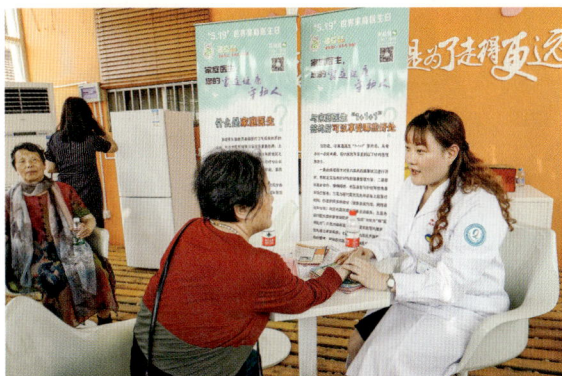

2018年5月16日下午，顾村镇菊泉新城社区卫生服务中心开展"世界家庭医生日"活动，家庭医生为居民介绍"1+1+1"签约服务

索，家庭医生服务覆盖面逐渐扩大，宝山区 18 家社区卫生服务中心儿科诊疗服务全覆盖，辖区儿童在家门口就能解决常见病、多发病的诊疗；20 个智慧健康驿站完成建设运行，更多居民拥有了在家门口就近获得针对性健康服务的可及渠道；每年 6000 张家庭病床，超过 2 万人次获得居家诊疗服务；午间与双休日门诊全覆盖，让广大居民获得服务更便捷；建设社区康复示范中心，成为居民家门口获得康复服务的平台；建设区域影像、检验、心电诊断中心，使居民在社区卫生服务中心就诊就能享受区属公立医院的优质医技服务。截至 2022 年 1 月，宝山区常住居民"1+1+1"签约 78.08 万人，签约率 34.93%；重点人群签约 40.13 万人，签约率 78.18%。

供稿单位：中共上海市宝山区卫生健康工作委员会

链接 72　筑就公共卫生防护体系

宝山区不断健全公共卫生体系，巩固联防联控机制，强化疫情防控能力，提高公卫服务水平。**一是主要健康指标不断优化，达到或接近发达国家水平。**2022年，户籍人口期望寿命达 82.72 岁；户籍人口孕产妇死亡率 0/10 万，常住人口婴儿死亡率 1.53‰；甲乙类传染病报告发病率 197.12/10 万。**二是公共卫生服务水平不断提升。**人均公卫服务经费标准从 2012 年 60 元大幅增加到 97.46 元。继续保持艾滋病低流行水平，严重精神障碍患者规范管理率达 99.35%。管理糖尿病患者 5.32 万人；高血压患者

2019 年 6 月，吴淞街道社区卫生服务中心医务人员为辖区学生开展疫苗接种

16.57 万人。为在校学生进行视力及屈光度检查，完成屈光发育建档 13.55 万份。**三是监测预警体系进一步强化**。医疗机构发热门诊诊室合计达 19 间，隔离留观床位 165 张。**四是公共卫生体系建设持续完善**。区疾病预防控制中心实验室检测能力提升，检测参数达 702 项。按照最小作战单元配置应急单兵装备。迁建区精神卫生中心，从现有核定床位 280 张增加到 700 张。建成应急心理援助和危机干预网络，24 小时值守心理热线（962525）。**五是医疗救治体系进一步完备**。二级以上医院 11 家，社区卫生服务中心 18 家，社区卫生服务站 123 个。推进院前急救转运体系建设，120 网络布点达 13 个。配置 71 辆救护转运车辆，急救人员 232 人，院前急救平均反应时间控制在 12 分钟以内。

供稿单位：中共上海市宝山区卫生健康工作委员会

第四节 着力保障和改善民生

新时代以来，宝山区抓好品质民生、底线民生、幸福民生，不断增进民生福祉。

聚焦"品质民生"，助推老有所养。 打造具有宝山特色的养老服务发展格局，逐步实现由"养老"向"享老"的跨越。以政策完善服务保障机制，落实纯老、独居、高龄老人加装"银龄居家宝"、赠饮牛奶、关爱百岁老人等惠老政策。推进养老设施建设，截至2022年年末，全区共建有养老机构72家，床位14203张，占户籍老年人口的3.5%；认知障碍照护床位954张，护理型床位8518张；近十年，累计新建改建20家养老机构。推进"15分钟社区养老服务生活圈"建设，让老年人就近享受"助行、助餐、助医、助娱、助浴、日间休息、精神慰藉"等助老服务。完善居家养老服务支撑，打造"智慧健康驿站"，推广紧急求助、一键呼救、智能报警等应用场景。深化老年助餐服务体系建设，形成"中央厨房＋专业配送""社区食堂＋委托运营""社会餐饮＋老年餐桌"等多种模式，供客能力达到65岁以上户籍老年人口的5%。形成社区互助养老新模式，推进日间托养、助餐服务、医养结合、养老顾问等基本服务功能，嵌入健康管理、精神慰藉、文娱活动等多元化服务项目，开展"老吾老""老伙伴"计划。

聚焦"底线民生"，坚持弱有所扶。 深化"9+1"社会救助体系，推动社会救助制度由分散的单项救助转变为综合救助。推进构建"临时救急难"应对机

区民政局开展"你身边的暖心使者——社区救助顾问打造计划"，培育区级专业社区救助顾问

制，由"被动救助"转向"主动救助"。打造多层次救助体系。充分运用居民经济状况核对机制，加强对最低生活保障、特困人员及低收入等对象的精准认定。2016年至今，开展救助帮扶569.7万人次，发放救助资金26.49亿元，救助生活无着流浪乞讨人员2195人次，帮助158名受助人员寻亲返乡。提升多渠道救助水平，建立健全以社区救助顾问为基础的主动发现机制，推动"人找政策"向"政策找人"转变。开展"你身边的暖心使者——社区救助顾问打造计划"社区公益服务项目，培育一支"五星救助顾问"队伍，实现应助尽助。推进"心灵桥梁"未成年人心理健康关爱项目、精神障碍社区试点、未成年人保护工作站"一街镇一品牌"建设，引导企业、社会组织等力量参与救助帮扶，形成共同关爱弱势群体的强大合力。

聚焦"幸福民生"，坚持爱有奉献。推进公益慈善事业，举办公益伙伴月活动，凝聚各类公益服务资源，成立公益慈善类社区社会组织57家。2013年至今，全区累计销售福利彩票约29.8亿元，筹集福彩公益金约1.5亿元。其中，5998.57万元用于支持辖区养老设施建设，4914.23万元用于开展社区公益服务及综合帮扶项目，5000万元用于资助市老年基金会宝山代表处、市慈善基金会宝山代表处、市拥军优属基金会宝山分会。至2022年年末，建成慈善超市12家，实现街镇全覆盖，建成福彩爱心驿站10家。树立社区志愿服务品牌，至2022年年末，创建"公益基地"922家、社区志愿服务队864个，发展服务队员1.1万余名，累计公益服务时长212万余小时。形成具有辐射效益的"活力楼组""宝山社区达人"等品牌项目，庙行中环国际等46家居村公益基地获得市民政部门公益金扶持。宝山区普莱德青年应急救援服务中心"绿色安全楼道项目"获评2021年度上海"公益之申"年度十佳公益项目，上海馨享社区公益服务中心的"超能妈妈"社区女性成长萃取项目获得第二届上海社会建设和基层社会治理"入围展示项目"，"社区新力量——小通通特派员训练营"项目被评为2022年度宝山区优秀志愿服务项目。推动社会工作服务站建设，至2022年年末，建成综合社工站12个、专项社工站27个（其中禁毒社工站13个、未保社工站12个、出入境社工站2个），拥有社区工作者3986人。政校合作共建"社会工作创新实践基地"，12名上大教师作为宝山区社会工作导师与12个街镇结对；政企携手参与社区服务，成立"幸福吴淞"社区公益专项基金。

供稿单位：上海市宝山区民政局

链接 73 　聚焦打造"实干张庙"

张庙街道坚持贯彻为民惠民便民要求，将经济社会发展的"小齿轮"挂上"科创宝山"的"大齿轮"，聚焦打造"实干张庙"，通过六治六强[1]转作风、六访六促[2]聚民心、六攻六解[3]抓落实，不断增进民生福祉，全力以赴建设新时代人民满意社区，先后荣获中国人居环境奖（范例奖）、国际安全社区、上海市首批法治示范街镇等荣誉称号。

提升城市更新速度。聚焦旧住房成套改造工作，围绕泗塘一村、长江西路沿线涉及 92 幢居民楼、4900 余户居民、19.8 万平方米面积的旧改目标，细化责任分工、任务节点、宣传手势，整合各方资源，排摸居民需求，优化激励机制，全力以赴加快推进签约工作，坚决完成目标任务。完成 34 个"无违村居"创建单元违法建筑整治，拆除违法建筑 17875.35 平方米，获评上海市首批"无违建先进街镇"。加大规模化加梯力度，推动通河六村等居民区实现加梯全覆盖，形成可复制、可推广的"张庙"加梯经验。

健全养老服务体系。启用智慧养老管理系统试点，打造"15 分钟为老服务圈"，实现为老服务效能再提升。通过打造共江路和呼兰路一南一北两个为老服务分中心，推进居民区"嵌入式"小微型助餐点建设，使老年人可以近距离享受一系列为老服务。街道通河一村居民区获评全国示范性老年友好型社区。

增强基层治理效能。推动十大网格"实干区"责任落实，建立领导班子和中层干部实干区联系包保制度，走好走实群众路线。加强社区工作者岗位培训，挖掘培养一批"贤人、达人、能人"等社区治理志愿者人才，推进社区赋权增能。推动

---

[1] 六治六强：治推诿强担当、治拖拉强效能、治怠慢强速度、治平庸强作为、治懒惰强勤勉、治涣散强纪律。

[2] 六访六促：访企业促发展、访小区促治理、访行业促共建、访党员促带头、访群众促和谐、访贤能促提升。

[3] 六攻六解：攻短板解瓶颈、攻转型解困境、攻为老解民忧、攻治理解四治、攻隐患解风险、攻顽症解难题。

城运中心、综治中心并轨运行，做实城市网格化管理和人口、房屋、法人"三个实有"管理体系。高标准、高质量完成居民区分类投放点的升级改造，逐步引导居民养成分类投放生活垃圾的习惯。

守牢城市安全底线。全面推进平安智联网和雪亮工程建设，打造呼玛二村、通河四村等市级"智慧社区"试点小区。持续保持扫黑除恶高压严打态

2023年，张庙街道加快推进旧住房成套改造工作，将旧改工作纳入党建引领基层治理重点任务，推动党群中心与区社区学院（张庙校区）有机融合，打造完成"张庙旧改共享客厅"

势，两抢类及偷盗类110接警总数均逐年下降。持续夯实打牢法治建设根基，将虎林园升级打造成为一号湾民法典主题公园，赋予一号湾高质量发展的法治底色，被多家媒体报道，街道获得上海市首批法治示范街镇、上海市十佳新时代司法所等荣誉。

供稿单位：中共上海市宝山区张庙街道工作委员会

链接 74　构建社会养老服务体系

近年来，宝山区注重以老年人个性化需求为导向，围绕"9073"（90%居家养老、7%社区养老、3%机构养老）养老格局，完善以居家养老为基础、社区养老为依托、机构养老为补充、医养康养相结合的养老服务体系。拓展居家养老服务覆盖人群，家庭养老和社区养老衔接融合。依托"老伙伴"计划、"银龄居家宝"（银龄e生活）平台，提供助餐、助浴、助洁以及日间陪护等服务，试点推行家庭照护床位。至2022年年末，全区享受居家养老服务的老年人已超过13.26万人，老年人助

2023 年 4 月 14 日，宝山区民政局养老服务志愿者服务队进社区开展老年人志愿服务

餐服务供客能力已达到每天 1.5 万客。优化社区养老服务实施布局，推进居家环境适老化改造，完成适老化改造 828 户。在吴淞、月浦、顾村等老龄化程度较高的街镇，灵活设置长者食堂、家门口养老服务站点等"微空间"，打造"15 分钟社区养老服务生活圈"。截至 2022 年年末，建成社区综合为老服务中心 31 家、长者照护之家 19 家、老年助餐服务场所 170 个（其中长者食堂 15 个）、老年人日间照护机构 73 家、标准化老年活动室 560 个。促进医养康养融合发展，至 2022 年年末，全区共有 28 家养老机构内设有医疗机构。推动社区养老服务设施与医疗卫生设施同址或临近整合设置，全区养老机构、社区托养机构与医疗机构服务签约率达到 100%。

供稿单位：上海市宝山区民政局

链接 75　创建全国阳光家园示范区

多年来，宝山区残疾人托养服务水平走在全市前列，2013 年成功创建"全国阳光家园示范区"。残疾人日间照料机构实现街镇全覆盖，形成具有宝山特色的阳光之家、阳光基地、阳光心园"三阳合一"ISO9001 管理服务模式，实施融合康复劳动、技能培训、文化体育三大功能的"2+X"标准化课程。2021 年 7 月，创建全市首家"五星级阳光之家"，推进"星级阳光之家"全覆盖。机构养护打破年龄瓶颈，为老养护机构提供的养护服务政策放宽至 60 岁以下重残无业人员，并通过"政府补贴一点、机构减免一点、家庭承担一点"的方式，减轻家属护理压力和经济负担。完善残疾人医疗救助的申请与审核机制，加强对养护机构的监管，确保补贴资金发放安全到位。探索居家养护市场化模式，择优选择专业护理机构，通过养护对象和志愿者双向评估，提供个性化服务。全区残疾人居家养护体系基本建立，志愿者服务队伍逐步稳定，服务对象满意度不断提高，党和政府对残疾人的关爱有效落实。

宝山区残疾人日间照料机构为残疾人提供养护服务

供稿单位：上海市宝山区残疾人联合会

链接 76 开展社会救助和慈善事业

党的十八大以来，宝山区坚持以满足人民群众基本生活保障需求、扩大慈善事业的影响力和感召力为出发点，以精准规范为着力点，不断推进社会救助及慈善事业高质量发展。精准规范实施社会救助，强化经济状况核对机制运用，定期对最低生活保障、特困人员供养等救助对象进行资格认定，实时更新信息数据库，确保"应保尽保、应退尽退"。充分发挥民政资金内控监管平台作用，通过"全流程的电子化闭环管理"，安全、精准发放最低生活保障、特殊救济对象、残疾人"两项补贴"等八大类资金。依法规范发展慈善事业，依托区内慈善超市、福利彩票销售网点等组织开展普法宣传活动，促进慈善事业健康发展。建立健全福利彩票销售场所分层分类管理机制，每年对全区福利彩票代销站点进行星级复评。截至2022年年末，全区共有227家代销站点，其中四星站点12家、五星站点10家，旗舰店7家。提高福利彩票销售管理规范化水平，加强日常巡查监管，定期开展培训及年检、考评工作。

2020 年 9 月 13 日，温暖这座城——宝山区公益伙伴月启动仪式在顾村镇文化中心举行

供稿单位：上海市宝山区民政局

第五节 精心保障住有所居

宝山区紧紧围绕党的二十大提出的"打造宜居、韧性、智慧城市"重大部署，深入践行"人民城市人民建、人民城市为人民"重要理念，紧紧抓住住房民生领域中人民群众最关心最直接最现实的利益问题，聚焦民心工程、民生实事，不断完善住房保障体系。

推进"两旧一村"改造，提升城市功能品质。宝山区推进民心工程和为民办实事项目，通过"两旧一村"改造，改善居住条件、提升城区品质、增强治理能力。**一是旧区改造。**宝山区主要旧里改造地块为吴淞西块和吴淞东块。吴淞西块改造进入收尾阶段，90号地块（安置地块）居民已回搬；有序推进91号地块（商品房地块）商品房建设。2023年，吴淞东块十四街坊二期旧改项目完成旧改项目的重新认定，完成居民征收方案，开展规划调整，同步优化周边配套，提升区域居住品质。**二是旧住房成套改造。**按照"统一规划，分步实施，成熟一幢，改造一幢"的原则，结合房屋状况、小区实际情况和居民意愿，因地制宜实施旧住房成套改造。近年来，共完成28.8万平方米不成套房屋的改造，受益居民约5200户。**三是"城中村"改造。**按照"动迁安置先行、市政公建紧跟、经营用地滚动开发"的原则稳步推进，第一轮6个"城中村"改造涉及动迁居农民的首套安置房已基本完成，共36个地块已累计出让28块，其中8块动迁安置房地块已全部出让并结构封顶。

规范房地产市场秩序，促进房地产市场平稳健康发展。宝山区深入贯彻落实国家关于房地产市场调控因城施策的工作要求，坚持"房住不炒"的定位，着力"稳地价、稳房价、稳预期"，构建完善房地产长效机制，促进宝山区房地产市场平稳健康发展。"十四五"期间，在土地市场有效供应的前提下，实现房地产开发投资总额1500亿—1600亿元；新开工商品住房建筑面积300万—350万平方米；实现销售面积 700 万—750 万平方米。

做好做实民生项目，提高居民居住质量。宝山区做好既有多层住宅加装电梯民心工程，在摸索和实践的过程中逐步形成了"一门受理、两项举措、三个平台"（开设一门式受理窗口；在区层面成立领导小组，在街镇层面成立工作小组，出台《宝山区既有多层住宅增设电梯实施意见》及相关指南；建立社区服务、专业技术和电梯选型三个平台）的宝山加梯模式，全面完成加装电梯可行性评估全覆盖及绘制"一张蓝图"。截至 2023 年 5 月，累计新增电梯 1350 台，累计完工 489 台，完工数量在全市处于前列。做好电动自行车充电设施建设民生实事。围绕"更安全、更有序、更干净"的指导要求，因地制宜建设集中充电棚、楼道口微型充电棚等，解决民生居住难题，消除安全隐患，提升小区运行安全水平和居住环境品质，进一步推进"美丽家园"建设，提高群众居住的幸福感和满意度。2017 年至 2023 年 6 月，共成功创建 410 个美丽家园示范小区。

杨行镇首轮旧改核心地块动迁安置房建成后

高水平改善住房民生，完善住房保障体系。加快发展人才安居租赁住房。"十四五"期间，通过增加优质房源供应，实现青年人才住有宜居的美好梦想，宝山计划新增人才安居租赁房源 14800 套。**做好住房保障申请供应工作。**"十四五"

期间，新增廉租租金配租家庭 943 户，累计对 2692 户家庭发放租金补贴，做到"应保尽保"。截至 2023 年 6 月底，共有廉租在保家庭 1988 户。**稳步提升物业服务水平**。至 2023 年 6 月底，全区共有住宅小区 861 个。宝山区推行使用《上海市前期物业服务合同示范文本（2023 版酬金制）》等四个示范文本[1]，严格实施《上海市物业服务企业和项目经理信用信息管理办法》，推进物业服务行业信用体系建设，构建守法履约的市场环境，促进行业健康有序发展。

供稿单位：上海市宝山区住房保障和房屋管理局

链接 77　动迁安置房和大型居住保障房基地建设

党的十八大以来，宝山区累计交付市属保障房 5.73 万套、393 万平方米，服务全市特别是北四区的旧区改造、老镇动迁及宝山北部区域的产业升级、创新发展。

罗店大型居住社区占地约 5.76 平方千米，规划建设各类住宅约 426 万平方米。2014 年，宝山区创新了建设、配套、运行"三位一体"的大居建设管理模式，实现"于一片农田中住宅部分当年规划、当年动迁、当年开工"的目标，保障首批市属保障房顺利交付，2018 年全部交付。至 2022 年年末，罗店大居全域市属保障房和区属动迁房开发量完成，仅余少量商品房和商业地块待出让，共 104 个市政公建配套已累计完成 72 个，在建 9 个，其余 23 个项目按计划有序推进。

顾村拓展区基地规划占地 8.3 平方千米，规划建设各类住宅约 422.6 万平方米，是宝山区紧邻中心城区可供综合开发的板块。2014 年起，组建地产北投公司作为城市更新平台进行开发，启动了大居建设的 4.0 版本，建设生态、健康、智慧、人文、乐活于一体的新顾城。至 2022 年年末，累计开发建设住宅体量 160 万

---

[1]《上海市前期物业服务合同示范文本（2023 版酬金制）》《上海市前期物业服务合同示范文本（2023 版包干制）》《上海市物业服务合同示范文本（2023 版酬金制）》《上海市物业服务合同示范文本（2023 版包干制）》。

平方米，其中市属保障房（7200 套、49.3 万平方米）、区属动迁房（2510 套、24 万平方米）和商品房（1351 套、11.74 万平方米）完成交付。累计完工 23 个市政公建配套项目，正在推进建设 9 个项目。

罗店大型居住社区（左）、顾村拓展区基地（右）

供稿单位：上海市宝山区住房保障和房屋管理局

链接 78 廉租公租房与共有产权保障房建设

宝山区认真践行"人民城市"发展理念，持续深化住房保障体系，不断扩大保障受益面，解决各类群体多层次的住房需求。

廉租住房保障工作实行租金配租和实物配租相结合、以租金配租为主的方式，对符合条件的申请家庭基本实现"应保尽保"。2012 年以来，宝山区新增租金配租家庭 3211 户，实物配租家庭 472 户，累计发放租金补贴 2.8 亿元。2023 年，廉租在保家庭 2360 户，其中租金配租家庭 1964 户、实物配租家庭 396 户。

2011 年起，完成十批次本市户籍家庭共有产权保障住房申请供应，解决区内 1.2 万余户中低收入且住房困难家庭的住房问题。2018 年，继续扩大政策覆盖面，向中低收入且工作稳定、预期未来收入稳定增长、有一定购房能力的非本市户籍家庭提供支持，已解决四批次共计 63 户非沪籍家庭的住房困难问题。

宝山区公共租赁住房项目分布图

宝山区公共租赁住房供应项目分布图

住房保障守初心　宝山公租担使命

通过建设、配建、收购和转化等方式已筹措公租房房源 9490 套，其中区属公租房房源 7124 套，单位租赁房 2366 套。7124 套区属公租房中 4555 套已达到供应标准，分配入住 4307 套，累计服务保障宝山区重点企事业单位各类人才 3800余人，为宝山打造科创中心主阵地提供保障。

供稿单位：上海市宝山区住房保障和房屋管理局

链接 79 "三全"工作让城中村改造跑出杨行加速度

为回应人民群众新期待，推进城市品质再提升，杨行镇启动新一轮"城中村"改造。在区委、区政府的规划筹谋与鼎力支持下，坚持领导包保全身投入，基础工作全力以赴，精准服务全心全意，切实把人民城市理念融入城市更新工作中。2022年8月正式启动动迁手续，仅用时一个半月，签约率达到99.7%。再次展现杨行镇城中村改造加速度。

领导包保全身投入，当好以上率下的"领头羊"。 为保障动迁工作有序推进，杨行镇组建由镇党政主要领导、分管副镇长组成的包保领导小组，立下"军令状"，下沉到一线，统筹协调各村动迁工作，科学制定"先难后易"策略，集中力量啃下"硬骨头"，确保各项工作高效平稳推进。各村"两委"班子一天24小时扑到动迁签约工作中去，村干部以身作则，带头签、领头搬，相关镇属公司等相继助力，上门积极做工作，形成滚雪球效应，签约一家再动员一家，最大化发挥邻里"推介员"作用。

2022年11月，杨行镇杨泰路东侧老集镇"城中村"动迁改造特殊困难家庭提前安置房分房到户

基础工作全力以赴，下好统筹推进的"先手棋"。 杨行镇在受疫情影响下，坚持把基础工作做扎实，坚决把时间抢回来。启动"三整治，一落实"专项行动，对镇域内安全和环境问题重拳治理，共整治点位83处，腾空房屋5469间，拆除违

法建筑 7.9 万平方米，清退各类人员 8200 余人，切实净化城中村环境，有效减少动迁工作阻力。邀请党建结对律师开讲座，现场答疑咨询，详细解读动迁中的纠纷矛盾。疫情解封后，第一时间组建 1 支百人专业队伍，走街串巷，敲门入户，用时 1 个月完成政策解读宣传、现场评估、校对审核等工作。创造性开展签约预约制，村"两委"提前筹备材料，与银行沟通同步办卡，实现一次性解决签约办卡全流程问题。

精准服务全心全意，按下提速增效的"快进键"。 坚持做好对困难群体的服务保障，暖心服务让群众吃下"定心丸"。针对 80 岁以上、有重大疾病或在外过渡期间生活困难的群体，额外给予每人每月 2000 元过渡补助，切实保障好群众过渡安置期间的生活质量。全面排摸高龄、重病等困难群体底数，制作在外过渡问题清单，形成"一村一台账"，梳理动迁房基地房源，协调出 322 套存量安置现房，优先供给弱势群体，保证困难群体一户一套，取得良好的社会效果。

供稿单位：上海市宝山区杨行镇人民政府

链接 80　既有多层住宅加装电梯民心工程

为解决老年人上下楼难题，宝山区推动全区加梯提速"规模化量产"。2012 年 8 月，试点启动密山路 30 弄 4 号加装电梯项目，2014 年 1 月竣工，是全市首批试点的 16 幢门栋中最终成功加装的两台之一。2017 年起，获社会媒体大量关注和宣传，加装电梯咨询大量增加。2019 年起，宝山进一步加大加装电梯工作的推进力度，通过边摸索边实践的方式，逐步形成了"一门受理、两项举措、三个平台"的宝山加梯模式。2020 年，全区电梯加装开工及完工实现街镇全覆盖，并完成加装电梯可行性评估全覆盖。至 2023 年 5 月，全区累计新增加装电梯 1350 台，累计完工 489 台。宝山加装电梯的先进做法获市级媒体多次宣传报道，并获 2020 年市房管局"老房装电梯　品质好'升'活"大型媒体行动"跨前一步奖"和"智慧创新奖"。

大场镇康华苑 27、28 号加装电梯完成

供稿单位：上海市宝山区住房保障和房屋管理局

第六节 真情助力脱贫攻坚

宝山积极响应中央和市委、市政府部署，始终把做好东西部扶贫协作和对口支援工作作为宝山应尽职责、应有之义。党的十八大以来，宝山区重点对口支援新疆叶城县、云南省维西傈僳族自治县及云南曲靖市的1市4县（宣威市、会泽县、富源县、师宗县、罗平县）等地区。2013年11月，习近平总书记在湖南考察时，首次提出"精准扶贫"的重要理念。宝山区坚持精准扶贫精准脱贫基本方略，以"中央要求、当地所需、宝山所能"为原则，不断完善帮扶机制、创新帮扶方式、拓展帮扶领域、加大帮扶力度，积极完善与对口帮扶地区结对帮扶关系，在基础建设、产业项目、医疗卫生、劳务协作、智力投入、结对帮扶等方面做好精准扶贫工作，真心实意付出、真金白银投入、真抓实干攻坚，全力以赴做好东西部扶贫协作和对口支援各项工作，助力对口帮扶地区如期脱贫。2020年年底，宝山对口支援的新疆叶城县、云南省迪庆藏族自治州维西傈僳族自治县及云南省曲靖市下辖的宣威市、会泽县、富源县、师宗县、罗平县全部脱贫摘帽。宝山区也先后获得"上海市合作交流与对口支援工作先进集体""全国东西扶贫协作先进单位""云南省脱贫攻坚先进集体"等荣誉称号。

2021年2月，全国脱贫攻坚总结表彰大会在北京人民大会堂举行，习近平总书记庄严

2020年9月9日，宝山—曲靖沪滇扶贫协作第五次高层联席会议在滇召开。9月10日，时任中共上海市宝山区委书记陈杰（左四）在云南曲靖走访慰问建档立卡贫困户

宣告，我国脱贫攻坚战取得了全面胜利。脱贫摘帽后，帮扶重心也从脱贫攻坚转向巩固脱贫成果、全面推进乡村振兴，范围更广，要求更高，任务更重。宝山持续巩固"两不愁三保障"成果，严格落实"四个不摘"（摘帽不摘责任、摘帽不摘帮扶、摘帽不摘政策、摘帽不摘监管），做到"三个转向"（把工作对象转向所有农民，把工作任务转向推进乡村"五大振兴"，把工作举措转向促进发展），在产业、消费、就业、易地扶贫搬迁后续帮扶、乡村建设、民族融合等方面持续发力，以更有力的举措，汇聚更强大的力量，推动对口帮扶地区全面推进乡村振兴不断取得新进展，让广大农民在农业农村现代化中越走越有奔头，早日实现共同富裕。

供稿单位：上海市宝山区人民政府办公室

链接 81　产业合作与源头造血

党的十八大以来，宝山区围绕加强产业对接、优化营商环境、创新发展模式等领域与受援地深化合作，打造扶贫产业项目，不断取得新成果。宝山区与对口帮扶的云南宣威市成功打造出全国最大的"高原龙虾小镇"。该项目用985万元沪滇扶贫协作资金，成功撬动1815万元社会资本投入，通过建立"沪滇扶贫协作＋街道三农公司＋村合作社＋龙头企业＋贫困户"工作机制，成功引入上海笙维水产养殖有限公司的资金、技术、管理和营销模式，实现了经济效益、社会效益、脱贫效益的"多赢"格局。2020年10月17日，该项目被"学习强国"和《解放日报》报道，"你帮我也帮　助力挂牌督战忙　社会力量助力云南省会泽县高质量脱贫"入选"2020年上海市精准扶贫十大典型案例"。截至2022年年底，宝山区在东西部协作与对口支援工作中，自筹资金实施"自选动作"项目近1500个，援助资金近3亿元，推动产业帮扶项目进一步在对口地区落地，建立完善联农带农利益联结机制，帮助当地农户更多分享产业增值收益，不断增强自我发展能力，持续稳定增加收入。

宝山区对口支援的曲靖宣威市板桥街道稻虾轮作种养示范基地，宣威市农民收获小龙虾

供稿单位：上海市宝山区人民政府办公室

链接 82　劳务协作和智力帮扶

宝山区建立完善劳务协作机制，设立对口地区劳务工作站，定期采集和发布辖区内劳务协作适需岗位信息，定向对接辖区内扶贫基地和劳务招聘企业。首推"远程面试"，把"互联网＋"与劳务协作相结合，实现劳务协作的精准化服务。专设"招聘管家"，定向采集岗位，有效提高人岗匹配度。完善"配套服务"，确保专人专岗服务，发挥服务功效，实现精准就业。多年来，宝山区为云南对口地区累计提供就业岗位 20 多万个，举办劳务协作培训班 400 余次，培训农村劳动力近 1.5 万人（其中贫困劳动力和脱贫劳动力 1.1 万余人），组织就业招聘 70 多次，帮助贫困人口就地就近就业 7 万余人、异地就业近 2 万人，其中来沪就业 2500 余人，超额完成上海市分配的劳务协作任务。

2019年，曲靖市2019年农村劳动力转移就业"百日行动"沪滇劳务协作招聘会在罗平县、师宗县、富源县、宣威市、会泽县等地举办

同时，宝山区注重增强当地自我造血功能和自我发展能力，扶贫先扶智。党的十八大以来，累计实施各类对口支援地区人力资源培训项目343批次，培训23938人。完成新疆喀什地区未就业高校毕业生来沪进行为期两年的培训任务，与上海大学合作组织培训教学。区教育局派出86名骨干教师开展培训，安排133名新疆学员分别进入16所中小学进行跟岗实习。以"民族团结"为核心，做好全员育人，开展"沪疆汉语角"，促进民族交往交流交融，为对口支援地区社会稳定、经济发展和脱贫攻坚提供了坚实的人才保障。

供稿单位：上海市宝山区人民政府办公室

链接 83　人才支援与结对帮困

宝山区致力于向对口帮扶地区派出优秀干部人才，助力当地发展。截至2022年，先后选派挂职干部166名、专技人才441名。2021年，云南省迪庆藏族自治州维西傈僳族自治县扶贫办副主任韦秀勇在全国脱贫攻坚总结表彰大会上，获全国脱贫攻坚先进个人。挂职期间，韦秀勇组织企业赴宝山参加每年10月17日举办的国家扶贫日农产品展销活动，取得 100 多万销售额的成绩，并参与"维西等你来""三江并流腹地、香格里拉之心"等旅游专场推介会，主动承担起了三江腹地的"宣传员"、扶贫产品的"代言人"。

挂职云南省迪庆藏族自治州维西傈僳族自治县扶贫办副主任的韦秀勇（左一），调研维西县乡村发展情况

宝山区各街镇、村居、企业、社会组织等对与援地结对帮扶，助力当地实现高质量脱贫，形成区与县、镇与县、镇与乡（镇）、村（企业）与村四级联动机制。2019 年以来，宝山区国资委下属国企每年选派 4 名骨干赴对口帮扶地区挂职，为对口帮扶地区提供农业养殖技术、产品生产设计，助力当地对接上海消费市场，为农产品提质增效。宝山区供销合作总社主动承担羊肚菌食材销售任务，打开上海本地市场销售渠道，获全国脱贫攻坚先进集体。

供稿单位：上海市宝山区人民政府办公室

链接 84 存史育人与生动展示

宝山区总结对口支援经验做法，记述对口支援工作历程，讲好脱贫攻坚故事。2019 年，宝山区史志办贯彻中国地方志指导小组《关于全国地方志系统支援西藏、新疆地方志工作的意见》文件精神，对口帮扶新疆叶城地方志工作，与叶城县史志

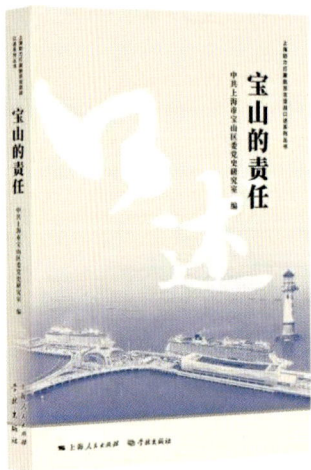

2020 年 10 月，"上海助力打赢脱贫攻坚战口述系列丛书"之一《宝山的责任》由上海人民出版社、学林出版社出版

档案局开展交流学习，从援疆经费中拿出 15 万元专项经费支持叶城县编纂年鉴，圆满完成当年度"一年一鉴"出版工作。2023 年 4 月 3 日，宝山区组织上海市宝山区史志办专家团到叶城县开展档案史志专题调研培训。至 2023 年，《叶城年鉴》已出版发行 12 部。2020 年 5 月，区史志办先后组织 2 支口述采访小组，分赴云南、新疆，挖掘征集云南、新疆对口支援地区第一手资料，深入采访援外干部代表、援外干部家属代表、受援地干部群众代表和社会扶贫力量代表，推出反映脱贫攻坚背后故事的专题报道和图书音像作品。2020 年 10 月，《宝山的责任（1979—2020）》由上海人民出版社、学林出版社公开出版，通过 31 位对口支援亲历者的口述，展现了宝山区对口支援工作。2020 年 7 月 29 日，《党史信息报》整版刊登"携手奋进　圆梦小康——对口支援"宝山篇。

供稿单位：中共上海市宝山区委党史研究室

第五章

坚持生态优先，稳步提升城市功能

第一节 注重规划引领，推动产业、城市、生态融合发展

党的十八大以来，宝山区全面落实上海市及宝山区新一轮总体规划明确的城市发展愿景，围绕宝山建设"上海科创中心主阵地、国际大都市主城区、绿色低碳转型样板区"的总体定位，充分发挥规划引领作用和自然资源保障作用，推动空间转型、产业转型和治理转型，满足人民对美好生活的向往。

描绘城市发展蓝图，做城市发展"引领者"。宝山区以"宝山2035总体规划"和"十三五""十四五"规划为顶层设计，结合发展需要，用心描绘城市发展蓝图并努力将蓝图付诸实现。十年来，宝山区充分对接城市核心功能，全面完成中心城单元规划、主城区单元规划和罗泾、罗店、月浦、顾村、杨行北部五镇国土空间总体规划，实现"2+5"镇级总体规划全覆盖，实现控规覆盖率达到85%以上，为"宝山2035总体规划"设想落地及城乡发展提供指引和重要支撑。宝山区高度重视重点板块城市规划设计，用国际视野推进南大智慧城、吴淞创新城国际方案征集，完成了南大智慧城城市设计征集、吴淞创新城外环以南9平方千米城市设计征集，加快点燃宝山新一轮城市发展的"引爆点"。宝山区高度重视重大项目规划研究，推进"高铁宝山站"站城一体规划研究和轨道交通15、18、19号线TOD地块转型开发规划研究，努力将综合性交通枢纽及轨道交通站点周边区域打造成为凸显宝山形象、符合主城区定位的城市天际线。

优化自然资源配置，做城市发展"保障者"。根据"北转型"发展需要，宝山区全面优化各类用地布局，科学配置有限的自然资源，重点提升轨道交通沿线的土地开发利用强度，挤压以"五老空间"为代表的低端业态，促进新旧动能转换、轻重形态转变，完善城市功能，提升城市品质。

宝山区注重自然资源统筹管理，合理编制土地准备、供应、城市更新、减量化、净增空间指标五大计划，并建立联动实施工作机制，实现国土资源精细化管理。宝山区进一步保障各类土地供给，并持续优化供应结构，重点向产业用地倾斜，加快吴淞创新城、南大智慧城成片开发，准确把握土地供应节奏，实现质的稳步提升和量的合理增长，保障城市科学有序发展和乡村振兴发展。同时，宝山区积极推动低效存量建设用地盘活，2014—2022年共完成减量化任务544公顷；坚持向存量要空间，鼓励通过自主转型或收储出让，淘汰低端产业和落后产能，提升功能业态，自2018年起，每年完成2000亩以上的存量用地盘活；积极推进国资国企转型，推动以宝武特钢首发项目为代表的转型地块加快建设，同济路沿线换发新的产业活力。半岛1919、申能煤气厂等转型方案基本稳定，并逐步启动实施。此外，宝山区同步加强国土空间用途管制，坚守18亿亩耕地红线，完成"三区三线"划定工作，锁定生态保护及耕地保护红线；深入开展"非农化、非粮化"专项整治行动，开展各类违法用地处置，严控增量发生，逐步消除存量，守住国土空间发展底线。

打造五宜城市空间，做人民城市的"实践者"。 宝山区按照聚焦《上海市城市更新条例》，推动城市有机更新，打造宜居、宜业、宜游、宜学、宜养的城市空间，回应人民群众对美好生活的向往。

吴淞创新城效果图

十年来，南大智慧城推动产城融合，深化与临港集团项目合作，以"不低于黄浦江两岸"标准推进板块开发，"科创之门""双子塔"等重要载体空间逐步建成；吴淞创新城加快产业更新，打造城市地标群，特钢先行启动区逐渐形成规模，上大美院完成土地收储等前期工作。1号湾区域巩固城市空间艺术季成果，提标提能，蕰藻浜两岸城市更新与融合发展取得明显成效。2019年9—11月，宝山区成功举办"上海市城市空间艺术季（宝山）展区"系列活动，并以此为基础，优化"15分钟社区生活圈"布局，完成全区"15分钟社区生活圈"行动蓝图编制，形成"区级行动蓝图"和"社区行动蓝图"成果，形成全区及各街镇系统行动方案，加快生活圈建设。宝山区大力推广社区规划师制度，搭建政府、居民、专业组织、社会机构共同参与平台，加强对社区闲置低效空间和老旧基础设施的更新改造，统筹利用街角街边开展整体空间设计，同步开展城市色彩规划研究，完善社区功能，提升社区魅力。

供稿单位：上海市宝山区规划和自然资源局

链接 85　新一轮宝山总体规划获市政府批复

2014年，宝山区正式启动新一轮总体规划暨土地利用总体规划编制工作，经过现状评估、战略研究、规划编制、规划公示及审议等工作阶段，2018年12月，上海市人民政府正式批复同意《上海市宝山区总体规划暨土地利用总体规划（2017—2035）》（沪府〔2018〕89号）。要求以功能提升、结构优化调整为核心，立足全域规划，加强城乡统筹，注重两规融合和多规合一，促进城乡发展一体化，加快推进宝山区建设。根据规划，至2035年规划建设用地规模不超过244.3平方千米，生态空间面积不少于86.8平方千米，森林覆盖率达到20%，人均公共绿地面积不低于15平方米；规划构建"主城区部分（中心城、主城片区）—新市镇—乡村"的城乡体系和形成吴淞市级副中心、9个地区中心和若干个社区中心的公共中心体系。

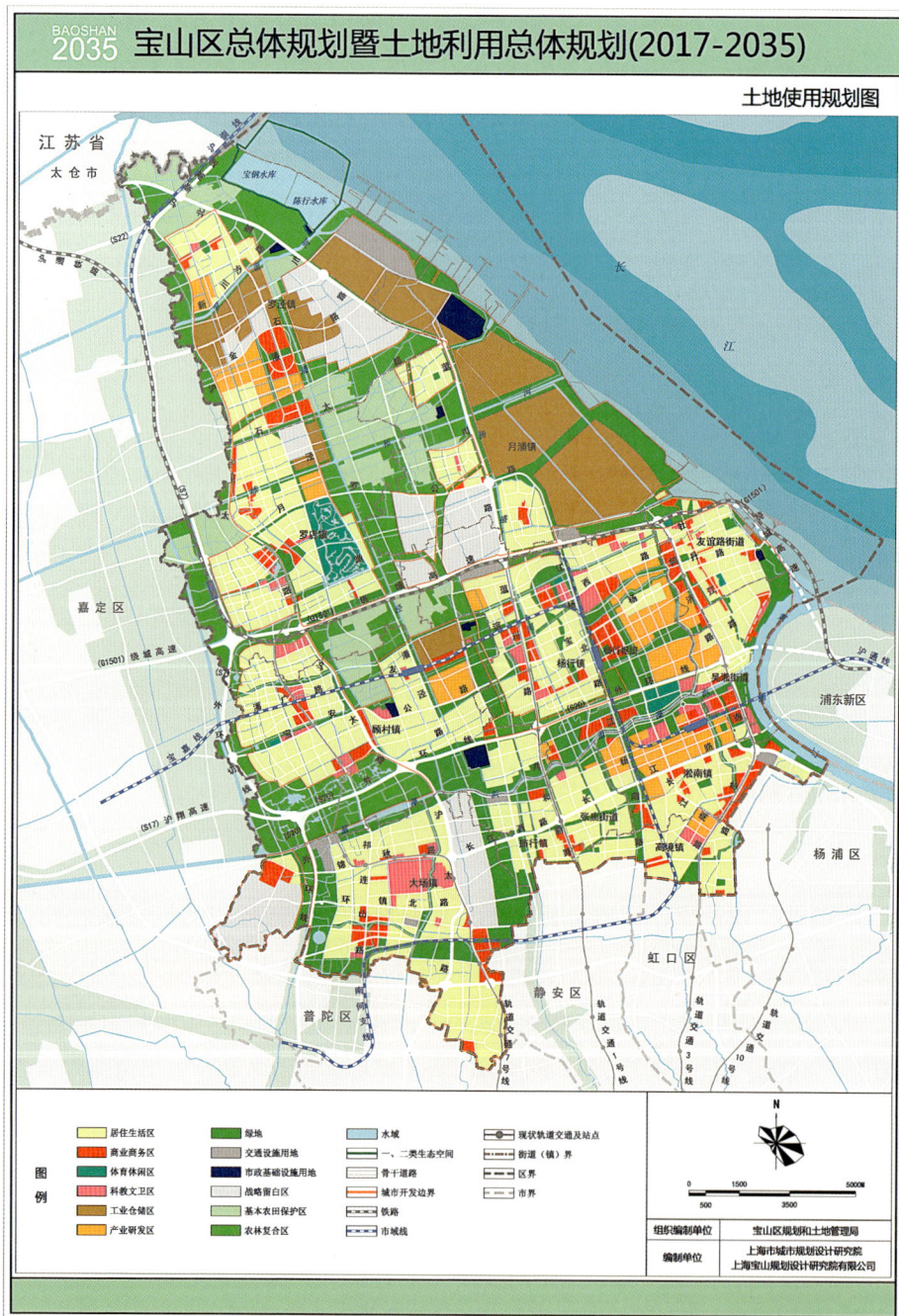

宝山区总体规划图（2017—2035 年）

随着新一轮总体规划的批复，五年来，宝山区正按照批准的总体规划，有序开展下层级规划编制、实施和管理，落实总体规划的目标和要求，从公共服务设施、公共交通、产业、生态环境等方面，明确发展目标，制定近期行动计划，从而实现创新创意创业相促进、生态生产生活相融合、宜居宜业宜游相协调的现代化滨江新城区发展愿景，打造令人向往的"幸福之城"。

供稿单位：上海市宝山区规划和自然资源局

链接 86　上海市宝山区（中心城部分）单元规划获市政府批复

继《上海市宝山区总体规划暨土地利用总体规划（2017—2035）》之后，2022年10月24日，《上海主城区（宝山部分）淞宝单元规划（含重点公共基础设施专项规划）》正式获批。2022年12月26日，《上海市宝山区（中心城部分）单元规划（含重点公共基础设施专项规划）》获市政府正式批复（沪府规划〔2022〕325号）。至此，宝山区涉及的上海主城区和中心城单元规划均获批复。

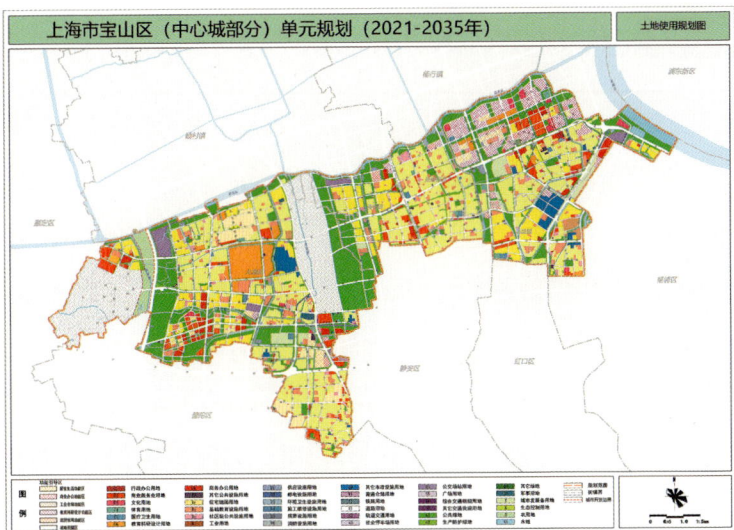

宝山区中心城单元规划（2021—2035年）批复图

宝山区（中心城部分）位于上海中心城北部、宝山区南部，北依蕴藻浜，东临黄浦江，西接嘉定区，南与杨浦、虹口、静安、普陀四区毗邻，规划总面积68.9平方千米。宝山境内从东往西涉及淞南镇、高境镇、张庙街道、庙行镇和大场镇，同时也涵盖了吴淞创新城（部分）、南大、环上大等重点板块区域。在全市规划布局中，宝山区（中心城部分）是重要的战略空间和企业承载地，特别是实体经济的承载区，在发展新经济、集聚创新资源、构建转型升级示范区等方面被寄予厚望。近年来，宝山区重点推进南大智慧城和吴淞不锈钢启动区的产业集聚，加快控详规划落地实施。积极推进环上大科技园建设，加快上海大学等高校科技成果转移转化和对接落地，培育完善产学研创新功能载体。宝山区将衔接全市"十四五"空间发展格局中"北转型"和"上海科创中心主阵地"发展任务，促进产业升级，强化综合功能提升。至2035年，将宝山区（中心城部分）建设成为上海中心城北部的智创滨水城区，分目标为建成上海科创中心主阵地的核心承载区、江河交汇的滨水魅力城区、品质活力的生态宜居片区。

供稿单位：上海市宝山区规划和自然资源局

链接 87 优化自然资源配置，提升城市功能品质

宝山区积极应对北转型发展需要，优化各类用地布局，对有限的自然资源要素进行合理配置，科学确定土地供给结构，强化自然资源计划管理，推进在地国资国企转型升级，同时提供更多符合人民生活需求的公共空间，不断完善城市功能，提升城市品质。

近年来，宝山区科学确定土地供给结构，形成三大类用地的合理比例。一方面，准确研判市场形势，有效把握涉住地块供应时序和供应规模，分批次推向市场，保障城市有序发展。另一方面，推进土地供应逐步向产业用地倾斜，提供更多产业发展载体，加快吴淞创新城、南大智慧城、北上海生物医药产业园等成片开

发，形成组团式、规模化的集成效应，推动重点区域快速发展。同时，宝山区在每年编制土地准备、土地供应、城市更新、减量化、净增空间指标等五大计划时，同步梳理形成三年滚动实施计划和计划实施联动工作机制，定期开展计划执行评估，提高计划执行的科学性，保障城乡发展。

宝山俯瞰

此外，宝山区挤压以"五老空间"为代表的低效用地，推动低效建设用地减量化和国资国企转型。一方面，大力开展低效建设用地减量化，清退低端业态，为城乡高质量发展腾挪更多发展空间。另一方面，有力推进在地国资国企转型，明确"四个一批"转型方案，加快半岛1919、吴淞煤气厂、庙行智力产业园、宝武特钢首发项目转型升级。通过存量低效用地转型，改善地区面貌，促进产业提质增效，提供更多服务人民生活的公共空间。

供稿单位：上海市宝山区规划和自然资源局

链接88　提供优质政务服务，助力重大产业项目落地

近年来，宝山区聚焦"北转型"和"一地两区"建设目标，按照重大项目"四个一批"（即开工一批、建设一批、竣工一批、储备一批）工作原则和"拿地即开工"工作要求，以时不我待的闯劲、只争朝夕的干劲，为市区重大产业项目提供优质政务服务，确保各项工程尽快落地。

重大产业项目是当前宝山稳增长、促发展的关键所在，在顺利完成美迪西北上海生物医药、无取向硅钢产品结构优化、上海发那科智能工厂三期、宝钢集团全流程智能制造示范项目四项市重大产业项目行政许可审批的基础上，宝山区主动跟进项目进度，做好批后管理，为后续项目验收夯实基础。同时，立足"早筹划、早部署、早安排"，主动对接推进区内重大产业项目，先后完成国盛产投一期、南大数智绿洲二期等项目行政许可审批工作。

南大智慧城效果图

百联宝山工业园区项目是宝山区2023年首批重大产业项目之一，项目方案由于企业实际生产需求，需建设大体量多层平台及坡道等建筑单体，较难划分消防防

火分区。为保障企业特殊生产需求并符合审批规范，宝山区针对项目难点，全方位、多路径研判分析，第一时间联系经验丰富、权威建筑专家进行专业咨询，同时协助企业对接多家设计单位、审图单位、测绘单位等提供技术支撑，主动与消防主管部门沟通研判，指导企业完善方案，为企业提供优质政务服务。

位于上海机器人产业园（顾村）的发那科项目在宝山已完成一、二期建设并投入使用，为宝山经济社会发展做出了突出贡献。发那科三期"超级智能工厂"项目作为市重大产业项目在建设过程中发现存在电力供应不足的问题。企业有所求，宝山有所应。为帮助项目早日竣工投产，宝山区主动对接市北电力公司，协助解决问题，优化营商环境，加速项目落地。

供稿单位：上海市宝山区规划和自然资源局

第二节　加快重大工程建设，助推区域功能提升

党的十八大以来，宝山区认真践行"人民城市"重要理念，推进重大工程建设，深化行政审批改革，打造一流营商环境，助力转型发展，融入长三角一体化战略布局，不断优化交通体系，守住安全生产底线，助力区域经济稳定、持续、高质量发展，助推宝山城市功能再提升。

攻坚克难，推进重大工程建设。十年来，宝山区共完成486个重大工程项目，其中市级117个、区级369个。优化路网交通，累计完成了月罗公路、宝安公路等188条道路建设工程，其中新增长江路隧道、S7一期和二期、G1503越江段、S6（外环—嘉定区界）等高快速路4条，新建杨南路、潘广路、陆翔路等区内骨干道路21条，完善顾村、罗店、南大等地区配套道路99条；轨道交通系统从十年前的3条增长为5条，路网系统从十年前的"二纵三横快速路网、五纵八横主干路网"逐步发展并形成了"三纵三横快速路网、七纵十三横主干路网和三隧七桥越江跨河通道"的路网形态，道路密度从每平方千米2.99千米提高到每平方千米3.54千米，居民出行体验感、幸福感、获得感不断提升。保障民生工程，完成民生保障项目工程137个，其中包括宝山再生能源利用中心等科学类项目11个，锦秋九年一贯制学校等教育类项目9个，区文化馆主体工程等文化类项目7个，一钢医院、罗店医院改扩建、区精神卫生中心等卫生类项目15个；完成中心城区5+1排水系统，推动新、老石洞口及西弥浦水闸等相继建成，"四机两炉"实现并网发电，泰和污水厂一期投入运行。十年来，宝山区重大工程建设稳步推进，为宝山的开放之城优化了路网交通，幸福之城加强了民生保障，生态之城建设补齐了短板。

G1503 上海绕城高速

创新整合，优化区域营商环境。宝山区坚持把行政审批制度改革作为优化营商环境的突破口和重要抓手，集中精力改革创新，打造宝山营商环境新高地。首提创新举措，自 2021 年审批改革以来，宝山区在全市首提"四证齐发""桩基先行""单体竣工验收""开工一件事"等多项创新行政审批机制，切实压缩行政审批时间，为企业争取更多政策支持。目前区域内共有 21 个项目实现"四证齐发"，28 个项目实现"桩基先行"，14 个项目成功"单体竣工验收"，在企业内，尤其是对生物医药产业起到了较好的推动促进作用；2023 年实施"开工一件事"主题套餐式集成审批服务，切实解决项目临水、临电接入困难的问题，已对 11 个项目开展试点。加强审批改革，2019 年 4 月，在全市率先成立区级社会投资项目审批审查中心，设置"单一窗口"，有效整合审批资源，加强协同联动，提高审批效率；2019 年 10 月，区建设事务受理中心正式启用，将所有审批职能集中，构建"一套班子管、一支笔签发、一天内办结"运作模式，实现窗口两级审批。

以人为本，推进民心工程建设。宝山区深刻把握"主阵地、主城区、样板区"发展定位，深入践行"人民城市"重要理念，致力于为群众带来更多的获得感、幸福感和安全感。优化公交线路，宝山区维持"以轨道交通为骨干主体，以常规公交为基础"的公交服务体系，结合北部地区和顾村、罗店大居建设，共新辟、优化调整公交线路 100 条，全区公交线路达 147 条，共有公交站点 1459 个，线网长度达 465.322 千米，公交线网密度从每平方千米 1.57 千米提高到每平方千米 1.73 千米。推进停车难综合治理，近年来共完成 104 个路段的道路停车场收费纳管，停车泊位共计 5016 个，其中设置夜间停车 29 个路段 1193 个泊位，缓解居住小区夜间停车难；积极开展创建停车资源共享利用项目工作，完成 54 个项目 2498 个泊位停车资源共享；全区公共充电桩由 2015 年年底的 105 个增长至 2023 年的 9479 个。保障燃气安全，全面完成老旧小区用户燃气内管改造，共计 14.43 万户，覆盖 10 个街镇、176 个小区；从居民安全的角度出发，在全市率先提出"加装燃气泄漏报警器"工程，为 1 万户老旧小区居民、7289 户餐饮单位完成加装服务，餐饮单位的安装率达到 100%。加强道路精细化管理，近年来共建成道路 81 条，顾村拓展区、罗店大居、南大等重点地区配套道路 54 条，推进道路排堵保畅，实施微循环项目 60 个，完成逸仙路等 6 个可变车道等工程；2018 年至 2022 年，共完成四好农村路建设项目 75 个，总计完成里程 226.27 千米；自 2018 年创建精品示范路以来，已创建 23 条精品示范路；对高架、轨交沿线等区域开展涂装，涂装面积近 163 万平方米；推进架空线入地和杆箱整治 12.98 千米，拔除电杆 960 余根，亮出美丽天际线。

牡丹江路架空线入地和合杆整治后实景

建管并举，强化行业社会治理。十年来，宝山区不断加强体制机制建设，通过建立《党政同责一岗双责齐抓共管安全生产责任制》等多项制度压实责任，共检查企业 22920 余次，完成 20700 余条隐患整治，确保宝山建设交通行业安全平稳运行。开展自建房安全整治，自 2022 年 6 月以来累计排查农村自建房 28755 栋并完成分级审核，起草发布了宝山地方技术标准文件《农村自建房安全管理规范》（DB31113/Z004-2022），自 2023 年 1 月 1 日起正式施行。深化数字化安全管理，积极推进智慧工地建设和"门神工程"双管齐下，截至 2023 年 5 月，宝山区 351 个在建项目已同步实现安装 2 路前端视频监控探头，对于现场人数在 300 人以上的 57 个建筑工地，共计 119 路视频监控已接入区城运平台，29706 名从业人员实现网上实名制管理；建成燃气报警器综合管理平台，逐步接入"一网统管"，截至 2023 年 6 月，已接入报警器厂家 13 家，接入用户 551 户；试用宝山区危险品运输车辆监控系统，对实际经营地在宝山辖区的 49 户危险运输企业实施动态监管，督促企业落实运输车辆监控责任。推进低碳转型建设，宝山南大地区开展绿色生态城区规划建设工作，健康建筑总面积达 200.47 万平方米，占新建建筑总面积比例为 51.49%，公共建筑全装修建筑面积共计 78.74 万平方米，新建公共建筑总面积达 247.30 万平方米，占新建公共建筑面积的比例为 31.84%，新建建筑在全生命周期内应用建筑信息模型技术，为建设工程提质增效，为节能环保创造条件，实现建筑业可持续发展。

供稿单位：上海市宝山区建设和管理委员会、上海市宝山区交通委员会

链接 89　重大工程建设

党的十八大以来，宝山区全面对照"北转型"和"主阵地、主城区、样板区"建设目标，加快推进重大工程项目落实落地。

科创之城交汇"国之重器"。宝山区完成长江西路隧道、宝安公路、杨南路、G1503 等骨干路网建设，推进富长路、滨江大道、锦秋路、祁连山路等区级道路

建设，推进沪通铁路（二期）和沪渝蓉高铁项目，打造北上海枢纽，同时明确将宝山站建设成为"四场合一、双层车场"的铁路枢纽新典范。

开放之城优化路网交通。宝山区推进月罗公路、康宁路、嘉盛公路等区区对接项目竣工，打通"最后一公里"，不断完善路网交通，S7二期、轨交18号线一期全面通车，二期车站已进场施工。陆翔路—祁连山路实现南北贯通，铁城路—共富路、泰联路、联谊路等道路相继完工。

长江路隧道

生态之城注重补齐短板。区内新、老石洞口、西弥浦水闸相继建成，宝山再生能源中心基本竣工，"四机两炉"实现并网发电，泰和污水厂一期投入运行，二期紧锣密鼓抓紧建设，正在进行第四层土方开挖。

幸福之城加强民生保障。近年来，区域内一钢医院、罗店医院改扩建完成，区精神卫生中心新址竣工，区文化馆完成主体工程和民防工程加固修缮，锦秋九年一贯制学校完成建设，大场医院主体结构已经封顶，2023年年底基本建成。

供稿单位：上海市宝山区建设和管理委员会、上海市宝山区交通委员会

链接 90　优化交通体系

宝山区紧紧围绕上海"北转型"空间新格局，聚焦宝山作为上海北门户的战略定位和目标愿景，注重交通功能提升、交通瓶颈突破、交通短板补齐，着力构建便捷高效、绿色安全、精细智能的区域综合交通体系。

完善道路交通网络。宝山区加快构建 S7、G1503、S16 等高快速路，畅通对外辐射大通道；规划建设陆翔路—祁连山路、宝钱公路等，完善区域交通骨干网络；推进排堵保畅工程，畅通城市交通毛细血管。至 2022 年年末，区内路网系统基本形成"三纵三横快速路网、七纵十三横主干路网和三隧七桥越江跨河通道"。

大力发展公共交通。宝山区不断完善大运量公交体系，区域内轨道交通运营线路共有 5 条，分别为轨道交通 1、3、7、15 号线及 18 号线（一期）。

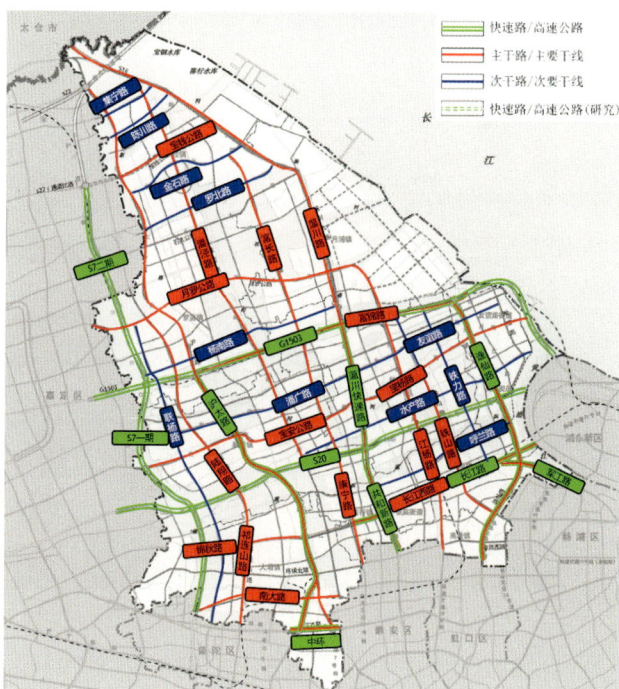

宝山区骨干路网规划图

在建轨交轨道交通 18 号线二期也已全面开工。规划 19 号线已进入前期筹备阶段。优化地面常规公交，每年新辟调整公交线路，新建更新公交候车亭，填补了顾村大居、环上大—南大地区、宝山工业园区等重点地区的公交空白，提升居民公交出行品质。

供稿单位：上海市宝山区建设和管理委员会、上海市宝山区交通委员会

链接91 打造北部枢纽门户

　　宝山站是沿江高铁的重要枢纽节点，是上海铁路枢纽规划的重要客站之一，也是上海市域北部片区唯一的大型枢纽。上海宝山站铁路车场为国内第一座高架和地下叠层车场，上层高架为沪渝蓉高铁车场，车场规模4台8线，地下为沪通铁路车场，车场规模4台10线。上海宝山站的建设将填补上海北部大型交通枢纽的空缺，搭建高效畅达的综合交通体系，支撑长三角交通一体化发展战略，助力宝山打造上海北枢纽门户。

宝山站站城融合开发效果图

　　2022年2月，宝山区委托中国铁路经济规划研究院开展宝山站站房暨站城融合核心区概念设计方案征集工作，2023年3月，经资格预审、方案设计、现场踏勘、专家评审等环节，确定中标单位。宝山站以"宝山芯链"为主题打造了充满科技风的建筑外形，形成"生态芯、科创芯、枢纽芯、人文芯"为主的四芯驱动，将打造成"四场合一、双层高铁"的铁路枢纽新典范。未来，宝山站将构筑成现代化、多层级、一体化的综合交通枢纽节点，将站前核心区打造为交通功能与城市各类业态功能高度复合的地区发展新地标。

供稿单位：上海市宝山区建设和管理委员会、上海市宝山区交通委员会

链接 92 拿地即开工，开工水电通

　　宝山区为进一步贯彻落实好"放管服"改革与持续优化营商环境的总体方针，精准施策、靶向发力，全面推进政策改革与创新。2023 年，推出"开工一件事""宝办好"微课堂等一系列创新举措，全生命周期服务重大产业项目，有效助力宝山区建设项目加速落地开工。

　　"开工一件事"点燃项目开工建设"加速器"。宝山依托区审批审查中心，实施"开工一件事"主题套餐式集成审批服务，同步定制多场景水电接入模式，把"施工许可证""临水、临电、临排""开设道口一件事""占掘路一件事"等审批事项整合成为新的"开工一件事"。已对 11 个项目开展试点，切实解决象屿地产、南大数智绿洲二期 B2 和 B3 组团 3 个项目临水、临电接入困难的问题。

2023 年 1 月 12 日，"开工一件事"工作小组在象屿地产罗店项目组织联合踏勘

"单体竣工、桩基先行"打造"北转型"重要引擎。近年来，宝山借助"桩基先行"创新政策，有效缩短项目施工周期 4 个月。通过发挥"单体竣工验收"政策优势，大大缩短整个建设和报批验收的周期，尤其受到生物医药类企业的欢迎。截至 2023 年，已有优卡迪等 28 家企业受惠于该政策。

"数字转型"打造建交行政审批"新列车"。宝山区持续深化智慧化审批服务改革，推动"互联网＋政务服务"迭代升级。开展高频事项"两个免于提交"推广应用，推动"区块链＋电子材料"的业务探索，加强"无人工自助办理"在高频事项中的技术支撑。"两个免于提交"业务场景逐步扩展到全部交通事项，道路货物运输证注销办事情形可做到"无人工自助办理"。

供稿单位：上海市宝山区建设和管理委员会、上海市宝山区交通委员会

第三节 打造高品质美丽市容，助力绿色低碳转型发展

　　党的十八大以来，宝山区生态空间建设工作按照上海改革开放排头兵和创新发展先行者的总体要求和市绿化市容局"国内领先、国际一流"的行业发展要求，围绕宝山区着力推进"两区一体化"建设和建成宜居、宜业、宜游相协调的现代化滨江新区总体目标，始终树立和践行绿水青山就是金山银山的理念，坚持把人民对美好生活的向往作为奋斗动力，为人民创造良好生产生活环境。

　　十年来，宝山区建成"一环、五园、六脉、多点"的绿地框架，实施"123"生态绿化和外环生态专项等重大项目，完成"五个一百"绿化建设，开展环城公园带建设，生态品质不断提升；推进美丽街区和灯光建设，环境面貌整体提升；强化垃圾分类和固废处置，治理体系基本形成。区内累计新建绿地 1166.11 公顷，绿色生态步道总长突破 186.65 千米，建成区绿地率达 39%，人均公园绿地面积达 11.6 平方米，新增顾村公园、上海吴淞炮台湾国家湿地公园等 4A 级旅游景区，建成市级美丽街区 3 个、区级美丽街区 25 个，涉及道路约 180 条（段），人居环境得到大幅提升。

　　2021 年，宝山区实施环境美化工程，聚焦城市主干道和关键节点，统筹实施全要素改造提升。编制印发《宝山区"环境美化"工程三年行动计划》，主动服务科创阵地，积极实行"全要素、做减法、一体化"的环境改造提升，深化落实城市环境精细化管理，提高全区环境洁净度、市容有序度、城市美观度和群众感受度。2021 年一期工程通过改造建筑立面、更新市政设施、提升生态环境、点缀景观灯光等措施，对逸仙路—同济路、共和新路—蕴川路、宝杨路 3 条道路和一号湾、吴淞大桥等 11 处重要节点进行全要素改造。市政交通专项，完成高架和轨道交通外立面涂装 73.15 万平方米，完成声屏障冲洗更换、地铁出入口广场提标、公交候车亭更新、人行道提标等工作；生态环境专项，完成绿化整治提升 35 公顷，在 9 个景观节点设置块面

大气简洁、品种丰富有层次的花境；建筑风貌专项，整修建构筑物外立面 150 余幢、粉刷围墙 1.9 万平方米、美化杆箱 5000 个、改造人行天桥 25 座；景观灯光专项，融入宝山文化、宝山标识、宝山特色等城市元素，聚焦公园、水系、桥梁、楼体等重点区域，实施逸仙路—同济路高架、宝杨路、黄浦江（宝山段）灯光（二期）、牡丹江路林荫道和宝林路林荫道等景观灯光建设改造工程，分别从"海、陆、空"三个角度，立体式、全方位打造城市夜景的"迎宾大道"和"城市会客厅"。

同济路宝杨路路口的景观灯光

2022 年，宝山区围绕环上大科技园地区、蕰藻浜沿岸等开展生态提升工程，开展道路桥梁和轨道交通品质提升工程（二期）项目，开展景观改造提升和市容精细管理。锁定"三纵一横 + 重点区域"提升框架，"三纵"即逸仙路同济路、共和新路蕰川路和沪太路三条南北向主要干道；"一横"指外环线；重点区域包括区政府周边区域、环上大科技园核心区、一号科创湾及桥下空间区域。其中，市政交通专项，完成高架和轨交立面涂装面积超 97.92 万平方米，涉及道路、桥梁共计 21 个节点。生态环境专项，项目建设路段总长度 48.1 千米，绿化提升总面积 64.83 公顷，新增绿道长度 8.45 千米，新增重要景观节点空间 7 个。通过改造建筑立面、更新市政设施、提升生态环境、点缀景观灯光等措施，使各类空间得到充分利用，在美化环境的同时，为居民提供休闲、锻炼好去处。

供稿单位：上海市宝山区绿化和市容管理局

链接 93　持续打响"樱花"品牌

上海樱花节是宝山每年春季的一项重大文化旅游活动，已发展成为区域标识性特色，在本市及长三角地区享有较高的知名度和影响力。自 2011 年首届上海樱花节举办以来，通过多年的品牌培育和文化积淀，赏樱游客年年攀升，2017 年上海樱花节单日最高游客量 18.3 万人次，创下上海公园游园单日最高客流记录；2018 年上海樱花节接待游客 166 万人次，总客流量再创历史新高。自 2011 年樱花节举办至 2023 年樱花节闭幕，上海樱花节共接待游客量 15020028 人次。

上海樱花节

顾村公园樱花种植面积达 1500 余亩，樱花品种 110 种，樱花数量 16000 余株，面积、品种、数量均为上海之最。公园的樱花景观已逐步形成了一步一景、步移景异的特色："迎宾大道"——"最美樱花大道"串联 10 大赏樱景点，同时，用精品特色樱花品种倾情打造曙光路、胭脂林、松月林、阳光林、飞寒隧道，搭配探樱、得春、阳春等樱花景石，用心诠释樱花之美。上海樱花节通过十余年的成功举办，不断做深做透大旅游文章，积极打造"樱花风物季"线上购物平台、"十年之恋"樱花广场、樱花 IP 形象征集大赛、樱花文化艺术展示馆特展、小樱广场等，带动樱花产业经济发展。

2023年，上海樱花节以"樱为你来，春漾宝山"为主题，活动内容分为发现樱花新玩法、品味樱花悦文化、做客樱花会客厅、畅享樱花趣生活、遇见樱花春体验五大板块，共21项系列活动。上海樱花节坚持以花为媒，以文促旅，以"公园＋""樱花＋""文化＋"，全面推进生态、科创、文化、旅游、体育、商业等深度融合，提升樱花节内涵品质，在城市公园转型升级中彰显品牌标杆，以高质量文旅服务供给，实现经济效益、社会效益、生态效益相统一，满足人民对美好生活的向往。

供稿单位：上海市宝山区绿化和市容管理局

链接 94　成功创建上海市生活垃圾分类示范区

2019年，为深入贯彻落实习近平总书记考察上海重要讲话精神，加快完善生活垃圾全程分类体系，提升生活垃圾分类工作实效，提高生活垃圾减量化、资源化、无害化水平，宝山区全面实施《上海市生活垃圾管理条例》，贯彻落实《上海市生活垃圾分类示范区、达标（示范）街镇》工作。

2019年11月，高境镇建成上海首条垃圾分类主题宣传街

　　宝山区建立"两级政府、三级管理、四级落实"的责任体系，区分减联办发挥指导协调、检查监督职能，落实定期会议、宣传培训、统计月报、监督检查、考核考评、简报通报制度；建立信息共享平台，"宝山分类时尚"微信群及时推送进展情况。同时，区内形成工作组加大监督力度，7个工作小组分片实地检查，及时反馈问题，督促改进提高；成立垃圾分类社会监督员队伍，聘请社会监督员对各街镇垃圾分类工作进行有效监督。累计申报创建达标居住区737个，完成率140.23%；绿色账户开卡67.4万户，完成率100%；建成两网融合回收点758个，完成率113%；建成两网融合分拣中转站12个，完成率100%。生活垃圾分类工作成效凸显，工作重心从完善分类设备配置、强化分类宣传动员向提升分类实效转移，从居住区为重点向单位、居住区全覆盖转移。区内大场镇、吴淞街道、友谊路街道、高境镇、罗店镇、庙行镇等街镇先后获评上海市生活垃圾分类达标（示范）街镇。2022年，宝山区成功创建上海市垃圾分类示范区。

供稿单位：上海市宝山区绿化和市容管理局

链接 95　完成"五个一百"生态绿化工程

　　十年来，宝山区积极挖掘绿化发展空间，重点推进公园绿地建设、绿道网络体系建设、外环生态专项建设、上港十四区绿化、重点片区城市更新和"城中村"绿化建设等重点任务，全面完成"五个一百"绿化建设目标，进一步优化了全区生态环境，炮台湾公园成功创建为国家级湿地公园。2020年，新建盘古公园、杨泰小游园、西北街区花园、月浦塘绿地等各类绿地517公顷，完成庙行公园、颐景园、阳泉公园、淞沪抗战公园等公园整体改造达60.46公顷，实施公共绿地改造及提升约61公顷。通过新建或改建提升，全区公园绿地总数达100座，街心花园总数达100个。全区人均公园绿地面积达到11.6平方米/人，建成区绿地率达39%。

改建绿地——海江绿地

　　宝山区积极推动市级和区级绿道建设，重点完成市级外环绿道宝山段和三条区级绿道郊野段、大居段、滨江段以及多条社区级绿道建设，截至2023年，累计建设绿道192.33千米，超过原计划100千米的目标，初步构建了成熟完善的市—区—社区三级绿道网络体系。

　　宝山区先后创建友谊路、永乐路、潘泾路、陆翔路4条市级绿化特色道路，创建友谊支路、青石路、水产路、宝林路、共江路5条市级林荫道。培育海江路、双城路、牡丹江路等117条区级林荫道，完成100条的既定指标，同时累计完成100株古树名木及后续资源的挖掘和保护工作，古树名木保护率100%。

　　根据上海市立体绿化发展的需求，结合区域实际情况，宝山区采用政府出资和社会自建等形式，开展立体绿化建设，截至2023年年底，共完成立体绿化建设27.63万平方米。

供稿单位：上海市宝山区绿化和市容管理局

链接 96　加快废旧物资循环利用体系建设

友谊路街道积极践行城区精细化管理和绿色环保理念，借助"碳中和"的东风，依托打造绿色低碳生态样板区工作，推动绿色低碳循环发展和城区环境品质再提升为目标，加快构建街道废旧物资循环利用体系，为全区唯一一家和商务部168家重点回收企业名单上的企业达成战略合作的街道。

利用多元参与，打破前端投收断联。根据上海市垃圾分类减联办提出两网融合须向居民提供"3千克以上上门有偿回收"服务的要求，主动对接入围商务部168家重点回收企业其中一家，改变"社区自主回收—联络企业转运"的传统模式，创新开展线上"帮尚忙"小程序预约、线下社区定时定点有偿回收双向联动模式，打造多元化多层次的精细化服务链。同时，牵头企业强化宣传引导，推广可回收服务进小区、进楼道，开展系列活动127场，培固480个家庭注册用户，实际交投千余人次，共回收近10吨可回收物，提升居民对垃圾分类、"帮尚忙"的知晓率，鼓励居民主动参与可回收物源头分类，拓展可回收物回收量。将垃圾分类和回收工作同步运作，变"两网"为"一网"。街道、社区、物业、企业四方协同运转"一增一减"，增加有偿回收和上门服务，促进居民、单位从源头上精细化分类，并推动实质性减少干垃圾产生量。整合"两网"基层人员，规范小区保洁员便民回收工作标准并开展相关培训，鼓励保洁员融入主体企业作为收运队伍的补充，实现前端收运人员有序规范回收。同时，发挥企业自身优势，结合社区实际开展"小包垃圾"攻坚战，联合小区

宝山九村 61 号两网融合服务点

"看家网"志愿者巡查和物业保洁员，劝导居民垃圾乱投放行为，帮助社区提升管理能力，力争分类实效的常态化。

施行多管齐下，打破中端清运断联。在每个社区内公示可回收物市场公允价值，开展不良回收业态整治，清理区域内无备案回收场场站，规范可回收物循环利用的环保要求。明确回收企业作为主体企业负责辖区"两网融合"，兜底区域所有的低附加值可回收物。街道相关监管部门持续开展定期检查和不定期抽查工作，及时发现问题，督促整改，实现全程监管。督促回收企业组建收运队伍，通过开展两网融合进社区、定时定点上门有偿回收系列活动，提供便民延伸服务，遏制劣质中间商生存发展空间，形成扎根社区、服务居民的服务点网络。在主体企业中转站设置二手物品交换展厅、在居民区开展跳蚤市场，引导居民共同参与可回收物品二次利用工作，不再将能二次利用的物品作为社会废弃物流转处置，实现生活垃圾减量化和居家零碳生活的最终目的。

供稿单位：上海市宝山区人民政府友谊路街道办事处

第四节 坚持生态文明思想，持续改善生态环境质量

党的十八大以来，宝山区坚决贯彻落实党中央决策部署和习近平总书记考察上海重要讲话精神，深入学习贯彻习近平生态文明思想，认真践行"绿水青山就是金山银山"和人民城市重要理念，坚定不移走生态优先、绿色发展之路，坚持以高水平保护推动高质量发展，全面提升城市生态环境品质。

生态环境质量实现历史性改善。2022年环境空气 AQI 优良率为87.4%，较监测元年的2014年上升了12.7个百分点；主要污染物 $PM_{2.5}$ 浓度逐年下降，2022年年均浓度为25微克/立方米，较2014年下降54.5%，同期 SO_2、NO_2、PM_{10} 年均浓度分别下降68.4%、45.3%和36.4%，蓝天白云成为新常态。河流水体溶解氧平均浓度由3.4毫克/升上升至6.3毫克/升，氨氮和总磷平均浓度则分别下降84.6%和74.5%；十年前全区常规监测断面水质劣V类占比超过九成，且无断面水质达到地表水III类标准，2022年优III类比例达84.7%，已实现消除劣V类目标，其中"3+15"国市控断面水质优III类比例达94.4%，水清岸绿景象回到群众身边。建设用地和农用地保持100%安全利用。群众满意度持续提升，连续4年保持在75%以上。

污染防治攻坚战持续深入推进。打好蓝天保卫战，一手抓挥发性有机物综合治理，持续实施夏季臭氧和秋冬季重污染天气攻坚，一手抓深化扬尘污染防控"片长制"，持续推进堆场和货运车治理，从源头减少重型货运车辆尾气排放，落实大气污染"车船油路"协同治理要求。打好碧水保卫战，入河排污口排查溯源整治走在全市前列，形成一批整治示范案例；水源地规范化建设和美丽乡村建设有机融合，"五村联动"走出乡村振兴新模式；污水厂扩容、排水系统完善、初雨调蓄池建设、清洁生态小流域建设，打出水环

境、水生态治理组合拳。打好净土保卫战，南大地区污染土壤异位集中修复的"修复工厂"模式日趋完善；土壤污染源头管控试点项目有序推进；服务全区中小企业的危险废物收集贮存转运平台成熟运行并拓展新功能；"无废城市"建设全面启动，依托固废各领域基础设施先后建成投用，"固废不出厂、固废不出区"逐步实现。

一望无际的城市钢厂

临江步道

绿色生态发展基础不断夯实。经过十年的环境综合整治，南大智慧城正在拔地而起，坚持地下空间、城市风貌、绿色生态、海绵城市、智慧城市统筹开发，在中心城区内建成一片蓝绿交织的公园城市。吴淞创新城将工业遗存和城市更新、低碳发展有机结合，一批工业老建筑和创新城建设融合发展。宝武（上海）碳中和产业园打造上海首个以绿色低碳创新及产业发展为核心特色的产业园区。深化减污降碳扩绿增长，落实"双碳"战略要求，推进低碳社区、低碳实践区建设；全面实施"林长制"，开展公园和林地建设，全区森林覆盖率达到16.57%，人均公园绿地面积达到11.68平方米；建成并投运宝山再生能源利用中心，实现生活垃圾处置"零填埋"。

现代环境治理体系日臻完善。"环保管家"制度在区镇两级推广应用；开展基层环保执法改革试点，区—街镇（园区）—村居三级环境管理体系不断夯实；持续推进"一点牵引、两级协同、三监联动、多方同频"[1]立体化执法监管机制，完善生态环境质量立体化监测体系。推出绿色教育路线，建成全市首个生态环境法治教育基地，入选第二批上海市社会主义法治文化品牌阵地。罗泾镇进入全国"绿水青山就是金山银山"实践创新基地储备名单。2022年，宝山区生态环境领域"真抓实干、成效明显"典型做法被生态环境部通报表扬。

供稿单位：上海市宝山区生态环境局、上海市宝山区水务局

链接 97 **"片长制"——宝山区先行先试治气新模式**

长期以来，扬尘问题一直是宝山生态环境领域的突出短板，主干河道沿线码头堆场星罗棋布，城市建设大刀阔斧，群众对扬尘问题怨声载道。为缓解这一突出问题，宝山在污染防治攻坚战期间形成扬尘污染防控"片长制"1.0版本，将全

---

[1] 中心工作牵引，市区两级协同，监管、监察、监测三监联动，街镇园区和其他执法部门同频协作。

沪渝蓉高铁宝山站建设工地扬尘在线监测

区"3+33"[1]个环境质量监测点位作为"重点控制片"，由区领导担任一级片长，各街镇园区领导担任二级片长，在此基础上形成问题发现解决、清单责任、污染防控推进、领导督办销号等机制，组织条块力量对扬尘问题加强巡查，理清道路、工地、码头、拌站等问题点位清单，开展联合执法及综合治理，在此基础上加强对于各街镇园区扬尘问题的考核问责。2019年，宝山对"片长制"进行升级，形成2.0版本，将扬尘控制片细分为美丽街区、美丽乡村、文明道路三种类型，定期开展通报，结合区委区政府中心工作促进常态化管理，将环境质量作为落实全国文明城区评价要求的重要依据，借势借力强化扬尘管控"党政同责、一岗双责"。2020年，宝山区针对全市开展道路扬尘移动监测的转变，继续优化"片长制"3.0版本，更新了片长名单，并将"3+33+50+X"[2]个扬尘控制片分解到全区169个城市运行网格，实现监测数据与网格点位的全覆盖，同时明确网格工作机制和网格巡查要求，指导网格巡查员现场核实、现场处置，重点对土方车、拆房工地、道路施工、街面裸土等微小点源加强监督，推进扬尘管控与网格管理"同考核"，促进群众身边的扬尘问题能够得到快速响应、及时处置和闭环管理，进一步落实扬尘治理精细化管控要求。

供稿单位：上海市宝山区生态环境局

---

[1] 3个大气自动站周边1千米，33个市考核道路扬尘点位周边0.5千米。

[2] 3个大气自动站周边，33个市考核道路扬尘点位周边，50个区级道路扬尘点位周边，X为车载移动监测情况。

链接 98 蕰藻浜（庙行段）滨水步道贯通助力打造北上海科创湾

近年来，随着"五违四必"整治、生态治理、河道治理，蕰藻浜的水更清了，岸更绿了，群众亲水而居的呼声日益高涨。2021 年，随着宝山"北转型"新篇章大幕开启，庙行镇对镇域内蕰藻浜进行重新审视定位，率先启动蕰藻浜沿线（共和新路至康宁路）滨江贯通及景观风貌提升工程。2021 年 3 月，进入建设施工阶段，通过短短 100 天左右的建设工期完成了集防汛、生态环境、生活休闲等多重功能于一体的滨水步道建设。2021 年 6 月 25 日，宝山蕰藻浜（庙行段）1.4 千米滨水步道正式贯通，这是庙行推进蕰藻浜"科创之河"建设的重要举措，也将助力蕰藻浜打造成为科技要素集聚、创新活力涌动的科创之河，成为北中环经济赋能带，成为上海生态建设、老工业区转型、城市更新的重要实践区。

贯通的蕰藻浜庙行段南岸沿线，用地面积约为 2.73 公顷，全长约 1440 米，宽度 10—33 米不等，涉及纺发智园公司、智力公园、龙盛活力小镇、栋霖科技园、野桥村等多个贯通点。庙行镇按照"民生＋发展"理念，以公共空间提升、绿地建设和区域功能更新为实施路径，拆除园区"围墙"，还水于民、还绿于民、还岸于民，打造科创企业、科创人群和市民群众工作与生活互融的"15 分钟生活圈"。

滨水空间转型重生，母亲河的温度触手可及。健身跑道与休闲漫步道串联起绿色空间与亲水平台，24 小时对外开放的公共空间，为市民提供了漫步河岸、运动健身、休闲娱乐的城市公共空间，带给大家"人民城市人民建，人民城市为人民"的城市温度。根据岸线周边用地特征和场地历史，景观贯通岸线分为"智慧""活力"两个主题段。"智慧"段水岸南侧为智力产业园与智力公园，打造满足户外交流办公的创客花园和融休闲、表演于一体的智力花园。"活力"段水岸南侧为龙盛活力小镇与栋霖科技园，打造具有家庭参与性的公共活动水岸空间。

在智力产业园北入口贯通点，结合科创宝山战略部署，放置有"科创之波"

休闲座椅，充满了浓浓的科创氛围。在龙盛活力小镇贯通点，保留了原来码头遗址留下的吊机和水泥墩，改造为景观桥、瞭望台等功能性设施，通过工业遗存留住城市发展的时代记忆。

蕰藻浜（庙行段）滨水步道俯瞰图

供稿单位：中共上海市宝山区庙行镇委员会

链接 99 　创建"修复基地"模式，助力科创中心主阵地建设

南大地区是上海市五大重点转型区域之一，曾经危化企业众多，污染土壤修复任务繁重。宝山区以探索污染场地管理制度、制定调查评估与治理修复标准规范、试验研究和产出治理修复技术及配套装备为目的，在南大地区率先开展污染土壤修复区域性试点示范。

宝山南大土壤集中修复基地

创立异地集中土壤修复基地，减少二次污染。南大污染土壤采用异地异位集中修复模式，修复基地建设有封闭式修复大棚、防渗堆场、检测实验用房以及配套的废水、废气处理构筑物。根据土壤污染特点、生态环境整治及地块开发利用的需求，修复基地配备污染土壤淋洗、高级氧化以及污染土壤破碎、筛分、混合搅拌等一系列专业技术装备，用于重金属污染土壤、有机污染土壤及复合型污染土壤的异地集中修复，年处理能力可达 24 万立方米污染土壤。通过设施配置标准化、修复设备标准化、人员操作标准化、管理流程标准化，修复基地做到工厂化标准流水作业，有效控制修复质量和管控二次污染。

创建智慧化管理平台，提高施工管理水平。结合环境工程施工管理特点，研发污染土壤及地下水修复施工"智慧化管理平台"，包含"HSE 环境信息监测""设备药剂投放监控""个人防护 AI 智能识别""土壤外运监控"等多个模块，结合"3D+GIS+BIM"方式，动态监控土壤和地下水修复信息，最终实现智慧化管理平台自动化数据分析、信息化协同共享，全力提高施工管理水平。

供稿单位：上海市宝山区生态环境局

第五节　推进乡村振兴，加快城乡融合发展

党的十八大以来，全国乡村从新农村建设进入全面推进乡村振兴的高质量发展新阶段。宝山区深入贯彻总书记关于"三农"工作的重要论述和市委对"三农"工作的新定位、新要求，以"花果宝山、科创乐园"为主题，聚焦绿色田园、美丽家园、幸福乐园建设，推进乡村振兴战略在宝山全面落地。十年来，在地区发展格局中，乡村功能愈发复合，地位不断抬升、价值日益凸显；在全面参与"北转型"中，乡村的生态面貌、产业能级、治理效能等取得长足进步。

乡村连片建设壮大，宜居指数逐年提升。宝山区农村人居环境提升行动计划每年稳步推进，近五年修缮升级农村道路 260 千米，建设 5818 户美丽庭院"小三园"等。同时，创新运用"三区六治"工作法，聚焦城乡过渡带和行政交界区，将农村环境问题治理纳入区"一网统管"推动长效治理。美丽乡村从点上出彩到片区示范。在乡村环境逐年改善的基础上，按照"达标—区美—市美—市示范—集中连片"的步骤，截至 2023 年 6 月，累计创建 12 家市级乡村振兴示范村（含 2 个在建村）、19 家市级美丽乡村示范村（含 3 个在建村），保留保护村里市级美丽乡村示范村占比达 42.8%。罗泾"五村联动"、月浦"三村联动"片区成为全市乡村振兴集中连片建设示范典型。村民居住条件从农户翻建到集中改善。近年来，宝山打造 28 个农民相对集中的居住安置基地，24 个项目开工建设。第一轮城中村改造 6 个项目受益村民达 3063 户，新一轮城中村改造启动实施。

乡村产业转型发展，新业态不断涌现。宝山农业产业加快转型，从单兵作战转为集团作战，成立农业产业发展协会，吸收生产、销售等 74 家各类型会员企业，各方产销合作关系越发紧密。从品牌

分散转向共同公用，推广"花果宝山"区域公用品牌，20 家合作社获品牌使用授权，品牌效应在越来越多的农产品销售上显现。从地头卖产品到不断延伸产业链条，"龙头企业＋合作社＋农户"的生产经营模式得到创新运用，各市场主体之间自由组合，联农惠农机制越发紧密。乡村新业态层出不穷，"农业＋"等休闲农业走上快车道，"活力月浦·动感乡村""罗店城乡之旅"等多条线路获国家精品线路推介。建成 1 个全国乡村旅游重点镇、2 个中国美丽休闲乡村、4 个全国乡村旅游重点村。如今示范村建到哪，电商直播、运动乐园、母婴康养、宠物学校等业态就出现在哪，新业态从个别闪现到全区出现。产业发展带动全区形成 2 个全国"一村一品"示范村、1 个全国乡村特色产业"亿元村"。无论城乡格局如何变化、乡村如何发展，宝山区始终牢记"国之大者"，全区严格落实耕地保护制度，粮食安全党政同责考核连续优秀。同时，生产方式更加注重绿色和品质，2018 年地产农产品绿色认证从零起步，一年一台阶，到 2022 年认证率达 27%。农业在保障供给的同时，逐渐向"小而精"转变。

月浦镇月狮村花海

农村改革发展加快，村民获得感愈发充实。 2019 年，宝山区镇、村两级农村集体经济组织产权制度改革全面完成，产权关系进一步理顺，村民的成员权益得到保障。2013 年以来，分红村数从 5 个村增加到 2022 年的 63 个村，年分红总额从

1456万增加到1.59亿元，10年来累计分红8.95亿元。如今正强化农村集体经济统筹发展，实行国资带动集资参与宝山重点产业地块开发，开拓集体经济增长新渠道。综合帮扶成效显著，从园区产业项目区级收益中每年落实帮扶资金，通过"就业＋保险＋补助"等综合施策，乡村建设公益岗位优先倾斜，强化对生活困难农户收入托底保障。2023年5月的统计数据显示，全区建档立卡生活困难农户总数近三年呈逐年下降趋势，生活困难农户人均现金收入连续三年居各郊区首位，纯农地区本地农户人均收入处全市郊区前列。乡村治理日益完善，乡村治理积分制全面推开。乡村治理清单制试点推广中形成村级小微权力清单20条及各事项运行流程图、各村个性化公共服务清单。聚焦房屋出租、移风易俗、停车管理等难点、重点，在实践中锤炼和提升基层治理能力。截至2023年6月，全区顺利通过全国乡村治理体系建设试点示范区创建工作总结评估，形成1个全国乡村治理典型案例、2个全国村级"乡风文明建设"典型案例、1个全国乡村治理示范村。

供稿单位：上海市宝山区农业农村委员会

链接 100　全面实施乡村振兴战略

近年来，宝山区按照乡村振兴"二十字"总要求，将乡村发展纳入全区发展大局一体谋划推进，凸显乡村的经济、生态、社会、文化价值，在乡村片区建设、产业组团发展、城乡融合治理上闯路子、出经验。

坚持生态为基。宝山区实施南中北三分区和拆、整、清、建、管、治的"三区六治"工作法，设立整治日、美化周、提升月，广泛组织动员，2018年以来全面完成农村人居环境整治三年行动计划和优化提升两年民心工程，获评全国村庄清洁行动先进县。

坚持片区为先。宝山以"一脉五花"为引领，片区化打造、集群式创建，实现基本农田保护区内"美丽示范"、保护区外"美丽达标"全覆盖。全区累计创建23个美丽达标村、34个区美丽示范村、16个市美丽示范村、10个市乡村振兴示范村。罗泾"五村联动"成为全市首个具有较高显示度的示范片、月浦"三村联动"片展现蓬勃生机、"两镇八村"片已具形象。片区内形成设施联通、服务共享、风貌协调、产业协作的整体效应。

罗泾镇乡村康养产业片区

坚持产业为重。宝山以产业组团为主线，立足美丽乡村示范片区，加大招商引资和产业布局。"五村联动"片，母婴康养主产业＋特色农业、研学、文旅体各种业态融合发展。"三村联动"片，体育公园、玩酷乐园、宠物家园和现代农业、在线经济融合共生。顾村沈杨片承接城市功能溢出，布局展销、商贸、赛事、文创等业态，闲置资源整体盘活，成为宝山乡村振兴南大门新的增长点。全区乡村围绕核心主导产业，调整业态布局，多核相互支撑，形成一、二、三产业融合发展的良好态势。

坚持治理为要。宝山立足都市乡村特点，突出"城乡融合、智慧治理"，推动"城与乡、本地居民与新村民、经济发展与公共服务、线上与线下"的融合治理。实施医疗卫生、文化体育等公共服务设施均衡布局，共享"15 分钟社区生活圈"。顺利通过全国乡村治理体系建设试点示范建设任务。

供稿单位：上海市宝山区农业农村委员会

链接 101　打造全国乡村治理体系建设试点示范区

宝山区紧扣城乡融合趋势，以破解融合发展下的主要问题为治理导向，总结乡村治理体系建设试点的经验做法，积极构建城乡融合式治理的健康生态。

农村自治增能，优化队伍结构。宝山区以换届为契机，选优配强村"两委"班子特别是村党组织带头人。新一届"两委班子"，村书记、主任"一肩挑"比例95.1%，村"两委"班子平均年龄41.5岁，大专以上学历占86.5%。班子年龄、学历实现"一降一升"。开展"增能计划"，针对村党组织带头人开展优化提升行动，实施"头雁计划"，遴选一批党组织书记建立头雁矩阵，加强跟踪管理，滚动递进式培训，着力培育有影响力的优秀农村带头人。2020年以来，以贴切基层的乡村产业、乡村治理、乡村建设为主题的培训班年年推出。

塘湾村妇女代表商议现场

实施城乡结对共治。宝山区坚持以组织振兴引领乡村振兴，区、镇、村三级联动。区委以上率下发挥"一线指挥部"作用，镇党委发挥龙头作用、村党组织发挥战斗堡垒作用。强化村党组织规范化建设，加强对农村各类组织的有形有效覆盖。依托区域化党建载体，持续开展各类党组织与村党组织"一对一、多对一"结对共建。宝山 103 个村与机关事业单位、国企等党组织结对共治，形成"共治对子"193 个、实事项目 213 个。

运用乡村治理"三机制"。宝山区采取乡村治理积分制、清单制、学分制，引导村民参与、规范村级行为、提升治理能力。城市社区有基本一样的居民公约、行为规范，宝山乡村有量身定制的村规民约、积分守则。居委有规范的管理和服务内容，试点的宝山村委也有自己的公开、服务、协助、权力清单。在居委干部要会的业务基础上，村委干部多出的乡村建设、经济发展工作学分也及时补足。

坚持数字融合，在平台共享中赋能乡村现代化。宝山区运用新理念、新技术破解基层治理难题，拓展"社区通"平台运用。"一网统管"延伸乡村，持续开发更多乡村应用场景，全面提升乡村治理智慧水平。

供稿单位：上海市宝山区农业农村委员会

链接 102　月浦镇开辟乡村振兴新赛道

月浦镇梯次推进聚源桥村、月狮村、沈家桥村乡村振兴示范村创建，以组织联建、产业联兴、生态联治、文明联创、人才联育为抓手，驰而不息开展全面推进乡村振兴的探索与实践，月浦乡村先后获评全国文明村、全国乡村治理示范村、全国民主法治示范村等多项国家级荣誉。

招商前置、产业转型，打造农旅融合的绿色田园。按照农体文旅融合产业导向，以顾泾河为纽带"一水联三村"，打造花卉赛事小镇。连续举办四届上海宝山花艺节，累计吸引社会各界游客 15 万人次。先后举办两场农商用地招商推介会，80 多家部市属、民营企业积极参与。宝山"社区通"农家集市板块开通上线。缘界体育、宝月岛宠物、爱萌多肉、一水间花卉、中创生态等 13 家企业入驻乡村。深化科技赋能，建成沈家桥村氢农业实验园，大力发展观赏农业、智慧农业、种源农业，支持爱萌多肉等新型农业互联网企业发展壮大。持续推进顽酷乡村乐园、宠物学校、乡村综合服务中心等项目落地。"活力月浦·动感乡村"游线入选国家农业农村部春、冬季精品旅游线路。成立月村集体经济管理公司，统筹闲散资金，壮大村级集体经济。试点"企业＋合作社＋农户"合作新模式，村民变股民共享产业发展红利。鼓励企业下乡办公、青年下乡创业，百余名青年创客在乡村启动创业之旅，有效带动本土劳动力就业。

夯基惠民、风貌转型，建设令人向往的美丽家园。统筹推进乡村基础和公共服务设施建设，建设宜居宜业的和美乡村。从乡村特点出发，高效组织开展村庄设计。农村集体经济组织不断挖掘集体资源资产潜力，推动 2.3 万平方米示范村产业用地置换转性。实施村庄清洁行动、人居环境四季整治行动，持续推进河长制、林长制等工作落实落地。以美丽庭院、美亮村宅建设评比等活动激发村民参与热情，全面提标小花园、小菜园、小果园。美丽庭院"三星宅""五星宅"扮靓乡村颜值，为村民打造美好居住环境。打造新农人礼堂、游客服务中心、月小狮文化苑、文创中心等乡村便民服务设施，同步实施四好农村路、亮灯工程、雪亮工程、健身苑点等。

月浦镇聚源桥村乡村新景

创新举措、气质转型，构建文明善治的幸福乐园。全面推行党建引领下的"123 善治模式"，乡村治理工作迈上新台阶。科学有序引导乡村空间转型、治理转型、产业转型，在农村地区推行农村社区化管理新举措。首批 4 个农村社区化管理试点村共租赁民宅 35 幢，入住新村民 700 人。党员干部依托"社区通"和"入户走访"制度，担当乡村振兴宣传员、治理员、服务员，实时发现群众"痛点"、民生"堵点"，实现精准治理。村民门禁系统、高清探头、道闸等智能化硬件装备齐全，满足村民多元需求。组织引导各村将人居环境整治、垃圾分类、美丽庭院等重点工作纳入村规民约，企业经理、建筑设计师、法律顾问成为乡村治理"众议厅"的新成员，乡村柔性管理举措程序更完备、参与更多元。

供稿单位：中共上海市宝山区月浦镇委员会

链接 103　罗泾镇在乡村嬗变中绘就振兴新景

罗泾镇坚持稳中求进工作总基调，深度融入"北转型"发展格局，围绕宝山科创中心主阵地特色承载区目标，努力打造绿色经济新产业、乡村振兴新模式、生态旅游新高地，不断开创罗泾经济社会发展新局面。

推动高质量发展。十年间，全镇一般公共预算总收入从 2.78 亿元增至 4.48 亿元，增长 61.15%。依托宝武集团，打造宝武罗泾碳中和产业园区。培育产业能级高、创新能力强的科创类产业集群，努力构建以科技型产业为引领、以先进制造业为支撑的现代产业体系。深化"村经委托镇管"，依托鑫村公司统筹村级资源，村级经济保持健康可持续发展。守好"三农"基本盘，不折不扣完成"米袋子""菜篮子"等工作任务。围绕乡村组团式发展、片区化建设、融合式治理"三大主线"，搭建山海泾思腾公司作为五村联动运营平台，挖掘以洋桥村"第三学习空间"为代表的乡村研学资源，发展以馨月汇为中心的乡村康养产业，打造"花果宝山"休闲游等特色乡村旅游线路。创建首批全国乡村旅游重点镇、全国特色小镇、中国最美村镇。塘湾村、海星村被评为全国乡村旅游重点村；海星村被评为全国"一村一品"示范村；塘湾村被评为全国法制民主示范村。

创造高品质生活。睦邻小镇商业项目建成并投入使用，实现社区商业零突破。建成罗宁欣苑、泾腾佳苑等一批高品质配套商品房，累计安置在外过渡农户2571户，彻底解决首套房分房需求。完成陈功路等10余条道路建设和村宅道路提档升级，获评上海市"四好农村路"示范镇。严格落实河湖林长制，镇域内森林覆盖率达到15.7%，领先全区平均水平，获评上海市河长制标准化街镇。持续开展饮用水源保护区绩效评估及五年计划，完成水源地范围内企业清拆工作。扎实开展违法建筑治理工作，累计拆除违法建筑198.19万平方米，成功创建上海市无违建先进街镇。传承推广"罗泾十字挑花"、四喜风糕、萧泾寺传说等非遗文化，罗泾"十字挑花"被推荐为"乡村振兴沪上优秀社会治理案例"。聚力地区教育资源优质化，推进"一校一特色、一校一品牌"创建，教育水平稳步提高。社区养老服务设施每千人常住人口建筑面积达64.8平方米，位居全区前列。连续7年就业困难人员安置率100%，户籍城乡登记失业人数始终控制在指标数以内，获评第三批上海市特色创业型社区。

罗泾镇海星村乡村风貌

实现高效能治理。不断完善"一网统管"平台，升级完善"乡村振兴五村智慧城运管理平台"，提升农村"数字化"治理能力。加快"平安智慧乡村"建设，实现"雪亮工程"全域覆盖，万人发案率始终低于全市平均水平，连续六年获评"上海市平安示范社区"。积极探索乡村治理积分制管理模式，成功创建上海市乡村治理积分制示范基地，塘湾村入选第三批全国村级"文明乡风建设"典型案例。开展"农村房屋租赁管理和服务平台智能化"试点工作，不断优化农村治安秩序和宜居环境。

供稿单位：中共上海市宝山区罗泾镇委员会

第六节　坚持精细智能，全面推进城市数字化转型

近年来，宝山区进一步提高思想认识，牢牢把握上海在全国首个提出"全面推进城市数字化转型"的战略意义，深刻认清城市数字化转型的重要性和紧迫性，以数字化转型为引领，坚持"数字科创"核心战略，深入推动经济、治理、生活三大领域数字化转型，不断提升数字化转型的广度、深度、实用度、显示度和体验度，着力做好顶层谋划、数据推动、场景牵引、共建共享，全区提升数字化转型对"北转型"的赋能作用。

经济数字化不仅关乎当下的产业发展，更决定着未来谁能掌握发展主动权。近年来，依托宝钢、上海钢联等企业，宝山钢铁行业数字化转型走在全国前列。2022 年，宝山区已建成全国最大的钢铁电商交易中心，交易量占全国 60% 以上，成功创建"上海钢铁领域平台经济示范区"。2022 年，全区 65% 的制造企业开展数字化转型推进工作，在全市率先提出"工业元宇宙"三年行动计划。2022年，全国医药生产 40% 以上的行业数字化改造份额由宝山企业完成。

2021 年，宝山区软件与信息服务业规模达到 131.46 亿元，同比增长 20.8%，增速在全市平均水平以上。2023 年 1—8 月，全区信息传输、软件和信息技术服务业营业收入 90.58 亿元，比去年同期增长 13%，成为拉动宝山区服务业发展的重要引擎。2023 年战略性新兴产业产值比重达 27.7%。

治理数字化是推进城市治理现代化的关键路径。近年来，宝山区不断推进"一网通办"便捷化，创新打造"宝你 HUI"政务服务品牌，拓展"宝你会"一件事服务矩阵，全区"一件事"场景达47 个，办理量达 133 万次。首创的拟上市企业合规审查"一件事"对全市开展以专用信用报告替代有无违法记录证明的改革举措产生

助推作用。做强"宝你惠"政策直通车栏目，涵盖 8 个部门 11 类政策资源，为 5567 户企业及个人拨付扶持资金 12.98 亿元。强化"宝你慧"智能填表功能，实现 195 个事项情形申请表"智能秒填"。首创"宝你绘智能绘图"，实现企业经营场所布局图、平面图的智能绘制，累计惠及 1087 户企业。同时，推出一批宝山特色的"免申即享"事项，各类拨付金额达 4.6 亿元。

宝山区热线大数据智能分析平台

宝山区以数字化手段解决"大安全""大建交""大环保"等重点问题，持续推动"一网统管"智能化。构建城市生命安全体征，实现多维公共数据集成，强化"风险预警"，汇聚城市管理约 2.4 万路视频监控数据，张大"城市之眼"。推动应急管理、道路交通智慧监管、货运（集卡）堆场管理、渣土车管理、危化品全链条管理、智慧环保管理、12345 热线大数据分析等应用场景快速推进。

一个"两网"融合平台。通过"一网通办"提升政务服务的便捷度，通过"一网统管"提升城市治理的精细化，共同推进效能改革，以数字化赋能，持续优化本区的营商环境。同时，宝山区加强大数据资源平台的数据赋能和区电子政务安全能力的支撑，以数据打通实现"两网"流程优化，确保网络和数据安全。2023 年，宝山区荣获全国市域社会治理现代化试点合格城市，为超大城市市域社会治理贡献宝山智慧、创造宝山模式。

生活数字化可以让人们切身感受到城市的数字化转型。2021 年，宝山区成为教育部公布的上海首个人工智能助推教师队伍建设实验区。医疗方面，上海家庭病床全市试点落在宝山。吴淞医院成为全市首家以二级医院为实体主导的互联网医院。2022 年，数智教育服务方面，宝山区"未来宝"数字基座覆盖全区 312 所学校，"医保 e 助"实现 1.5 万余名宝山困难群众享受医疗救助"免申即享、免单即办、免跑即领"。数字抗疫方面形成"全区常态化疫情防控平台",涵盖 12 个数字抗疫系统,构建 18 个数据库,链接 640 个居村。

2023 年,友谊路街道社区卫生服务中心、上海大学、美兰湖中学 3 家单位入选第一批上海市城市数字化转型（生活领域）揭榜挂帅场景示范创建单位。数智养老服务方面,为老服务一键通实现本区 70 周岁以上的户籍老年人群全覆盖。全区已完成 2 家智慧养老院建设,完成 3 家"养老院＋互联网医院"建设,新增 4 个老年助餐场所。数字家园方面,协同推进"15 分钟社区生活圈"建设,形成"一区一图""一街镇一蓝图",加强智慧化、便捷化。实施宝山区"数字生活 100"行动计划,聚焦 100 余个小区,多方位、深层次赋能美好数字生活。

供稿单位：上海市宝山区信息化委员会

链接 104　政务服务实现"一网通办"

"一网通办"改革是上海首创的"政务服务"品牌。宝山区聚焦重点领域、高频事项、关键场景,通过"业务＋技术＋数据"的深度融合,建立"前台综合受理、后台分类审批、统一窗口出件"的线下政务新机制;打造集"宝你慧"智能填表、"宝你会"一件事、"宝你惠"政策直通车、"宝你惠"直播间等系列创新应用为一体的"宝你 HUI"品牌,为"好办""快办""一件事一次办""免申即享"等服务提供支撑;建设"随申办"宝山旗舰店"市民云"和"企业云",推出"工会法律援助""宝就业"等特色服务,上线"征地养老一件事""职工服务一件事"等新应用,旗舰店关注人数突破 70 万;推进线下 15 分钟政务服务圈建设,搭建"1+N"（行政服务中心＋14 个服务点）智能自助服务圈,实现 100 余个政务服务事项"AI 自助办";建成覆盖 10 省 57 地的"跨省通办"合作圈,全市率先实现长三角电子证照线上线下跨省调用,建立"异地收件、两地联办、相互监督、责任可溯"的跨域联办机制;打造覆盖线上线下各服务端,集"线上人工帮办""远程云导办""重大项目帮办""领导干部帮办＋工作人员帮办"的多渠道帮办服务体系，首创"无接触式"帮办、综合窗口"零材料"智能帮办等特色服务模式；构建"12345"、政务服务"好差评"闭环管理机制，开发"一次办成率"跟踪考核系统，让"一次办成"成为办事常态，企业群众办事体验感、获得感和幸福感显著提升，为加快宝山"北转型"提供了更加优质高效的政务服务环境。

位于宝山区行政服务中心大厅的长三角"一网通办"跨省通办专窗

供稿单位：上海市宝山区信息化委员会

链接 105　城市运行实现"一网统管"

近年来，宝山区紧扣"一屏观天下、一网管全城"和"四早五最"的总要求，持续推动宝山"一网统管"建设向纵深发展，全面提升城市管理科学化、精细化、智能化水平，不断提升市民群众的获得感、幸福感和安全感。

完善城市运行治理体系，提升数字治理能力。宝山区不断推进区、街城运一体化进程，配齐配强工作力量，优化进驻派驻机制，构建横向到边、纵向到底的"王"字形三级城运工作架构；提升数据治理能力，建设区大数据资源平台、区视频数据共享交换平台、区电子地图共享平台、视觉 AI 算力算法平台等一系列基础平台，建设并夯实全区"一网统管"数字底座，支撑各类数字化应用；完成区城运指挥大厅建设，强化"观、管、防、联、处"功能，发挥区级综合平台作用。

宝山区城市运行"一网统管"平台

推动城市运行数字体征系统迭代升级，不断强化实战实用。深入推动数字体征迭代升级，推进区城运平台 2.0 版本建设，建立指挥体系、城市之眼、公共安全、建设交通、生态环境、风险预警等模块，完善区"一网统管"物联感知平台，统筹区域内视频监控、传感器、二维码新型物联网硬件建设。截至 2023 年，平台总计接入 9 类共计 46777 路物联感知设备。

拓宽多元参与渠道，推动多方参与的治理新机制。宝山区推动 12345 市民热线与城市运行各部门的有机联动，实现热线前台受理与后台部门治理管理紧密衔接，做到可处置事项的快速派单和闭环处置。完善区 12345 市民热线大数据分析系统，提升社情民意发现感知能力，将城市运行各领域的管理内容逐步融入城运平台系统，深化网格监督员进入小区开展消防安全隐患大排查工作，对接公安动态隐患排查系统，深化农村人居环境实地检查纳入"一网统管"工作，强化"社区通"与区城运平台的智能对接，将食品安全 5 项、反邪教宣传、地下空间巡查等接入城运平台，做到管理流程实时把控，管理实效全量呈现。

供稿单位：上海市宝山区城市运行管理中心

链接 106　持续打造"宝你 HUI"政务服务品牌

近年来，宝山区将智治作为理念工具，以数字化为突破口，创新打造"宝你HUI"政务服务品牌，亮出了"一网通办"和市域社会治理现代化相结合的"宝山名片"。

首创"宝你慧"智能填表。 宝山区依托上海市"数源工程""一数一源"建设成果，将统一权威的"数源"目录赋能"一网通办"办事场景，直接变繁琐的"填表"为轻松的"补表"。从 7 大类高频事项入手，率先推出了"企业变更""道路运输""食品经营"等高频事项的"宝你慧智能填表"功能，并覆盖线上线下各服务端。"宝你慧智能填表"已应用到 195 个事项中，应用了 20 个数源接口。

"宝你惠"政策直通车

首创"宝你会一件事"。 为破解跨部门办事"跑动多、材料多、时间长"的痛点，宝山区按照"一件事一次办"改革要求，在流程优化再造基础上，通过系统、服务"两个集成"，推动跨部门、多事项"打包办理"，在"一网通办"宝山频道开设"宝你会一件事"专区，推出了 47 个"一件事"场景，累计办理 133 万件次。

首创"宝你惠政策直通车"。 为解除办事企业线下找政策、问政策的被动局面，宝山区在"一网通办"宝山频道上线"宝你惠政策直通车"，打造了涵盖区经委、区商务委、区文旅局等 8 个部门的 11 类政策资源，实现了 30 条产业政策"一口受理、全程网办"。逐步推动"经济恢复重振 46 条""提信心稳增长 28 条"等惠企政策免申即享、快速兑现，进一步彰显栏目品牌效应。截至 2023 年年初，通过"宝你惠政策直通车"已为 5567 户企业及个人拨付扶持资金 12.98 亿元。

首创"宝你绘智能绘图"。2022 年，宝山区在全市首创"AI 智能绘图"，实现企业经营场所布局图、平面图的智能绘制。2023 年，宝山区升级上线"宝你绘智能绘图"，覆盖食品经营许可、公共卫生许可等高频事项的平面图绘制，累计惠及 1087 户企业，首办成功率大幅提升，平均办理时限较此前压缩 40%，因设施设备布局图不合规造成的退件大幅减少。

供稿单位：上海市宝山区行政服务中心

链接 107　不断增强城市安全韧性

宝山区围绕"高效处置一件事"这一目标，积极建设应急综合管理平台，以数字赋能应急工作，不断增强城市安全韧性。

近年来，宝山围绕危化品监管等安全生产，接入"110""119"涉及安全生产实时接警数据，针对本区 29 家实体危化企业增设高清视频探头 283 个并接入物联感知端，强化了危化企业的安全风险分级管控和动态监测预警能力。配合国家化学品登记系统，实现对辖区内 19 家生产、进口危险化学品和化工医药企业的实时信息抽查。

宝山区围绕防汛防台、雨雪冰冻等自然灾害防治等工作，实时获取辖区内潮位、积水、水位监测点位信息等并定期更新防汛墙、海塘、排水管网、河道、排水系统等静态数据，为第一时间进行灾情、险情处置提供信息基础。沿长江、黄浦江、蕴藻浜的一线海塘、防汛墙，推动布设 35 个高空鹰眼探头，用于堤防巡检、查看船舶及周边安全生产、道路交通等情况。

宝山区积极推进建设交通、危险化学品安全生产风险监测预警等信息资源协调机制，落实 7×24 小时四班两运转全天候应急值班值守队伍，做到第一时间掌握区域内突发事件信息，第一时间协调相关部门开展应急处置。

区应急管理部门实现数据实时监控

供稿单位：上海市宝山区应急管理局

链接 108　深化综合执法体制改革

2021 年以来，按照市委市政府统一部署，宝山区持续推动街镇综合行政执法体制改革，将点多面广、基层管理迫切需要且能有效承接的 410 项行政执法权赋予街镇，有序推进行政执法权限和力量下沉。在街镇城市管理行政执法中队的基础上，整合组建街镇综合行政执法队，以街镇名义统一行使辖区内相对集中的城市管理等领域行政处罚权以及法律法规规章规定由街镇行使的执法职责，实现街镇"一支队伍管执法"。通过管理重心下移、执法力量下沉，综合执法队伍已成为街镇城市管理工作的主力军，在区域生态环境综合治理、街面环境秩序整治、住宅小区综合治理等工作中，发挥着积极作用。

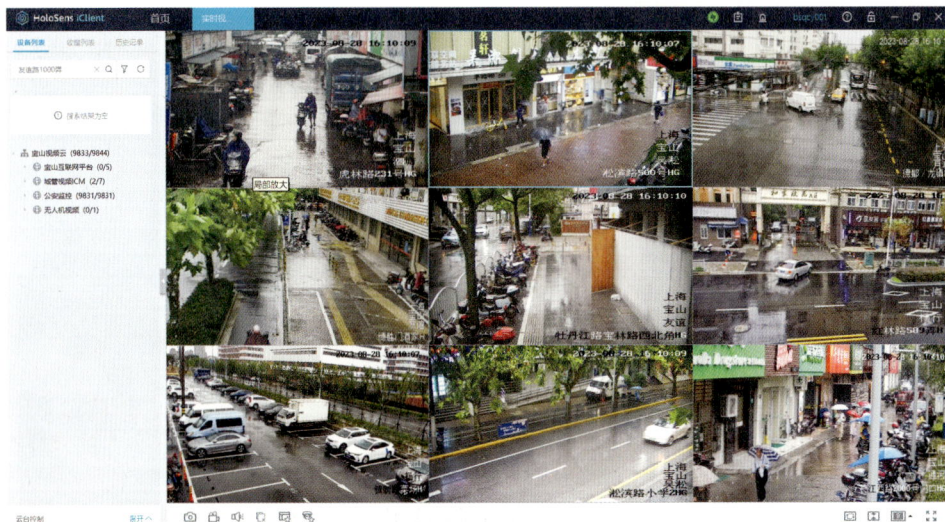

街面违法行为自动甄别系统

同时，宝山区依托"智慧城管"等平台，融入"一网统管"体系，发挥执法在"多格合一"中处置作用。推行应用"非现场执法""双随机一公开"和分类分级监管模式，打通违法行为发现—取证—处罚—执法全链条。结合视频管理平台、监控自动识别系统、移动执法终端，建立线上执法巡查模式和新型勤务指挥调度平台，提高城市治理能力和公共服务水平。

供稿单位：上海市宝山区城市管理行政执法局

第六章

坚持唯实唯干，纵深推进全面从严治党

第一节　强化理论武装，筑牢团结奋斗的思想基础

新时代以来，宝山区委坚持以习近平新时代中国特色社会主义思想为指导，深入贯彻党的十八大、十九大和二十大精神，坚持稳中求进、守正创新、敢于斗争，为宝山建设上海科创中心主阵地、国际化大都市主城区和全市绿色低碳转型样板区，加快建设科创之城、开放之城、生态之城、幸福之城提供坚强思想保证和精神动力。

坚定"主心骨"，加强理论武装。始终把学习宣传贯彻习近平新时代中国特色社会主义思想作为首要政治任务。一是组织高质量中心组学习。抓住领导干部这一"关键少数"，以辅导讲座、专题研讨等形式组织区委中心组学习活动 200 余次，健全中心组"五学"（即"潜心自学、集体研学、领导领学、专家带学、党员互学"）和巡听旁听机制，层层扎实推动学习。二是高起点抓好党史学习教育。第一时间抓好组织动员，成立领导小组和工作机构等。面向全社会广泛开展"四史"宣传教育。在全区广泛开展"比学赶超当先锋　建设科创主阵地"五大行动，共开展学习讨论 1600 余次，参与人员逾 1.6 万人次。三是高水平建好用好"学习强国"平台。组织发动全区党员加入平台学习，加入率完成目标数 113.87%，相关工作经验在《解放日报》头版刊发。四是高标准开展群众性宣传教育。组建区处两级宣讲团，首创"三全六讲"党的创新理论大众传播新模式，创设"宝山学习"微信公众号。党的十八大以来，组织开展各种形式的群众性理论宣讲累计 14500 余场次，听众达 300 万人次。

筑牢"主阵地"，落实意识形态工作责任制。一是坚持党委"一把手"负责制。按照属地管理、分级负责和谁主管谁负责的原则，推动责任制落实落地。二是坚持健全完善机制体制。制定制度文

件，组建并发挥区委宣传思想工作领导小组等机构职能作用。每年开展全面从严治党"三项责任制"（即意识形态责任制、基层党建责任制、党风廉政责任制）联合检查，实行在区委巡察中开展意识形态工作专项检查模式，并切实加强巡察结果运用。三是坚持守好网络意识形态"主战场"。建成区网信应急指挥中心，配齐建强网信专业队伍。完善网络舆情应对处置机制，落实 7×24 小时值班、网上重要情况通报、重大事项报告等制度。建立网络安全态势感知宝山子平台，网络安全漏洞通报整改反馈率 100%。全覆盖开展全区网络安全专项检查，完成党的二十大等重大节点网络安全保障工作。主动协助深交所完成欧冶云商上市网络安全反馈问题整改复核证明，在全市首创互联网企业上市无网络违法行为证明机制。

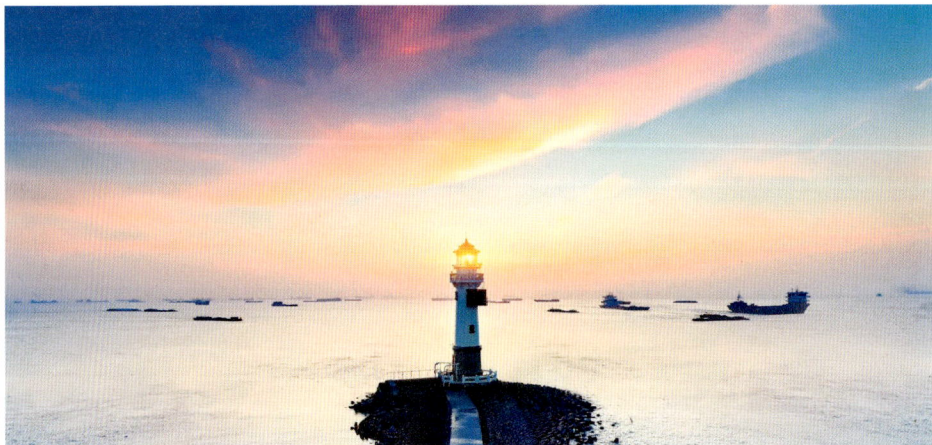

吴淞口灯塔

弘扬"正能量"，巩固壮大主流思想。提高新闻舆论传播力、影响力、公信力。一是加强舆论引导。指导区新闻单位、外宣成员单位、具有信息发布功能的单位部门，按要求组织新闻宣传。每月向全区搜集新闻线索，及时掌握各领域重点工作，强化议题设置和选题策划。加强全区新闻管理，每月对区外宣联席会议成员单位新闻报道情况进行评估通报。二是讲好宝山故事。紧扣宝山特色亮点，围绕"北转型"发展、"一地两区"建设，借助科创项目、人才招聘、产业论坛、文体赛事等活动，精心设计采访主题和报道形式，开展多形式、立体化、全媒体宣传报道，创作一批有思想、有温度、有品质的优秀作品，增进各方对宝山的了解和认同，为提升区域形象壮大主流舆论声势。三是做优城市外宣。组建城市形象作品创作者联盟，创作"四季四城·爱上宝山"系列短视频等一批内容丰富、影响广泛、反响热烈的视觉作品。统筹外宣资源，挖掘具有引领性的城市 IP 项目，利用 IP SHANGHAI、国际性活动等线上线下平台开展城市外宣，展示宝山形象，扩大海内外"朋友圈"。2023 年年底，宝山区新闻办获得"IP SHANGHAI 2023 年度优秀合伙人"第一名。

供稿单位：中共上海市宝山区委宣传部

链接 109　习近平新时代中国特色社会主义思想深入人心

宝山区积极探索"三全六讲"（全方位参与、全过程推进、全领域覆盖；搭建一体化组织架构广泛讲、成立工作联盟联合讲、健全工作机制系统讲、走入一线场景体验讲、运用身边故事引领讲、贴近百姓关切分众讲）党的创新理论大众传播新模式，围绕深入学习贯彻习近平新时代中国特色社会主义思想、党的十八大、十九大、二十大精神，健全完善"研学讲展评"链式融合工作机制，建立 6 个宣讲工作联盟（宣讲进企业、进农村、进机关、进校园、进社区、进网络），构建 1+1+X（1 个"宝山学习"线上阵地、1 个区新时代文明实践中心以及 X 个各级文明实践阵地、爱国主义教育基地等线下空间）百姓宣讲平台，广泛组织开

2021 年 5 月 31 日，"红领巾心向党"宝山少先队庆祝中国共产党成立 100 周年"六一"主题集会举行

展对象化、分众化、互动化的"七进"宣讲活动，全面宣传好、阐释好习近平新时代中国特色社会主义思想，切实把全区党员干部群众的思想和行动统一到党中央、市委部署的各项任务上来，为上海加快建设具有世界影响力的社会主义现代化国际大都市、宝山打造"主阵地、主城区、样板区"凝心铸魂。近十年来，全区共组建各级宣讲团（队）68 个，有宣讲员 466 名，其中有 9 个宣讲团队获市级优秀理论宣讲先进集体称号，8 名百姓宣讲员荣获市级基层理论宣讲先进个人称号，开展线上线下"七进"宣讲 14500 余场，覆盖近 300 万人次。

供稿单位：中共上海市宝山区委宣传部

链接 110　扎实开展党史学习教育

党的十八大以来，宝山区先后开展党的群众路线实践教育活动、"三严三实"专题教育、"两学一做"学习教育、"不忘初心、牢记使命"主题教育、党史学习教育等，抓好"我为群众办实事"实践活动并健全"一个网格一批实事"等工作机制。

2021年，宝山区委全面贯彻落实中央、市委关于党史学习教育部署要求，紧紧围绕学习宣传贯彻习近平新时代中国特色社会主义思想这一主线，聚焦学史明理、学史增信、学史崇德、学史力行，引导全区广大党员群众学党史、悟思想、办实事、开新局，切实将学习教育成效转化为加快建设科创中心主阵地的生动实践。牢牢把握"学"这个基础，深化"五学"机制抓实"关键少数"带头学，运用"四味"学习法推动全区各级党组织做到真学实学善学。坚持突出伟大成就、思想内涵、宝山特点，充分挖掘宝山丰富的红色资源，开设菜单式宣讲课堂，深化体验式行走课堂，丰富灵活式空中课堂，办活多样式身边课堂，用好"四大课堂"讲好红色故事，传承红色基因，多措并举推动全社会广泛学。通过"办实事—抓落实、评实事—群众议、增实效—建机制"全周期工作链，深入开展"我为群众办实事"实践活动，解决群众"急难愁盼"问题 14797 个，形成 7 大先锋榜单、25 个重点项目和 300 个优秀案例，形成一批常态长效机制。

2021年5月25日，"行走蕴藻浜　打卡科创湾"——宝山区"学党史、庆百年、迎七一"开放式实景党课活动

供稿单位：中共上海市宝山区委宣传部

链接 111　壮大主流思想舆论

党的十八大以来，宝山区委宣传部坚持以习近平新时代中国特色社会主义思想为指导，不断推动理论宣传、新闻宣传、社会宣传、文艺宣传、网络宣传、对外宣传"六宣联动"。区委宣传部积极统筹协调区内外各级各类宣传资源与主流媒体，聚焦重要节点、区域亮点、自身特点，自觉承担起举旗帜、聚民心、育新人、兴文艺、展形象的使命任务，实现理论舆论、内宣外宣、文艺文明、意识形态工作齐头并进，多角度、全方位、立体化地弘扬主旋律、集聚正能量，为宝山高质量发展"一地两区"战略、书写"北转型"新篇章提供了有力的思想保证和强大的舆论支撑。由区委宣传部牵头组织，宝山区融媒体中心于2019年9月18日正式成立，宝山新闻媒体告别传统单兵作战模式，实现新闻采编和信息发布的资源整合。三年

多来，坚持"一次采集、多种生成、多元传播"的融合理念，再造"策采编发"生产流程，围绕"1+7"平台建设全媒矩阵，对重大主题、重点题材、重要活动以全媒体形式立体化传播，持续提升影响力和传播力。同时，强化"新闻＋政务＋服务"的综合功能，于媒介融合中打造爆款、于媒体联动中纵深推进，不断做深内容原创、做强新闻头条，始终紧扣宣传报道主线，守牢主流媒体舆论主阵地。

2019年9月18日，宝山区融媒体中心成立

供稿单位：中共上海市宝山区委宣传部

第二节　抓实主责主业，为宝山转型发展提供坚实组织保障

党的十八大以来，宝山区以学习贯彻习近平新时代中国特色社会主义思想为指导，坚定不移落实新时代党的建设总要求和新时代党的组织路线，为宝山高质量发展提供坚强组织保证。

坚持凝心铸魂，始终把政治建设摆在突出位置。举办庆祝建党100周年系列活动，颁发光荣在党50年纪念章，创作"百年奋斗路、启航新征程"大型情景党课并在全区巡演10场，"红色快线"主题党日获评第二届全国优秀主题党日品牌三等奖，顾村派出所党总支被评为全国"先进基层党组织"。结合宝山"北转型"实际，举办"'城'势而上·高质量党建促高质量发展主题论坛"，发布"学用新思想　奋进北转型——党代表系列党课"，10万余名党员群众参加，相关视频播放量达到170万次。组建处科级干部讲师团开展"北转型三人行"基层党课宣讲活动。结合市委"四个深入盘点"要求，推动全区575个居村党组织与区级机关、国企以及部分"两新"党组织开展"结对共治"行动，形成结成共治对子967个，建立组织共联、队伍共育、防控共管、资源共享、实事共办等机制。

坚持任能唯贤，建设忠诚干净担当的高素质干部队伍。出台新一轮党政领导班子建设规划实施意见，完成历次区、镇领导班子换届。全覆盖开展换届后区管领导班子和年轻干部专项调研，上线"领导班子和干部队伍配备监测预警系统"，实现全区各单位班子配备重点结构性指标动态监测。着眼"后继有人"抓好年轻干部培养，出台《2022—2026年在建设"四个之城"中发现培养选拔优秀年轻干部工作规划》，打造"四个一批"培养工程，梯次储备"六个100"优秀年轻干部，推动形成发现、选拔、培养、管理、使用统筹推进的全链条机制。聚焦事业发展需要优化干部教育培训，制定《2018—2022年干部教育培训五年规划》等两轮规划，分层分类举

办处级党政负责干部政治能力建设专题班、中青班等各类主体班次，针对性开设科创大讲堂、高端研修班、"2+X"专题班等，提高全区干部队伍履职本领。制定实施《关于在宝山"北转型"新征程上进一步强化干部责任担当改进工作作风的若干措施》《关于加强与干部谈心谈话的规定》《防止愤政怠政激励干部担当作为的实施意见》，出台《宝山区履责调查实施办法》《宝山区组织人事部门信访举报查核工作规程》等规定，建立任前经济责任告知、干部监督建议机制，强化个人有关事项报告、"一报告两评议"等制度执行，用好提醒函询诫勉等手段，加强干部严管厚爱，激励干部担当作为。根据市委、区委要求，牵头完成 2019 年党政机构改革工作，推动 34 个党政部门、38 项职责划转以及 43 名公务员、285 名事业人员转隶。

坚持强基固本，织密上下贯通执行有力的组织体系。聚焦科创宝山主阵地建设，出台《深化科创大党建 奋进北转型的实施方案》并推动实施五大行动，围绕吴淞创新城、南大智慧城等重点区域，推动建设科创党建联盟和大学科技园科创党建共同体，成立生物医药等五大产业链党建联盟，联动上海大学形成"一街镇一院校"党建联建体系。健全党建引领基层治理体制机制，制定《加强基层治理体系和治理能力现代化建设的实施方案》，推进实施基层治理"六大计划"，推进社区微更新、红色物业行动、微网格治理、议事协商、达人能人发掘等基层治理项目 485 个，打造 26 个"美好社区"典型样板；创建社区治理学院，获评第五届中国（上海）社会治理创新实践十佳案例。截至 2023 年 11 月，累计开设各类培训班次 292 个、覆盖 3.9 万人次。完成历次居村"两委"领导班子集

2023 年 8 月 28 日，宝山区组织工作会议召开。会议深入贯彻落实全国、全市组织工作会议精神，进一步发挥党的组织优势，激发党员干部的奋斗精神，努力开创党的建设和组织工作新局面，为宝山落实"北转型"、加快建设科创中心主阵地提供坚强组织保证

中换届选举工作，实现年龄、学历"一降一升""一肩挑"等指标，推行村"两委"班子成员交叉任职；实施优秀居村书记"604020"进阶式培养计划、居村后备干部"丰羽行动"，出台《关于加强新时代居村干部队伍一体化建设的实施意见》，加强居村干部队伍一体化建设。开发建立"产业党建链 E 空间"云平台，《产业链党建　铸造创新发展"红色引擎"》获评"百优庆百年"上海城市基层党建十佳创新案例，打造"聚力护航、稳链助企"党建联席活动品牌。成立交通运输行业党建专委会，做强"畅享驿站"网络，与中石化合作建成 12 个加油站党群服务站点体系。抓牢鸭嘴兽平台企业关键节点，通过建立"高管党员"前置议事制度推动党组织融入企业管理。以"双在双争"助推模范机关党建，推动机关党建形成"宝你慧"等 6 个机关支部品牌服务项目；深化抓党建促乡村振兴，巩固深化罗泾"五村联动"，月浦、罗店"两镇八村"党建联动发展模式；促进国有企业党的建设 35项任务落实到位；深化公立医院党建，成立区医疗联合体党建联盟；全面落实中小学校党组织领导下的校长负责制，规范民办中小学校党组织隶属关系。加快党群服务中心阵地建设，2019 年启用区党建服务中心新址。

坚持党管人才，引才育才聚才工作取得新成效。科学编制人才发展"十四五"规划，实施更加积极开放有效的人才政策。创新多元引才模式，深入实施海内外揽才工程，集成用活"科创杯"创新创业大赛、引才大使等多元引才机制。调研形成"关于加强宝山区海外人才队伍建设，优化海外人才发展环境的情况调研及对策研究"课题，并获全市组织系统调研课题一等奖。深入实施党委联系服务专家制度，举办高层次人才座谈会，科创人才港建成并投入使用，首创"科创双结对"活动，建立人才"关键小事"联办快办机制，持续提升"樱花"服务品牌内涵，推进人才驿站建设，打造"人才宝"信息服务平台，推出公共服务、人才成长、企业发展、生活服务四大领域 190 余项服务事项，为重点人才提供全生命周期服务。稳步推进人才安居工程，累计筹措人才公寓 1.4 万套，创建"寓见科创"人才公寓品牌，推出"云看房"、VR 看房等线上服务，打造"创业＋社交＋居住"一体化"未来星创空间"，营造创新创业优良生态。

供稿单位：中共上海市宝山区委组织部

链接 112 人才新政聚人才

宝山聚焦北转型和科创中心主阵地建设，深入实施人才强区战略，坚持人才引领发展，狠抓人才第一资源，扎实做好新形势下人才工作。

实施积极开放有效的人才政策。2017 年以来，全区先后出台完善安居资助、专项激励、特殊人才落户、柔性引才、青年人才储备等人才政策 20 余项，逐步形成一套针对性强、含金量高、符合区情特点人才政策体系。2023 年制定出台统领性、集成性人才政策"宝山人才新政 25 条"，统筹产业、科技、金融等各类资源，为各层次、各领域人才提供集成性扶持。

开拓多元灵活的引才渠道。以会引才，通过举办产业互联网高峰论坛、石墨烯大会、生物医药大会等重大活动（展会）引才聚才；**以赛引才，**2021 年以来连续举办两届宝山区"科创杯"创新创业大赛，共成功吸引 26 家人工智能、新材料等新兴科创领域企业（团队）落地宝山；**以才荐才，**聘请以复旦赵东元院士为代表的 11 名引才"大使"，助力加速招才引智。

9 个重点园区人才工作站授牌。2017 年 9 月 28 日，宝山区正式启动"满意 100"人才集聚工程，工程分为"1""0""0"三个板块。其中"1"为一个人才新政体系，两个"0"分别为零距离沟通平台和零障碍服务机制

　　构建协同高效的人才工作机制。 开展"科创双结对"活动，193 名区级机关科级领导干部结对服务 243 名优秀科创人才。实施**"品牌打造"**，39 家委办局和街镇（园区）共推出 44 个人才工作品牌。在重点产业园区和人才集聚区域打造**人才驿站**，全区人才驿站增至 31 家，建立人才驿站"一镇一员"和固定服务日机制，有效解决服务人才"最后 100 米"。

　　打造立体多维的人才服务体系。持续擦亮"樱花"人才服务品牌， 为区内近千名高层次人才颁发"樱花卡"，会员可享受涵盖衣食住行医教等百余项服务项目。打造樱花讲堂、樱才沙龙、樱花小课堂等樱花系列宣讲平台，主动上门为企业和人才讲政策、解难题。**强化人才安居保障，** 推出"寓见科创"人才公寓品牌，累计建设筹措安居房源 1.6 万套，人才最高可享受 200 万元购房补贴和每月 10000 元租金补贴。

供稿单位：中共上海市宝山区委组织部

链接 113　全市首家社区治理学院创建

　　宝山区社区治理学院成立于 2022 年 7 月，是全市首创实体化运作的治理学院，有 82 名治理教师。学院围绕提升基层治理体系和治理能力现代化的要求，着力打造教学、科研、实践一体的治理载体，以"教""治"结合模式赋能基层治理。**社区教育和社区治理的融合平台。** 依托 12 个街镇党群服务中心和 5 个社区教育教学点，打造"社区治理会客厅"，并延伸到全区 577 个基层党群服务站点，构筑融合教育功能、传递治理理念的社区治理学院体系。**基层治理的实践平台。** 立足基层治理实际，将"美好社区"创建中的重点难点问题作为社区治理教学的"前置情景"，将解题和释惑有机融入教学活动中，让社区治理学院的运行始终紧跟上级部署、紧贴群众需求、紧盯实践需要。**社区治理的赋能平台。** 以增强治理一线工作者实战能力为目的，在设立"治理魔法屋""应急演练馆"等 15 个沉浸式课堂的基础上，依托张庙校区打造"旧改特色实训课堂"，不断完善赋能平台。围绕社区"微更新"、成套旧改、电梯加装、应急处突等形成 51 大类 217 门本土化特色课程体系，累计培训居村干部、业委会成员、社区能人等近 8000 人次。**引领多元主体参与的共治平台**。组建跨界别、跨领域的院委会和专家智库，建立院委会议事规则、例会制度，推动专家学者牵头设立治理研究课题、职能部门开展重点项目调研、社会组织强化互动创新、居村一线深入探索，开设新就业群体、达人能人参与社区治理的相关课程，积极构建党建引领下充满活力的自治共治格局。

宝山区社区治理学院

供稿单位：中共上海市宝山区委组织部

链接 114　"三江驿"吴淞党群服务阵地

吴淞街道党工委探索建立"三江驿"吴淞党群服务阵地，拓宽基层治理新路，推动街区、社区、园区、景区"四区"联动，缓解吴淞老旧小区多、可用公共空间有限、资源配置不够完善等问题，提升网格化党建的执行力和长效力。

在"优"字上下功夫，构建"三江驿"党群阵地框架。 逐步实现党建网格与城市网格的"两网融合"。按照"15分钟党建活力圈、生活服务圈建设和城市空间格局重塑"的原则，以网格化党建为切入点，以凝聚多方力量参与为着力点，以服务党员群众为落脚点，合理规划布局，着力将上海第二工业大学国家大学科技园党群服务站、半岛1919党群服务站、智慧健康活动中心党群服务站、邻享空间党群服务站4个特色鲜明的党群服务站串珠成链，构建成凸显开放、融合、共享等特征的吴淞党群服务阵地体系。

在"专"字上下功夫，锻造"三江驿"党群工作队伍。 创新优秀书记工作室运作模式，以每个党群服务站为小阵地，优秀书记"定人、定责、定点"深入服务，夯实基层党组织根基，把规范化建设转化为基层党支部"成长"的实际成果。红帆书记工作室坚持党建引领，开展下沉服务，定期走访园区企业单位，积极宣传党的方针政策，全面排摸党组织情况，不断充实党员队伍。青"淞"工作室巧用辩论赛、开放式组织生活会等创新方式，在抓好理论学习的同时，把能力建设摆上更突出的位置，充分调动年轻党务干部的积极性和主动性，提升其工作能力与党建理论水平。

上海第二工业大学国家大学科技园党群服务站

在"心"字上下功夫，提升"三江驿"项目服务实效。整合街道 215 家区域化党建单位的资源，凝聚社区事务受理服务中心、文化活动中心、志愿服务中心、城运中心、青年中心、妇女之家等各条线的力量，形成党建工作和社会治理相结合的新型社区治理"同心圆"。如围绕宝山区打造上海科创中心主阵地目标，设立300 多平方米的"科创会客厅"，建立每周特色"服务菜单"，通过叠加"党建＋科创＋人才＋服务"的功能，助推园区企业加速孵化与发展。随着社区居民对健康生活需求的不断提升，智慧健康活动中心党群服务站与复旦大学附属华山医院达成共建意向，举办多场医疗咨询活动，受益居民达 400 多人。

在"学"字上下功夫，激活"三江驿"红色堡垒功能。将服务党的政治建设放在首位，筑牢红色阵地堡垒根基。如上海第二工业大学国家大学科技园党群服务站通过学思课堂、思享空间、初心剧场、创意秀场等丰富多样的载体，开展深受党员群众欢迎的各类学习教育主题活动。组织博士服务团、创业导师团等对接园区企业和创业团队，开展免费技术咨询、创业辅导，共建学生实习基地，开放留学生交流。目前已吸引啄米工作室等 10 多家创业团队入驻党群服务站。2021 年 4 月，"红色专线"发车仪式在半岛 1919 党群服务站隆重举行。街道与园区共建单位新四军历史研究会共同成立党史联合宣讲团，以此激活党群阵地的"红色引擎"，着力打造党员群众学习教育的"先锋阵地"。

供稿单位：中共上海市宝山区吴淞街道工作委员会

第三节 加强作风建设，营造风清气正的政治生态

党的十八大以来，宝山区纪委监委始终坚持以习近平新时代中国特色社会主义思想为指导，坚持严的基调不动摇，坚定不移正风肃纪反腐，充分发挥监督保障执行、促进完善发展作用，不断推进全面从严治党向纵深发展。

聚焦"两个维护"强化政治监督，确保重大决策部署政令畅通。围绕习近平总书记重要指示精神和党中央重大决策部署加强政治监督，开展对学习宣传贯彻党的二十大精神情况的专项监督，坚决纠治做选择、搞变通、打折扣等问题。深入开展脱贫攻坚、"六稳""六保"、生态环保、疫情防控、安全生产、乡村振兴等领域的专项监督治理 50 余项，有力保障重大决策部署在宝山落地落实。聚焦宝山"一地两区"发展目标，制定监督服务保障宝山"北转型"发展的十一条举措、推动构建亲清政商关系的指导意见等制度，全力为宝山经济社会发展营造风清气正政治生态和干事创业良好环境。

坚持完善党和国家监督体系，不断巩固深化纪检监察体制改革成果。一体推进纪律检查体制、国家监察体制和纪检监察机构改革，着力构建党统一指挥、全面覆盖、权威高效的监督体系。2018 年，区监察委员会挂牌成立，与区纪委合署办公，履行纪检、监察两项职能。先后成立 9 个派驻纪检监察组，加强对区一级党和国家机关以及国资国企的监督。推进监察职能向基层延伸，15 个街镇园区成立派出监察办与纪（工）委合署办公，实现全区 5 万余名对象监督全覆盖。探索建立"四项监督"统筹衔接"1+6+X"制度机制（"1"是指区委《关于深化"四项监督"加强统筹衔接高质量推进日常监督工作的实施意见（试行）》；"6"是指区纪委监委制定的 6 项配套制度，即督查事项统筹协调推进机制、重大决策部署监督联动机制、监督情况定期会商研讨机制、监督工作片区联动推进机制、问

题整改闭环管理协作机制、政治生态综合评价联合机制；"X"是指与区委区政府督查部门、审计部门等监督的协调贯通)，促进各类监督协调贯通，持续完善基层监督体系，推动制度优势不断转化为治理效能。

深化细化"四责协同"机制，推动管党治党责任落实落地。 首创党风廉政建设责任风险清单、任务清单、监督清单"三项清单"制度，协助区委出台《关于完善全面从严治党"四责协同"机制的实施意见》《关于加强对"一把手"和领导班子监督的实施方案》等十余项制度，建立具有宝山特色的"436"责任落实体系("4"是指党委主体责任、纪委监督责任、党委书记第一责任人责任和班子成员"一岗双责"；"3"是指责任梳理分解、责任协同传导、责任考核追究工作机制；"6"是指知责明责、履责督责、考责问责六个工作环节)。组织开展全面从严治党"三项责任制"专项检查以及述责报告和民主评议工作，将"四责协同"机制推进落实情况纳入全区处级单位和领导干部考核体系。用好问责利器，严肃处理相关责任人(含党组织)163人，党纪政务处分96人，以问责倒逼责任落实。

巩固拓展作风建设成果，驰而不息纠"四风"树新风。 以钉钉子精神落实中央八项规定，党的十八大以来，共查处违反中央八项规定精神问题线索856件，立案408件，党纪政务处分346人，公开曝光典型案例38起，释放越往后越严的强烈信号。紧盯突出问题开展常态化监督，持续强化预警纠治，加大惩处曝光力度，大力纠治形式主义、官僚主义、享乐主义、奢靡之风以及侵害群众利益的不正之风。协助区委开展干部队伍作风集中整顿，并持续深化作风建设，制定履责调查实施办法，对"12345"热线工单办理、基层减负等开展专项督查，纠树并举推动作风建设常态化、长效化。

2018年9月11日，宝山区召开全面从严治党"四责协同"机制建设推进会议，全面部署"四责协同"机制建设工作

坚定不移深化政治巡察，充分彰显巡察利剑作用。 贯彻落实巡视巡察上下联动要求，成立区委巡察工作领导小组，设立区委巡察办和区委巡察组，优化完善巡察组织机构和工作机制，强化巡察整改和成果运用。党的十八大以来，累计开展常规巡察、专项巡察、巡察"回头看"等共 18 轮，完成对全区处级单位和村（社区）党组织巡察全覆盖，共发现问题 6818 个，移交问题线索 750 件，巡察监督"利剑"愈显锋芒。

坚持严的基调、严的措施、严的氛围，一体推进不敢腐、不能腐、不想腐。 党的十八大以来，全区纪检监察组织共处置问题线索 3773 件，立案 1484 件，党纪政务处分 1260 人，涉嫌犯罪移送检察机关 98 人。严肃查处一批有影响力的案件，形成惩治腐败的强大震慑。抓铁有痕做好"后半篇文章"，推进办案、整改、治理有机贯通，用好"两书一抄告"（纪律检查建议书、监察建议书、党风廉政建设情况抄告单），推动堵漏建制，定期召开全区警示教育大会，以案为鉴常敲警钟。创新举措抓实廉政警示教育，建成宝山区反腐倡廉教育基地，组建"青年说"讲解员队伍和讲师团，制作《清廉宝山地图》，打造清廉宝山新时代廉洁文化品牌。

供稿单位：中共上海市宝山区纪律检查委员会

链接 115　稳妥推进纪检监察体制改革

党的十八大以来，根据党中央关于深化纪检监察体制改革的决策部署和市委工作要求，宝山区稳步推进纪检监察体制改革工作。

2014 年，区纪委深化落实纪律检查体制改革，进一步整合优化机关内设机构，全面清理议事协调机构，深入落实"两个为主"（查办腐败案件以上级纪委领导为主；各级纪委书记、副书记的提名和考察以上级纪委会同组织部门为主）要求，推进纪律检查工作双重领导体制具体化、程序化、制度化，持续转职能、转方式、转作风，为全面深化改革奠定坚实基础。

2018 年 1 月 15 日，区深化国家监察体制改革试点工作转隶大会召开，撤销区监察局和区检察院的反贪、反渎、预防职务犯罪等部门，将相关机构、职能、人员转隶至区监察委员会。1月22日，宝山区监察委员会正式挂牌成立，区监委与区纪委合署办公，履行纪检、监察两项职能。

2019年4月3日，区深化国家监察体制改革工作会议召开，正式挂牌成立区纪委监委第一至第六6个综合派驻纪检监察组，第七、第八2个单独派驻纪检监察组（分别派驻监督法院、检察院），实现对全区60家区一级党和国家机关的监督全覆盖。

2018年1月22日，宝山区监察委员会正式挂牌成立

2019年7月11日，区纪委监委召开全区纪检监察工作会议，宣布15家街镇园区成立派出监察办并进行授牌仪式，监察职能进一步向街镇园区延伸。

2021年，为加快推进宝山科创中心主阵地建设，区委成立宝山工业园区、科技创新开发、滨江开发建设三个开发区管理机构，撤销原宝山工业园区、城市工业园区、航运经济发展区管委会及相关纪工委、派出监察办。同年11月，增设区纪委监委第九派驻纪检监察组，对新成立的三个开发区和区国资委及其直管国有企业，采取综合派驻形式进行监督。

2023年2月，宝山区在全市范围内率先落实派驻机构负责人担任驻在单位党组（党委）成员的工作部署，区纪委监委第一至第六和第九共7家综合派驻纪检监察组组长任职。

供稿单位：中共上海市宝山区纪律检查委员会

链接 116　全市首创党风廉政建设责任风险清单制

根据党中央关于实行党风廉政建设责任制的要求，2014 年，宝山区委在全市首创"党风廉政建设责任风险清单"制度，由区委、区政府班子成员结合岗位和履职风险，通过梳理个人风险清单、制定防范措施，推动正确行使权力，履行职责范围内党风廉政建设责任。这一创新做法被《中国纪检监察报》《解放日报》专题报道。

宝山区全面从严治党制度汇编

经过多年实践和延伸拓展，责任风险清单制已逐步完善为全面从严治党"三项清单"制度，即党委制定任务清单、纪检监察组织制定监督清单、各级领导干部制定个人责任风险清单，以清单为载体明晰责任，加强落实。为加强对责任落实的全过程闭环管理，实行年初清单明责、年中推进落实、年底述责评议等举措，并运用日常提醒、监督检查、督促指导等方式推动全面从严治党主体责任、监督责任、第一责任人责任和"一岗双责"的有效落实。同时，相继出台履责约谈、廉情抄告、"一岗双责"季报、"四责协同"机制向基层延伸、履责调查等制度，不断建立完善"四责协同"机制配套制度体系，推动全面从严治党向纵深发展。

供稿单位：中共上海市宝山区纪律检查委员会

链接 117　巡察全覆盖

新时代，宝山区扎实做好市委巡视整改，完成区委巡察全覆盖，实现"发现问题、形成震慑、推动改革、促进发展"目标，政治生态不断净化。

健全体制机制，坚定不移发挥政治巡察利剑作用。区委把巡察工作作为深入推进全面从严治党的直接抓手，带头落实主体责任和区委书记"第一责任人"责任。区委高度重视巡察机构建设，区委巡察办配备专职主任、副主任，同时设 5 个区委巡察组。七届区委期间，对 71 家处级单位党组织和 485 个村社区党组织实现巡察全覆盖，共发现问题 6256 个，移交问题线索 740 余件。2021 年 10 月，七届宝山区委巡察工作总结会议召开，全面总结七届区委巡察工作，区委书记陈杰对开展下阶段工作进行了思想上再动员、认识上再提升、行动上再统一，切实推动巡察工作高质量发展。

强化制度建设，坚定不移推进巡察工作高质量发展。 完善配套制度，结合宝山实际，制定配套制度 10 余项，印发《区委巡察机构管理制度汇编》《巡察工作操作手册》等，推动巡察工作制度化、规范化。建立巡察任务库、人才库、信访库和问题线索库，夯实巡察信息共享基础。

注重立体联动，坚定不移推动形成监督工作合力。 聚焦"国之大者"，将创新社会治理、环保督察、创全创卫等重点工作纳入巡察监督范围，共同推动突出问题整改。贯彻落实巡视巡察上下联动的实施意见，扎实有力开展交叉巡察工作，总结提炼具有宝山特色的工作经验，积极破解基层"熟人社会"难题。突出多种监督融合贯通，在选人用人、编制工作、意识形态等方面，加强与区委组织部、区委编办、区委宣传部等部门沟通，同时与审计部门巡审联动，推动形成协同高效的监督体系。

2021 年 10 月 26 日，七届宝山区委巡察工作总结会议召开

深化成果运用，坚定不移做实巡察"后半篇文章"。 研究制定《宝山区关于加强巡察整改和成果运用的实施办法》，建立健全巡察整改全程监督机制，细化巡察整改和成果运用工作流程，做深做细巡察"后半篇文章"。用好巡察专报、巡察抄告，建立"综述＋通报"制度，助推巡察成果转化运用。分批次开展巡察整改评估检查，重点检查责任落实、问题销号、制度建设、信访件办理和问题线索处置等情况。

供稿单位：中共上海市宝山区委巡察工作领导小组办公室

链接 118　建设"清廉宝山"新时代廉洁文化品牌

党的十八大以来，宝山区纪委监委围绕打造"清廉宝山"总目标，把加强新时代廉洁文化建设作为一体推进不敢腐、不能腐、不想腐的基础性工程抓实抓好，坚持用理想信念固本，用反面典型警示警醒，通过打造廉洁文化品牌，推动宝山区廉洁文化建设实起来、强起来，为推进全面从严治党向纵深发展提供重要支撑。

宝山区反腐倡廉教育基地

2021 年 8 月，区纪委监委"青年说"讲解员在区反腐倡廉教育基地对党员干部开展警示教育

宝山区纪委监委以"一微两讲"为载体，坚持正面引导，发挥"滨江清风"微信公众号、"青年说"讲师团和讲解团宣传引导作用，不断扩大党风廉政宣传教育的覆盖面和影响力。积极探索警示教育常态化、长效化、制度化建设，通过召开全区警示教育大会，编印《忏悔录》《案例汇编》，拍摄系列警示教育片，组织全区公职人员参与旁听案件庭审等，以"身边事"教育"身边人"，不断夯实"不想腐"的思想堤坝。深入挖掘廉洁文化资源，在全区各街镇党群服务中心有机融入廉洁元素，建设清廉教育阵地，以区反腐倡廉教育基地为依托，打造《清廉宝山地图》，大力开展廉洁文化"七进"活动，协助区委举办全区廉政文艺汇演，进一步涵养廉洁之风。

供稿单位：中共上海市宝山区纪律检查委员会

第四节 广泛开展协商工作，充分发挥统一战线『法宝』作用

新时代，宝山区统战事业呈现新气象，团结奋斗的思想基础进一步巩固，大统战工作格局进一步夯实，多党合作事业进一步深化，凝心聚力的法宝作用进一步彰显。

持续完善大统战工作格局。区统战系统深入学习贯彻《中国共产党统一战线工作条例》，坚持大统战工作理念，推动形成区委统一领导、统战部门牵头协调、有关方面各负其责的大统战工作格局。完善区委统一战线工作领导小组工作规则和专项议事协调机制，落实各级党组织统战工作责任制。定期召开统战工作领导小组会议和统战工作会议。

夯实巩固多党合作事业基础。深化政党协商，落实区委书记与党外代表人士集体谈心、季度座谈会、区情通报会等制度。稳步推进党外人士政治安排，完成区政协八届、九届人事安排工作。完善区委统战部、区委组织部"两部联席会议"，共同开展全区党外年轻干部调研，联合印发《关于进一步加强党外干部队伍建设的实施意见》。着力加强党外代表人士队伍建设，深入推进"上海党外代表人士挂职锻炼基地"品牌建设，《合力打造党外代表人士挂职锻炼基地品牌》刊登于《中国统一战线》2020年第9期。扎实推进党外知识分子和新的社会阶层人士工作，打造"宝山知音论坛""宝山宝"等工作品牌，党外知识分子思想政治工作获上海统一战线"十佳案例"。

高质量推进民族宗教工作。开展民族宗教政策法规宣传学习月活动。做细做实民族团结进步创建"八进"工作。区首家民族团结进步教育基地在上海淞沪抗战纪念馆挂牌。联合区教育工作党委开展铸牢中华民族共同体意识教育进中小学活动。举办"民族团结心向党，我与祖国共奋进"庆祝中国共产党成立100周年文艺汇演。做好清真挂牌食品供应网点换证及规范标识工作。坚持我国宗教中国化方向，坚

决遏制宗教极端思想渗透蔓延。加强宗教团体、教职人员及代表人士梯队建设。开展民族宗教界"四史"学习教育，引导宗教场所践行"两个责任"。开展"崇俭戒奢"教育活动，指导宗教团体场所进行规范管理。持续推进文明和谐寺观教堂创建活动，宝山寺连续获评五星级场所。开展宗教场所财务审计及"回头看"工作。

助推非公经济转型发展。扎实开展以党史学习为重点的初心使命教育，持续开展以弘扬沪商精神为重点理想信念教育活动，引导非公经济人士健康成长。加强调查研究积极参政议政，依托组织优势，汇聚系统合力，主动建言献策，反映呼声建议。完善工作机制提升服务能级，建立健全"民营经济圆桌会""政会银企"四方合作、民营经济标准化工作、"公检法司"合作等机制，不断优化完善营商环境，服务民营经济高质量发展。发挥资源优势，广泛动员和支持所属商会、民营企业积极参与对口地区精准扶贫和乡村振兴行动。不断创新工作思路和举措，宝山区工商联被评为全国"五好"工商联。

深化港澳台侨工作内涵。集聚侨界资源优势，服务经济社会发展。协调承办"欧美同学会第二届中美经贸论坛"。完善为侨公共服务体系，改善侨界民生。每年围绕一个主题，开展侨法宣传月活动。推进"一网通办""双减半"工作，先后为200余名侨界人士办理华侨身份认定、"三侨生"加分审批等出证工作。扩大海外联谊，拓展民间联系，配合做好港澳青年来沪实习等活动。支持欧美同学会宝山分会、侨商会宝山分会、宝山海联会，开展"幸福宝山，健康相伴"——海归医务专家大型义诊、海归下午茶、创金宝圣诞联欢等活动。加强联系，推动对台交流交往。2012—2019年期间，每年组织10余个团组赴台湾省交流考察，协助举办"海峡杯"两岸篮球赛事。2020年申报上海淞沪抗战纪念馆成为市对台交流基地，与台北南港区举办"共话社区治理，共享服务

2022年2月23日，宝山区委统战工作领导小组会议召开，围绕落实中央、市委统战工作部署，研究讨论下阶段全区统战重点任务

经验"线上直播交流。为纪念抗日战争"七七事变"85 周年，与台北市共同举办"铭记历史　弘扬伟大抗战精神"为主题的视频连线演唱会。印发《宝山区贯彻国台办、市台办惠台政策服务指南》，进一步服务台胞。

供稿单位：中共上海市宝山区委统战部

链接 119　打造上海党外代表人士挂职锻炼基地

2008 年 7 月，市委统战部和中共宝山区委联合创建全市首家上海党外代表人士挂职锻炼基地（以下简称"挂职基地"），探索了一条市区联动、条块结合，共同培养党外代表人士的新举措。至今为 14 批 129 名党外代表人士提供挂职锻炼平台，成为上海培养党外代表人士、推动党外代表人士成长成才的特色品牌。

2015 年 5 月 20 日，由市委统战部和宝山区委共同举办的"挂职基地建设与党外干部成长"论坛在宝山召开

挂职基地围绕"挂实职、行实权、干实事、出实效"的工作目标，建立"三个一"工作机制（即"一条线"分管，接收单位党委对挂职工作负总责；"一把手"带教，接收单位行政主要领导亲自带教指导；"一线法"工作，安排挂职干部深入基层一线，提高解决复杂问题的能力），形成"六个一"挂职任务（即进行一次红色学习考察，化解一项信访矛盾，撰写一份参政议政提案，完成一份区情调研报告，总结一项最富有成效的工作案例和撰写一篇挂职总结）。挂职基地注重全过程思想政治引领，精心组织开展入区培训、"看宝山、建良言""走进"系列、"回娘家"等各类学习交流活动，致力于全面提高党外代表人士的"五种能力"，进一步提升挂职基地引才聚智的功能，为宝山科创中心主阵地建设、奋进"北转型"凝聚更多智慧和力量。

供稿单位：中共上海市宝山区委统战部

链接 120　长江口民营经济发展论坛和"民营经济圆桌会"

深入贯彻落实习近平总书记对新时代民营经济统战工作和工商联工作的重要指示，深入贯彻党的十八大、十九大和二十大精神以及党中央关于经济工作、统战工作决策部署，紧紧围绕服务"两个健康"发挥作用，区工商联定期举办"长江口民营经济发展论坛"和"民营经济圆桌会"。

长江口民营经济发展论坛。2013—2018 年，第十至十四届"长江口民营经济发展论坛"在上海宝山举行。共有 2500 余名来自全国各地的相关行业民营企业家代表等参加论坛。**成为宝山区一张城市名片**。借助论坛平台，有效推荐宝山区功能定位和城市品位，"宝山有宝"享誉长三角乃至全国，为宝山发展注入了新活力。**提升宝山产业能级**。论坛聚焦引领科技创新等前沿科技主题，着力推动传统老工业基地向机器人、生物医药、新型材料、新一代信息技术等

2023 年 3 月 3 日，以"解难题，优服务，全力推进数字经济高质量发展"为主题的宝山区民营经济圆桌会（第二期）举行

战略性新兴产业聚集地转型，提升宝山区产业、行业和企业发展的能级水平。**助力民营经济高质量发展**。论坛推介宝山良好的产业政策，优化营商环境，吸引了全国各地民营企业来宝山投资发展，引领民营企业产业向价值链高端迈进。

民营经济圆桌会。2022 年 9 月以来，每季度召开 1 次民营经济圆桌会，每次邀请 8—10 家有代表性的民营企业，与区领导和职能部门面对面沟通，提出诉求或建议。宝山区已召开四期民营经济圆桌会。建立"123"闭环工作机制，即 1 个机制、2 次推进会、3 张单子。**1 个机制**即《宝山区"民营经济圆桌会"暨宝山区民营经济发展联席会议工作机制》，在全市范围内率先建立该机制，明确圆桌会举办流程。**2 次推进会**分别在圆桌会后召开 1 次，企业诉求或建议初步办结后召开 1 次。**3 张单子**即工作提示单、企业诉求与建议清单、企业诉求与建议办理单。

供稿单位：上海市宝山区工商业联合会

链接 121　宝山宝·书画艺术作品慈善拍卖活动

　　为深化贯彻落实《中国共产党统一战线工作条例》要求和中央统一战线工作领导小组《关于加强自由职业人员统战工作的意见》精神，进一步引导自由职业人员心怀"国之大者"、牢记"责之重者"，不忘来时路，探索自由职业人员思源感恩、服务社会的方法途径，宝山区委统战部将文化元素引入自由职业人员统战工作，2018 年成立宝山宝·自由职业艺术家联盟。明确"宝山宝"内涵，寓意统战是宝，宝山有宝，人才为宝，汇才聚宝，串联"人杰（做优秀的人）、墨珍（有好的作品）、心善（能崇德向善）"元素，团结凝聚一批具有书画、篆刻、写作、摄影等特长的自由职业人员，连续举办四届宝山宝·书画艺术作品慈善义拍义卖活动，征集了近 60 位艺术家创作的 117 幅作品，共筹得善款 221.05 万元，所筹善款用于宝山对口支援地区扶贫助学、关爱宝山区困难统战成员等。

2020 年 6 月 28 日，"大爱至简"——海上新力量·宝山宝慈善义拍义卖活动现场作品展示

　　该活动通过"统战＋慈善"的方式，既宣扬了中华传统优秀文化，扩大了统一战线工作的社会影响，更夯实了共同思想基础，引导自由职业人员成就自己的同时，思源致远、厚植家国情怀，在服务社会中传递更多温度、汇聚更强能量、展现更好风采，为实现共享共富广泛凝聚新力量。

供稿单位：中共上海市宝山区委统战部

链接 122　做好新形势下民族宗教工作

宝山区罗店镇美丽的练祁河畔，坐落着一座以晚唐宫殿式建筑风格的寺庙——上海宝山寺。宝山寺原名梵王宫（玉皇宫），始建于明朝正德六年（公元1511年），距今已有500多年的历史。随着罗店老镇改造的启动，宝山寺纳入改造规划之中。宝山寺2005年移地重建。新修的宝山寺以中国传统的木榫卯结构建造而成，获得了中国建筑行业工程质量的最高奖"鲁班奖"。

宝山寺

新时代的上海宝山寺，以习近平新时代中国特色社会主义思想及习近平总书记关于宗教工作的重要论述为指导，将践行社会主义核心价值观与加强佛教道风建设相结合，坚持学习佛教教义与爱国主义教育相结合，努力提高僧众爱党爱国爱社会主义的政治思想觉悟和佛学造诣，深入挖掘佛教教规教义中与社会主义核心价值观相一致的内容，对佛教教义教规作符合时代进步的阐述，引导僧众与信教群众增强宪法意识、国家意识、法律意识、公民意识，拥护中国共产党的领导和社会主义制度，爱国守法，自觉维护国家安全、祖国统一和民族团结；引导信教群众正信正行，认清和抵制邪教活动，引导僧众与信教群众为宗教和顺和社会安定做贡献。自上海市文明和谐寺观教堂创建活动开展以来，宝山寺连续荣获五星级上海市文明和谐寺观教堂称号。

供稿单位：上海市宝山区民族和宗教事务办公室

第七章

坚持全面重塑，全力建设科创中心主阵地

第一节 打造上海科创中心主阵地，书写宝山『北转型』新篇章

建设上海科技创新中心主阵地，是市委赋予宝山的重大使命任务。2021—2023年，宝山区深入贯彻落实市委、市政府各项战略部署要求，充分发挥中心城区能级优势和郊区腹地承载优势，围绕科技创新策源、高端产业引领两大核心功能，以科技成果转化和产业化为重点，不断优化顶层设计、完善体制机制、推进多元协作，走好以科技创新引领区域转型的新路，助力上海全链条创新布局。

加强组织领导。成立推进科创中心主阵地建设工作领导小组，由区委书记任组长，定期会商科创中心主阵地建设的重大问题。领导小组办公室设在区发展改革委，负责牵头制定三年行动计划并滚动推进。各相关部门立足各自职能，提出具体工作方案，研究制定配套政策文件。

强化政策引领。制定出台《宝山区全面奋进北转型 全力建设主阵地行动方案》《关于大力推进上海科技创新中心主阵地建设的实施意见》《宝山区推进上海科创中心主阵地建设三年（2021—2023）行动计划》《关于深入贯彻落实市第十二次党代会精神建立全面奋进北转型全力建设主阵地工作机制的意见》等文件，主阵地建设"四梁八柱"基本形成。出台科创30条、环上大"黄金十条"等科技创新专项配套政策，促进要素资源优化配置，形成更加有利于科技创新的"场效应"。改革完善科技创新评价机制和考核办法，将人才密度、创新强度等创新业绩指标纳入对部门和领导干部绩效考核范围。完善科技、人才领域容错纠错实施细则，保护人才积极性。广泛开展群众性科技创新活动，促进全社会创造活力迸发。

深化市区联动。积极争取上海市推进科创中心建设领导小组及市相关部门支持，及时有效对接市级层面政策和资源，推动重点项目、重大平台、重要试点落地宝山。与市科委签订战略合作框架协

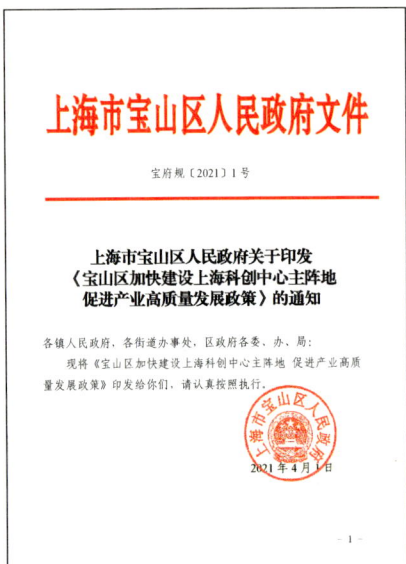

2021年4月，上海市宝山区人民政府印发《宝山区加快建设上海科创中心主阵地促进产业高质量发展政策》

议，联动实施宝山转型发展科技专项，支持包括上海大学科技园在内的大学科技园建设，支持宝武集团等龙头企业融通创新，支持国内外领军企业和科研机构为南大智慧城、吴淞创新城等市级重大转型板块发展提供科技支撑。

加强区企联动。发挥宝武等龙头企业的战略性支撑作用，建立宝山区—央市属企业转型发展协调沟通联动机制。联手宝武建设吴淞创新城，探索实施"企业自主转型＋政府局部收储"全新模式。建成宝武钢铁会博中心等一批重要载体，上海大学上海美术学院等项目稳步推进。深化与临港集团、华润集团合作共建南大智慧城，西南片区首发区域加快建设，数智中心正式投用，数智绿洲一期、科创之门、国际人才社区实现结构封顶，15号线双TOD建设加快推进。深化国资国企改革，吴淞口文旅集团、宝山城运集团挂牌运营，国投集团发行首支公司债券。服务保障华夏国际邮轮在宝山运营发展，凝聚邮轮产业体系高质量发展合力。

加强区校联动。健全与上大等高校区校双方多层次协调协商机制，清单式推进合作项目，加速大学科技园集群式发展。环上大科技园9个基地建成运行，北大科技园正式开园，上海第二工业大学科技园获评国家级大学科技园。宝山复旦科创中心启用，落地中科院赵东元院士领衔的功能介孔材料研发等一批国内外领先科技项目。突破一批解决"卡脖子"问题、国产有效替代的科技成果。

鼓励多方参与。引导推动资本投资科创，"先投后股"扶持首批7个项目近3000万元，带动20个前沿项目落地。拓宽科创企业融资渠道，建设上海（宝山）科创金融服务中心。积极培育和引进科技服务专业机构，促进科技创新供需对接，打造"数字科创港"和"科创宝"平台。

供稿单位：中共上海市宝山区委研究室

链接 123 《宝山区推进上海科创中心主阵地建设三年（2021—2023）行动计划》发布

2021 年 1 月 28 日，宝山区建设全市科创中心主阵地推进大会在中国宝武钢铁会博中心召开，大会的举行标志着宝山"北转型"新篇章大幕开启，科创战略进入全面施工期。会上，宝山正式发布了《宝山区推进上海科创中心主阵地建设三年（2021—2023）行动计划》。聚焦成果转化、科创与金融、创新人才、创新产业、科创服务体系五大重点领域，共制定了 28 条共 68 项具体计划。同时，科创主阵地核心承载区三大平台公司揭牌，科创主阵地建设首批载体命名授牌。

金色炉台·宝武高炉会博中心

宝山区聚焦打造科创中心主阵地目标任务，勇当"科创＋产业"创新的开路先锋，以科技创新驱动产业转型升级。充分依托宝武、临港、上大的资源优势，加强科技创新统筹布局，调整组建吴淞、南大、大学科技园三大一级平台公司，明确开发建设、投资发展等功能定位，实体化投入运行。一方面，围绕南大地区打好"上大牌"。控详规划正式获批，临港智慧城等项目按节点有序推进。26 个市政公建项目加快建设，丰翔路、祁连山路等主干路网基本建成，九年一贯制学校、幼托等公建配套结构封顶。与上大达成新一轮战略合作，挂牌成立环上大科技园，制定专项政策。首发项目宝山科技园完成功能改造，临港城工科技绿洲一期建成使用，首批 3 个产业技术研究院、8 家企业、8 个重点转化项目入驻。另一方面，聚焦吴淞地区打好"宝武牌"。建设规划、首发地块控详规划和两个 1 平方千米控详规划正式获批，10 个专项规划形成稳定成果。与宝武集团深化合作，发挥宝武产业链上下游聚合优势，开工建设总投资达 135.3 亿元的欧冶云商运营中心、宝武工业品供应链运营中心等 10 个重大产业项目。宝武高炉会博中心顺利竣工，博绣荟产业园投入运营。

供稿单位：上海市宝山区发展和改革委员会

链接 124　区企联动

深化央地合作对接，推动宝山转型发展。多年来，宝武集团全方位参与到宝山区产业发展、城市建设、民生治理，为宝山经济社会发展作出巨大贡献。特别是近年来，宝武与宝山合作推进吴淞转型各项工作步入快车道，地块转型开发取得实质性突破，一批规划加速获批，一批项目实现开工，一批公建配套稳步推进，取得丰硕成果。作为吴淞创新城先行启动区，中国宝武吴淞园积极融入国家、上海、宝山发展战略和中国宝武"共建高质量生态圈"建设，统筹协调不锈钢、特钢、罗泾三大地块的土地转型工作，将过去的"钢铁基地"转化为宝山区的"科创基地"。宝山与宝武通过签订两轮落地性质的实施协议，构建了以政府主导、宝武参与、市场化运作的吴淞转型机制，大大加快了吴淞转型进程。

政企合作，共建南大智慧城。宝山区持续深化与临港集团、华润集团合作，西南片区首发区域加快建设。2018 年 5 月，宝山区与上海临港集团签订合作协议，区企合作，共同落实南大地区整体转型升级。2023 年 5 月 25 日，宝山区与华润集团签署战略合作协议，借助华润集团的产业优势，赋能产业发展。华润集团旗下 4 大板块 5 家企业进入宝山，投资力度不断增大，产业布局日益优化，覆盖雪花啤酒、华润万家、华润燃气、华润置地等板块。

2020年12月23日，上海吴淞创新城宝武吴淞科创园十大产业项目开工奠基，该项目的正式启动标志着央地携手，迈入共同打造上海科创中心主阵地的新时期

政企协同，共同打造民族邮轮品牌。市政府《关于加快推进南北转型发展的实施意见》明确宝山要"拓展邮轮经济产业链，打造具有国际邮轮特色、海上门户标识度的文旅新地标"。2024年1月，华夏国际邮轮有限公司注册成功、正式落户宝山，这是上海邮轮经济发展新的启航，是中国邮轮旅游产业发展新的里程碑。宝山区委、区政府抓住机遇、组织力量，全力服务华夏国际邮轮落地。成立专项推进工作小组，积极对接华夏国际邮轮筹备组，为企业落户提供专业人员支持、办公场所和人才公寓保障、企业注册协助等全方位服务。

供稿单位：上海市宝山区发展和改革委员会

链接 125　区校联动

大力建设和发展大学科技园是宝山区落实市委、市政府决策部署，打造上海科创中心主阵地、加快推进"北转型"的重要路径。宝山聚焦科技成果转化和产业化核心，围绕育源头、聚要素、强功能、优服务四个方面，扎实推动全区大学科技园全面建设。

深耕在地高校，加快建设环上大科技园。2020年6月，宝山区与上海大学签订新一轮深化战略合作框架协议，就携手打造环上大科技园达成共识。2020年11月30日，环上大科技园正式开园。截至2023年6月，已累计落地企业近400家，转化科技成果100余项，建成9大核心基地，初步形成"众创空间＋孵化器＋加速器＋产业基地"的全链条科技成果转化和创新创业孵化体系。

宝山区区校合作示意图

借力市内高校，形成高校园区积聚地。积极拓展市内高校创新载体，紧抓宝山区与复旦大学、同济大学、上海理工大学、上海海洋大学深化战略合作的历史机遇，合作共建宝山复旦科创中心、同济大学科技园宝山园、上海理工大学科技园宝山园、上海海洋大学科技园宝山园，加速科技成果转移转化。宝山复旦科创中心启用以来，以赵东元院士团队介孔材料项目为代表的4个项目、12家企业落地宝山。

放眼市外高校，打造大学科技园集群。链接外省市的北京大学、华中科技大学与宝山携手共建特色园区，形成"西有环上大科技创新核、东有三号线大学成果转化带"的"一核一带"大学科技园布局，成果转化项目累计 112 项，落地企业 436 家。上海北大科技园入选上海市 2022 年科技创新创业载体培育体系，开园以来转化科技成果 17 项，落地企业 42 家。

供稿单位：上海市宝山区科学技术委员会

链接 126　推行"首席代办专员"制度

2022 年，宝山区实行"首席代办专员"制度，推动解决重点项目推进中的瓶颈制约问题，做好企业沟通协调，着力构建亲清政企关系新格局。该制度由全区各街镇园区党政"一把手"作为重点项目推进第一责任人，通过在减时间、减环节、减跑动上做文章，在主动服务、全面服务、全程服务上挖深度，努力让企业在发展的各个阶段感受宝山营商服务的热度。

2022 年 9 月 21 日，美迪西北上海生物医药研发创新产业基地项目在北上海生物医药产业园正式开工，实现"拿地即开工"

2022年，美迪西北上海生物医药产业园项目，因疫情原因受到耽搁，首席代办员迅速组建专人团队，会同相关部门，将问题逐项沟通，以线下受理、容缺后补、多部门集群决策等方式，抢回前期疫情影响耽搁的时间。8月5日，美迪西项目地块顺利完成网上挂牌。该项目从意向投资到落地开工，持续加速推进，实现"拿地即开工"。9月20日，美迪西项目实现同日"四证齐发"。9月21日，总建筑面积超15万平方米的美迪西北上海生物医药研发创新产业基地项目，在北上海生物医药产业园核心区宝山罗店工业园开工奠基。

2023年，宝山区通过标签式管理，坚持有什么问题就解决什么问题，采取相对独立灵活的"1+N"联合首席代办，其中"1"为属地政府首席代办员，"N"为企业所需协调涉及的部门首席代办员。宝山区以重大产业项目为试点，结合"首席代办"服务制度，建立"重大产业项目联合首席代办"服务，协同服务，联合办公，有效推动宝山区重大产业项目开工落地，加快推动营商环境实现提升。从"金牌帮办"到"代办专员"，再到"首席代办专员""联合首席代办"，宝山区不断迭代涉企事项服务对接能力，提升营商环境水平。截至2023年11月，全区13个街镇园区共有500余位"一线代办专员"和26位"首席代办专员"，服务全区重点企业2000余家。

供稿单位：上海市宝山区发展和改革委员会

第二节　坚持一盘棋布局，积极构建全域创新格局

　　宝山区紧扣"主阵地、主城区、样板区"战略定位，发挥不同区域比较优势，形成协同倍增效应，塑造与上海中心节点、战略链接相匹配的城市功能和形态。

　　坚持一盘棋布局。南部打造科创转化带，包括大场镇、高境镇、淞南镇、庙行镇、张庙街道、吴淞街道、友谊路街道等。协同环上大、北大、二工大等一批大学科技园，依托轨交沿线双创载体，构建研发、孵化、加速、中试等科创链条，集聚检验检测、知识产权交易、技术转移等一批机构，提升科技金融、科创中介等各类专业服务能级，促进科创成果和市场运用的有效对接。融入全市"一江一河"规划，加快建设"科创之河"，下大力气贯通蕴藻浜"一号湾"沿岸，改造两岸老仓库、老码头、老港区、老堆场、老厂房"五老"空间，关停全区八成货运堆场，把最珍贵的滨江临水"第一立面"留给人民群众，变"工业锈带"为"科创秀带""生活秀带"，延展"1号湾"科创功能，提升科创公共服务水平。北部打造科创产业带，包括杨行镇、顾村镇、月浦镇、罗店镇、罗泾镇、宝山工业园区等。大力培育引进创新型企业，建设一批研发中心、工程中心、技术中心等功能性机构，推动技术创新和战略性新兴产业互促发展。

2021 年 4 月 7 日，时任中共宝山区委书记陈杰调研共和新路蕴藻浜区域开发建设工作

宝山科创 1 号湾岸线贯通—改造后实景图

推进产城融合创新发展。按照上海国际大都市主城区的定位，科学配置生产、生活、生态空间，推动以城聚产、以产兴城、产城联动良性循环。南部中心城聚焦品质提升，发挥区位优势，推动南大、蕰藻浜沿岸等重点地区城市更新，加强高等级、特色化公共服务资源配置，促进设施共享、空间联动、功能集聚，全面提升城市功能和品质。中部主城片区聚焦连片崛起，结合吴淞地区转型和宝山站交通枢纽建设，着力提升城市副中心服务能级，推进中部城镇整体转型和互动互融，形成高附加值的研发、科技创新产业和社区功能，与中心城共同做强城市核心功能。北部新市镇聚焦城乡融合，有机串联组合城镇功能板块、产业功能板块和乡村振兴板块，建设高端制造基地、活力科创社区和大都市近郊美丽乡村。推进产城融合创新发展。根据定位，宝山加快南大、吴淞 32 平方千米重点板块整体转型，规划建筑总量超 3000 万平方米。打造吴淞市级副中心，联手宝武推进特钢、不锈钢地块整体收储、联合开发，两个 1 平方千米先行启动区加快建设。南大智慧城西南片区产业先行区全面启动，地标项目"科创之门"主体结构封顶，数智中心交付使用，国际人才社区、数智绿洲一期封顶，15 号线双 TOD、中央公园、上师大附中分校、社区服务中心等项目加速推进。

强化世界级沿江沿海发展带支点功能。坚持与沿江沿海重点地区多方协同、融合发展，做好"南承中心辐射、北向跨江联动、东接浦东引领区、西连长江经济带"大文章。做强科创、产业、交通、社会服务等枢纽节点功能，助力长三角率先形成新发展格局。共建长三角科技创新共同体，加快长三角新材料产业技术研究院等建设，打造成果转化和产业化高地。加强长三角产业协作，推动产业链协同发展、创新链精准对接、供应链双向融合，共建世界级制造业集群。拓展教育、医疗、养老、社会保障等领域互认互通。深入对接浦东引领区建设，积极争取更多投资贸易便利化措施在宝山复制推广。加强与长江经济带沿线城市在产业、贸易等各领域交流合作。打造北上海枢纽门户，配合推进沪渝蓉高铁、沪通铁路二期建设，强化枢纽功能，加快将高铁宝山站建设成为现代化、多层级、一体化的综合交通枢纽节点，打造交通功能与城市各类业态功能高度复合的发展新地标，增强服务辐射长三角北翼、联动长江经济带的枢纽门户功能。谋划站城融合发展，与吴淞等板块形成功能联动。建设国际邮轮旅游度假区，推动中国首艘新造大型邮轮首航。

宝山区吴淞口

供稿单位：上海市宝山区发展和改革委员会

链接 127 "十年磨一剑"推进南大智慧城建设

宝山南大地区地处上海市中心城区西北部，区域面积 6.3 平方千米。20 世纪 80 年代，南大地区承接了上海城区化工、皮革、冶金类产业转移，在为上海工业做出重要贡献的同时，也成为上海重污染地区之一，安全隐患突出、居民反响强烈。为此市委、市政府高度重视，自 2010 年起全面启动南大地区环境综合整治工作。十余年来，累计关停各类企业 3000 余家，疏解、安置约 14 万人，拆除建筑近 260 万平方米，有效收储土地达 8000 余亩，区域形象全面重塑取得重大突破。其间，市领导在实地调研时指出：要加快地区整体转型升级，打造全市转型升级的示范区、高质量发展的示范区、卓越城区建设的示范区，并将南大地区比作一块"不可多得的大衣料子"，提出"不低于浦江两岸开发标准"和"对标国际一流"的总体建设要求，建成科创金融服务中心新标杆，形成硬核科技集聚的新高地、高品质城市建设的新典范。

正在如火如荼建设中的南大智慧城

十年磨一剑，南大地区以"南大智慧城"新名片重新亮相，肩负着上海科创中心主阵地核心承载区、上海南北转型核心承载区的建设重任。南大智慧城一手抓城市高品质开发，聚焦西南片区开发建设，在建总建筑面积达86.5万平方米，首发项目—南大数智中心交付使用；数智绿洲一期结构封顶；科创之门、国际人才社区等载体主体结构完工；数智绿洲二期2023年出正负零。西南象限公共空间总体规划形成初步方案，推动立项工作。加快TOD综合开发，成功引进顶级运营商华润置地，投资打造北上海购物中心新旗舰；不断完善城市功能配套和基础设施建设。一手抓经济高质量发展，坚持把"科创"作为第一动力，围绕数字经济、合成生物、科创金融等重点领域，成功创建"数智南大"上海市级特色产业园、成立上海首个合成生物产业园、挂牌上海（宝山）科创金融服务中心并进行实体化运作。全力引进中软国际、捷瑞肯、本源量子等科创"核爆点"项目，着力实现经济指标目标，以优质的平台和服务厚植科创产业发展土壤，勇当科创"主力军"。

供稿单位：上海南大开发建设有限公司

链接 128 央地携手加速吴淞创新城开发建设

20 世纪 90 年代，吴淞创新城区域内集中金属冶炼、化工、纺织、机械铸造、金属制品等行业。当时大部分企业处于停产、半停产状态，厂房场地出租普遍，形成大量低能级、高污染的"五小"企业以及堆场和集卡停车场，城市形象和产业能级落后。市委、市政府为支持推动吴淞创新城开发建设，与宝武集团深化合作，双方于 2012 年签订《关于上海宝山地区钢铁产业结构调整的合作协议》，2018 年签订《关于上海宝山吴淞地区整体转型升级的合作协议》，2022 年签订《关于加快推进南北转型的战略合作协议》。宝山区委、区政府也于 2021 年、2023 年与宝武集团分别签订《上海宝山吴淞创新城（宝武地块）整体转型升级的实施协议》及其补充协议。一系列合作协议的签订不断完善市区两级政企联动的顶层设计，固化合作交流成果，为吴淞创新城产业升级规划和转型发展打下坚实基础。吴淞工业区在市委、市政府支持下，"先治理、再转型"，于 2014 年进入整体转型阶段。2020 年 6 月，吴淞创新城建设规划获批，规划建筑总量 2500 万平方米，交通、绿化等十余项专项规划形成稳定成果并获得市级部门审核意见，形成了较为清晰的转型蓝图。

央地联动，整体推动宝武地块转型。吴淞创新城总面积 26 平方千米，其中央企占地比重约 37%，宝武集团作为国有重要骨干央企，在吴淞创新城内占地面积最大，约 6.94 平方千米，占地比重约 26.7%。因此吴淞创新城的转型开发建设与在地央企的支持与合作密不可分。吴淞创新城中，宝武特钢与不锈钢约 6 平方千米，自 2020 年起优化开发模式，从宝武自行开发转为政企联合开发。2020 年 8 月，特钢和不锈钢区域内两个 1 平方千米先行启动区控规获批。两个 1 平方千米先行启动区（3000 亩）于 2022 年签订市区联合收储协议。其中 1000 亩宝武集团自行保留开发建设。2000 亩土地实施收储开发。剩余 4 平方千米完成补充协议签订，启动市区联合收储程序。截至 2023 年 6 月，两个先行启动区内宝武转型项目总投资额近百亿。特钢 01-02 地块一期南楼竣工投用，宝山人才港政务大厅和宝武中央研究院、福君基因、宝恒公司等单位入驻。一期北楼地上钢结构完成，特钢07-01 地块桩基施工完成。

市区联合，加快推动国资国企转型。吴淞创新城在地央企、市属国企等各类主体近 400 家，土地使用权属关系复杂。不仅有中央企业、市属企业、区属企业等国有企业，也有集体、私营及外资企业。宝山区联合市级部门，多次与东方国际、申能、中铝、华谊、仪电等国企对接。东方国际半岛 1919 转型项目完成控规公示。申能吴淞煤气厂转型项目控规任务书通过初审，启动产业认定程序。配套同步，导入重大功能性项目。上大美院前期工作全面开展，教学区、生活区两幅地块完成土地收购协议签订，设计方案基本稳定，风貌甄别论证工作启动。中山医院吴淞医院迁建项目完成项建书编制上报，征地及调规工作加快推进。轨交 18 号线二期完成动迁，主体结构基本建成。轨交 19 号线进入前期筹备阶段，开展专项规划及工可意见征询。

上海大学上海美术学院吴淞校区效果图

供稿单位：上海市宝山区发展和改革委员会

链接 129　邮轮滨江带实现跨越式发展

黄浦江两岸的开发，从卢浦大桥、陆家嘴逐步延伸到吴淞口，是宝山的重要空间和机遇。宝山紧抓这一机遇，持续推动滨江岸线转型，将原有滨江"老码头"转型为吴淞口国际邮轮港，将40多年的钢渣"老堆场"改建为国家 AAAA 级景区吴淞炮台湾国家湿地公园，将"老港区"上港十四区转型成集"三游"服务（邮轮、游船、游艇）、商业商务、文化娱乐、休闲居住为一体的城市综合体，将穿过"老厂房"的蕴藻浜打造成一条活力涌动的"科创之河"。宝山滨江逐渐由传统的生产性岸线向休闲性、生活性岸线转变，由传统的工业区形态向现代化、国际化的城市转变，打造独具魅力的邮轮滨江带。

在以邮轮港为核心的滨江约6千米岸线、3.5平方千米的区域中，宝山区政府累计投入财政资金约20亿元，撬动了超过300亿元的社会投资，打造了1个亚洲最大的国际邮轮港、2个五星级酒店（在建）、5座场馆、6个公园、50万平方米商业商务载体和超过2000亩生态景观绿化。其中1.8千米的核心滨江岸线，致力于打造游艇码头等设施；180米观光塔，眺望长江之水奔流而下；长滩音乐厅，可供千人享受视听盛宴；世界第三大巨幕球体影院，宛如明珠般浮于地平线之上；大型体验式商业，给生活带来更多可能性；天地穿越隧道，打造人车分流的舒适生活。

作为邮轮滨江带的重要功能性项目，吴淞口国际邮轮港于2008年12月20日开工，2011年10月15日开港。项目一期岸线长774米，建有2个大型邮轮泊位，可同时靠泊2艘10万吨级以上邮轮。为满足邮轮旅游市场的发展需求，于2015年启动后续工程建设，新建两个大型邮轮泊位和客运大楼，码头岸线延伸至1600米，客运大楼总面积达7.9万平方米，2018年7月13日正式投入使用，实现了"四船同靠"、年接靠邮轮800—1000艘次的运营能力。2020年6月，启动了"东方之睛"大修改造工程，2021年年底基本完成。

自2011年起的十余年里，排名全球前五的邮轮公司共18艘母港邮轮在此开启亚洲首航，累计接待邮轮2269艘次，累计接待出入境旅客约1419.6万人次，引领中国邮轮进入"大船时代""新船时代"。邮轮靠泊艘次数和旅客吞吐量三年间鼎亚太第一（2014 年超过新加坡港口），五年成为全球第四（2016 年超过西班牙巴塞罗那港口），2017 年出入境旅客量超过虹桥机场，成为上海第二大出入境口岸。

2024 年 1 月 1 日，备受瞩目的国产首艘大型邮轮"爱达·魔都号"从吴淞口国际邮轮港扬帆首航

2024 年 1 月，华夏国际邮轮有限公司注册成功、正式落户上海宝山，助力宝山全面拓展邮轮旅游、邮轮船供、邮轮免税等业务。同月 30 日，华夏国际邮轮公司注册落户服务推进座谈会召开，围绕央地协作发展大局、聚焦民族邮轮产业发展前景，凝聚邮轮产业体系高质量发展合力

供稿单位：上海市宝山区滨江开发建设管理委员会

链接 130　构建宝山高新技术产业园区南北融合发展格局

2021 年 9 月，按照宝山区关于开发区规范化管理工作部署及要求，宝山工业园区和宝山城市工业园区正式合并，新成立上海宝山工业园区，并加挂上海宝山高新技术产业园区（以下简称宝山高新区）。宝山高新区规划总面积 26.52 平方千米（北区 20.54 平方千米、南区 5.98 平方千米），其中已开发土地 18 平方千米（北区 12.7 平方千米，南区 5.3 平方千米），未开发土地 8.6 平方千米（北区 7.84 平方千米，南区 0.76 平方千米）。**北部区域：**东至北蕰川路，西至沪太路，南至石太路，北至新川沙路。**南部区域：**东至外环线，西至嘉定交界，南至普陀交界，北至蕰藻浜。2022 年 9 月成立上海宝山高新（集团）有限公司，宝山高新区受区国资委委托对高新集团进行监督管理。高新集团主要从事产业运营、资产运营和投融资管理等业务，搭建"1+5"的总体运行架构，即 1 个功能型集团总部和 5 个市场化运营公司。

宝山高新区按照"南总部 + 北制造"发展总方针，南部集中体现科创服务和引领功能，重点发展总部经济、创新成果转化和场景应用；北部集中体现产业集聚和产出，重点打造产业集群和创新成果产业化基地。截至 2023 年 5 月，宝山高新区落地企业数约 1770 户，注册企业数约 19980 户，经济发展势头迅猛。2022 年完成地方财政收入 9.87 亿元，规上工业总产值 372 亿元，产业投资 13.6 亿元。

宝山高新区围绕打造北上海生物医药产业园、上海超能新材料科创园，着力在生物医药和新材料两大产业上深耕细作。**在生物医药领域，**截至 2023 年 5 月，吸引企业 672 户（落地企业 100 户，注册型企业 572 户），2022 年生物医药产业规上工业总产值 31 亿元，占宝山全区比重 58.4%；营业收入连续三年实现 10 亿元增长，平均增幅 28.4%（2020 年 37 亿元、2021 年 51 亿元、2022 年 61 亿元）。陆续引入艾博生物、药物牧场、近观科技、予果生物、时珍医疗等一批细分领域龙头企业，通过土地盘活引入联东·海隆生命健康谷等"园中园"项目，加速构建生物医药产业链。同时，生物医药产品注册指导站实体化运作，"上海创新型科技疫苗产业园"挂牌，上海长三角高端医疗器械创新研究和检测中心成功组建。**在新材料领域，**聚焦前沿新材料、关键战略材料和先进基础材料，重点发展超碳、超导、超硅，同时布局未来产业超膜。近 3 年，企业质量显著提升，截至 2023 年 5 月，162 户（落地企业 132 户、注册型企业 30 户）企业中，科技型企业占比 1/3，其中高新技术企业 48 户、专精特新企业 22 户、企业技术中心 34 户、科技小巨人 8 户。规上产值实现每年平均 50% 增长（2020 年 62 亿元、2021 年 87 亿元、2022 年 148 亿元）。

宝山高新技术产业园区俯瞰

供稿单位：中共上海市宝山工业园区工作委员会

链接 131　"科创＋环上大"双链融合

作为环上大科技园"一镇、二城、三园"的核心区，大场镇紧紧围绕"科创宝山"建设目标，主动融入环上大科技园建设，按照科创中心主阵地核心区的定位，做好做足大学科技园的文章，在集聚科技创新链和优化环上大生态链对接融合的过程中，努力走出一条科创引领区域转型新路子。

积极拓展产业发展空间。加快科创载体项目落地拉动资本引入，以国家级创业孵化基地宝山科技园为核心，引导支持镇域创新创业载体向科创转型，推动载体能级提升。从零起步，精心谋划布局核心基地，形成链式服务。现已完成零号、2号、4号基地的建设，6号基地已授牌。其中：零号基地（宝山科技园）主体建筑三层将拓展为上大教师科研成果转化孵化的空间。2号基地（国际研发总部基地）内各类配套设施已全新升级，行知读书会、洛克体育公园、餐厅及健身俱乐部等入驻。

持续加强科创综合服务。 打好"上大牌"，对接环上大科技园发展，发挥上海大学创新策源地功能，积极主动支持各类研发机构服务平台向环上大科技园集聚。聚焦产业链关键环节，夯实高质量发展根基，推动科创中心主阵地核心区建设。通过加强与上海大学的深入合作，构建技术、人才、资本、服务等要素汇聚的创新生态。主动协助科创项目对接载体资源、加速科研成果转化，上大校友企业上海摇橹仪器设备有限公司获评上海市高新技术企业。

环上大科技园零号基地

积蓄科创产业发展动能。 围绕科创产业发展，着力构建服务科创板块上下游全产业链，提升在地科创企业的价值链，强化政策资源支持聚焦，培育大场"智"造产业品牌。宝山科技园孵化器通过国家级创业孵化示范基地复评，获评上海市科技企业孵化器称号。推进钛合新材料（上海）平台加速落地；与上大材料科学与工程学院共建，整合中国钢研、中科院、长钛工程技术研究院等战略资源，实现高质量产学研协同创新和科技成果转化。

全方位提升城市软实力。着力打造环上大"科技创新生态区",结合环上大周边环境提标、新一轮"创全"等重点工作,启动环上大周边祁连山路等9条"美丽街区"及23个"美丽家园"创建;加快聚丰园路提标改造,早日实现形态焕新、业态升级、功能完善。从环境品质、智慧赋能、人文环境等多角度提升城市软实力,加快建设新兴产业集聚、产城融合发展、生态宜居宜业的现代化转型样板城市。

供稿单位:中共上海市宝山区大场镇委员会

第三节 推进全链条融合，全面构建科创创新生态

2020 年 11 月 30 日，在距离上海大学不远的临港城工科技绿洲，环上大科技园正式开园。环上大科技园规划面积约 57 平方千米，是宝山区与上海大学携手构筑千亿级规模的科创产业高地。短短两年多时间，环上大科技园从"零"起步，科创阵地依次列阵——从零号基地（宝山科技园）、一号基地（临港城工科技绿洲）、二号基地（上海国际研发总部）、三号基地（石墨烯功能型平台）4 大核心基地，拓展至 9 大基地，功能定位清晰、空间布局合理，成果孵化、中试加速到产业化"内循环"创新链基本形成。截至 2023 年 8 月，环上大科技园吸引集聚 416 家企业，成果转化项目达 102 个。其中多项成果获国家科技进步奖、国家颠覆性技术创新大赛优胜奖等多个国家级奖项，诞生了全国首片 8 英寸石墨烯晶圆、首艘南极科考无人艇、首例新型火箭烯碳铝合金、首部涡轮无人机发动机等产品，成果转化效益稳步提升，初步凸显了"集聚、赋能、提效、辐射"四位一体的"磁场"效应。

环上大科技园一号基地——临港城工科技绿洲。2018 年 5 月 21 日，宝山城市工业园区与临港集团合作开发的临港新业坊·城工科技绿洲项目正式启动。该项目是集办公、科研兼具的复合型企业园区，借力临港集团的园区开发资源和产业开发基金，实现开放式、共赢式发展

环上大科技园示意图

经过两年多的建设，宝山区形成了科创生态体系的良性循环。紧跟环上大科技园，更多的大学科技园纷至沓来。全区建成以环上大科技园为核心、辐射上海华中科技大学科技园、悉尼科技大学上海创新研究院的"环上大科技创新核"，沿轨交3号线布局上海北大科技园、宝山复旦科创中心、同济大学科技园宝山园、上海理工大学科技园、上海第二工业大学科技园等的"大学科技成果转化带"，"一核一带"大学科技园集群初步形成。

从0到1，从1到N，由量到质，环上大科技园从单圈蝶变为双圈，发展成宝山B-link科创生态圈。B-link生态圈有着"内外双圈"系统：内圈的核心是科创主体的演变成长，体现从科技成果、初创企业到产业化企业的转化链条；外圈构建包含了新型研发体系、空间生态体系、数字赋能体系、科技服务体系、营商服务体系、金融支持体系等在内的科技成果转化六大赋能体系，内圈与外圈合力形成有机统一体，为宝山打造"科创之城"积极赋能。

系统布局科创空间。以环上大科技园为核向扇面辐射，形成"一核一带"大学科技园集群，以"科创之河"蕴藻浜勾连吴淞、南大两大未来产业之城，以南部城区星罗棋布的双创载体和"五大产业园区"丰富的产业承载资源为纽带，开启"大学科技园研发＋产业园区生产制造"的产业发展新模式。

加强新型研发机构建设。有机衔接国家核心战略科技力量与宝山区发展规划，推动吴淞材料实验室成功落地宝山，致力于突破一批关键技术理论瓶颈，产出一批重大原创技术成果。加强与长三角国家技术创新中心合作，推动专业技术研究所、大企业联合创新中心等高能级科创平台落地，加快发挥石墨烯市级功能型平台研发与转化作用，推动烯碳铝合金、石墨烯增韧碳复合材料等硬科技产业化。

强化金融支撑。积极探索风险共担、利益共享科技创新范式，搭建宝山科创金融赋能平台，联合银行、保险、基金等金融机构实施"投保贷"联动计划，鼓励引导投资机构"投早、投小、投科创"。2021年，宝山区揭榜国家科技成果转化"先投后股"创新改革试点任务，甘当科创企业的"天使投资人"。

优化营商服务。从国家科技部专项政策、市级南北转型专项支持政策、市区联动宝山转型发展专项政策到宝山科创"30条"、大学科技园"黄金十条"、"生物医药2.0版"专项等，多级政策精准聚焦成果转化、人才引进等领域，以叠加效应推动成果落地转化，并给予企业全方位的产业扶持。

集成科技服务。聚焦公共服务领域，引进培育一批社会化、市场化、专业化服务机构，为创业团队和企业提供研发设计、检验检测、技术评估、知识产权、法律财务和投融资等专业化、集成化服务，助力科技成果加速转化和产业化。

推行数字服务。为更好帮助高校院所科研成果与企业技术需求匹配，宝山区与国家技术转移东部中心共建B-Link"科创宝"平台，以数字化手段构架企业"需求端"、高校"成果端"、中介"服务端"、政策"供给端"之间的桥梁，满足企业需求。

供稿单位：上海市宝山区科学技术委员会

链接132 实现"科创30条"产业扶持政策全程网办

为加快推进上海科创中心主阵地建设，确保产业扶持政策落地落实见效，宝山区于2021年4月1日正式出台《宝山加快建设科创中心主阵地促进产业高质量发展政策》（以下简称"科创30条"）。"科创30条"政策全市首创纳入"一网通办"体系，在"一网通办·宝山频道"中开设"宝你惠政策直通车"专栏，采取"一口受理、全程网办"，实现7×24小时开放申报。部门间可通过系统实现接力审核、请款、拨付，做到用数据跑路代替人员跑路。企业可通过申报页面反馈及短信通知，实时掌握政策申报进度，从而确保企业全程零跑动，即可完成扶持申报和拨付下达。

2022 年，宝山区加快推动"一网通办"从"好用"向"爱用"转变

在"一网通办·宝山频道"上，宝山区将区重点产业政策按照企业全生命周期进行归类，打造了包含"项目供地保障、租金补贴扶持、产业做优做强、金融服务支持、人才聚集保障、低效用地盘活、科技创新引领、园区高质量发展、数字化转型支持、招商引资激励"十大类专题的"宝你惠政策直通车"特色栏目。同时运用"数源工程"进行信用数据校验，精准匹配申请企业的信用数据并推送至各政策主管部门，助力区产业扶持政策精准兑现。

2021 年 4 月实施以来（截至 2023 年 3 月 31 日），共通过"宝你惠政策直通车"政策申报系统拨付资金 11.11 亿元，惠及 2054 家企业。

供稿单位：上海市宝山区经济委员会

链接 133　一批优质项目落地

宝山区围绕科创中心主阵地建设，制定《宝山区投资促进项目落地全链式服务实施意见》，推进项目早签约、早落地、早开工、早达产，用全链式服务推动形成"初创企业拎包入驻、潜力企业先租后售、成熟企业优先供地"的资源配置格局。此外，制定《关于进一步加强招商引资推动高质量发展的若干举措（2023—2025 年）》，明确 5 个方面 18 项重点任务，统筹条块合力，压实责任目标，完善考核评优，通力协作共促量增质优结构、固投项目招引、载体资源提级升级。

在全链式服务模式下，宝山区顺利招引艾博生物（上海）研发中心项目、易卜半导体晶圆级集成电路封装项目、上海碳峰科创中心项目、宝济重组蛋白药物产业化项目、国盛产投宝山生物医药产业基地项目二期等一批重大优质项目。2023年全年引进70个固投亿元以上项目，总投资额454.15亿元。

2023年6月，位于宝山的艾博生物科技（上海）有限公司首款肿瘤治疗领域mRNA在研药物ABO2011注射液的新药临床试验申请获得国家药品监督管理局批准，用于治疗系统化标准治疗后进展或转移的晚期实体瘤

近年来，生物医药产业发展迅猛，为做强生物医药产业链，宝山区加大对合成生物、疫苗、创新医疗器械等细分赛道的招引力度。其中，艾博生物是一家专注于mRNA药物研发的临床期创新型生物医药公司，拥有业界领先的具有自主知识产权的mRNA和纳米递送技术平台。2022年，宝山区得知艾博生物有意向落户宝山，立即成立工作小组与之对接。针对艾博生物提出的诉求，按照产业项目进行"全流程"服务、"全过程"跟踪、"全口径"准入要求，与高新园协同作战、靠前服务，一是先后对接市药监局、区人社局等部门，将监管服务前置、公租房服务前置、人才服务前置。二是与相关单位组建环评、能评、安评工作小组，为艾博生物（上海）项目落地提供全程帮办。在多方协同合作下，艾博生物（上海）落户宝山高新技术产业园，于上海北郊未来产业园投资建设艾博生物上海研发中心，打造国内领先、国际一流的mRNA平台药物创新研发中心。

新落地企业因业务刚起步、初期投入大等原因，对扶持资金的需求比较急迫。宝山区主动作为，跨前服务，积极帮助相关企业申报相关扶持政策，详细讲解申报要求，指导其准备申报材料，在坚持原则的前提下，采用容缺受理等处理方式，帮助企业在落地当年申请到相关扶持政策，有力缓解资金压力，有效保障公司顺利开展研发业务。

供稿单位：中共上海市宝山区科技创新开发工作委员会

链接 134　环上大科技园专项政策"黄金十条"

宝山区围绕建设上海科创中心主阵地目标任务，推动环上大科技园高质量建设发展，2021 年 2 月，宝山区发布《环上大科技园专项政策（试行）》，在成果转化奖励、企业研发补贴等 10 个方面给予大力支持，助力科技成果转移转化。

项目转移转化。鼓励高校院所科技成果转化和产业化，按项目投入 30%，给予最高 1000 万元补贴。**高端人才引进**。给予高层次人才最高 200 万元安家补贴，人才落户、人才公寓等名额向环上大科技园倾斜。**创投基金设立**。鼓励在环上大科技园设立创投基金以及增资扩股，按照基金规模的一定比例给予最高 1500 万元奖励。**研发机构建设**。支持布局建设各类新型研发机构，按照项目总投资 50%，省部级研发机构给予最高 4000 万元支持，区级研发机构给予最高 1000 万元支持。**转移转化服务**。鼓励专业化、市场化服务机构为企业提供技术转移服务，每份合同按 30% 给予奖励，单个合同不超过 10 万元。**技术创新投入**。对重点企业两年研发费用按 30%，给予最高 300 万元补贴。**创新企业集聚**。对重点企业办公用房、工业厂房租金最高给予 500 万元补贴。**创新创业载体建设**。支持高校在宝山建设大学科技园等创新创业载体，按照"一事一议"原则给予运营补贴和绩效奖励。**降低用地成本**。优先保障科技成果产业化项目用地，实行产业用地地价与项目绩效挂钩，出让价款可分期缴纳。**转移转化活动**。鼓励举办有较大影响力的创新创业、成果转移转化活动，按实际金额的 50%，给予最高 100 万元支持。

2021 年 7 月，1876 环上大科技园 06 基地项目启动建设。"1876 环上大科技园 06 基地"项目位于大场镇沪太路 4290 号，总投资达 2 亿元，一期占地面积 2.8 万平方米，建筑面积约 2.5 万平方米。该项目积极融入环上大科技园建设，加强与上海大学优势学科的对接，推动产学研高效联动，提升对上海大学技术、成果、人才溢出的承接能力，着力打造 1876 环上大科创研发平台，共建校区、园区学科创新平台，环上大众创孵化的集聚平台，环上大科技圈创业培训平台

供稿单位：上海市宝山区科学技术委员会

链接 135　科技成果转化项目"先投后股"

2021 年，宝山区积极揭榜国家发改委、科技部"以先投后股方式促进科技成果转化"的国家创新改革试点，作为上海唯一以区为主体、大胆探索科技成果转化"风险共担、利益共享"创新机制的代表，勇闯无人区，敢当试验田。2022 年 8 月，宝山区正式对外发布《宝山区科技成果转化项目"先投后股"创新改革试点方案》。

科技成果转化难跨越小试、中试的死亡之谷，其中一个主要原因是从科研经费支持转向社会资本投入时，市场存在一定程度失灵。宝山区围绕科创中心主阵地

2023 年 12 月 13 日，上海同芯构技术有限公司作为首批"先投后股"重大产业化技术项目之一，成功获得市场化融资，成为"先投后股"首个转股项目。自 2021 年"先投后股"政策实施至 2023 年 12 月，累计扶持 16 个项目，扶持资金达 1 亿元

建设，坚持走"科技成果转化与产业化"之路。以"投早、投小、投硬核"作为项目筛选的逻辑线，通过机制设计，打破传统财政资金"无偿扶持""撒胡椒面"的投入方式，实现向"股权投资"转变。

宝山区始终坚持"科技成果转化"作为贯穿全程的工作主线，并为此设计一个贯穿全程的工作主体——上海宝山技术转移有限公司，它既是"科技成果转化"项目合伙人，又是资金性质转变的点金之石。针对遴选后拟立项的创新项目，签订四方协议，约定后续转股、退出等各项事宜。同时，技转公司作为科技成果转化全生命周期合伙人，为创新项目提供全方位的投后管理服务。

供稿单位：上海市宝山区科学技术委员会

链接 136　全国率先建立千米级高温超导电缆应用示范工程

2019 年 2 月 21 日，中国首条千米级高温超导电缆示范工程启动。2021 年 12 月 22 日，由落户在宝山高新技术产业园区内的上海国际超导科技有限公司牵头自主研发制造的世界首条 35 千伏千米级超导电缆输电工程在上海正式投运，开创了千米级超导电缆在全球城市核心区域的应用先例。工程建设 1 回 35 千伏超导电缆线路，替代原有 4 回共计 12 根 35 千伏常规电缆，联结两座 220 千伏变电站，总长 1.2 千米，额定电流 2200 安培，额定容量 133 兆伏安，采用全程排管敷设工艺，是世界上距离最长、输送容量最大的 35 千伏超导电缆输电工程，为上海地区约 4.6 万用户供电。

2021 年 12 月 22 日，世界首条 35 千伏千米级超导电缆输电工程正式投运

此项"破茧而出"的科技成果，各项数据均领先于国际先进水平，一举创造了五项世界领先成果：世界上第一个为城市负荷中心供电的超导电缆工程、世界上输送容量最大的商业化运行超导电缆工程、世界上输送距离最长的超导电缆工程、

世界上唯一采用全程排管敷设的超导电缆工程、世界上唯一拥有双接头的超导电缆工程。

35千伏千米级超导电缆示范工程的成功运行系中国新型电力系统关键技术领域中取得的一项重大突破，不仅验证了超导电缆的技术可行性，更促进了国产高温超导带材的稳定量产，为高温超导产业形成了可持续的、市场化的发展环境，是上海超导产业的发展历程中的一座里程碑。截至2023年8月，已连续安全稳定运行超过600天，累计为上海徐家汇商圈、上海体育馆等核心区域4.9万户用户供电近3亿度，开创了千米级超导电缆在大型城市核心区域运行的世界先例。

供稿单位：中共上海市宝山工业园区工作委员会

后记

　　为全面深入贯彻落实党的二十大精神，践行习近平新时代中国特色社会主义思想，上海市委党史研究室组织全市各区党史部门，编写出版反映各区在党的十八大以来发展成就的系列书籍。宝山区委党史研究室在区委坚强领导和市委党史研究室的大力指导下，组织全区有关部门编写出版《新时代非凡十年的宝山答卷》。

　　全书采用综述与分述相结合的形式，生动、全面地展示党的十八大以来在中央和市委决策部署下，宝山区在经济建设、政治建设、文化建设、社会建设、生态文明建设以及全面从严治党领域的发展历程和标志性成就，重点突出宝山区的创新举措和特色亮点。综述部分概述宝山非凡十年的重大成就，共约 1.6 万字，由区委研究室撰写。分述部分共设置经济、政治、文化、社会、生态、党建、科创 7 个板块，收录案例 34 个，链接 136 个，文字约 15 万字，图片约 180 幅，由各参编单位供稿。区委党史研究室承担全书具体编辑工作。区委党史研究室主任戴建美担任主编，区委党史研究室副主任王素炎担任副主编，郭莹吉负责编辑各街镇园区部分，田翔辉负责编辑第一章、第七章，吴思敏负责编辑第二章、第六章，吴嫣妮负责编辑第三章、第四章，金毅负责编辑第五章。部分资料来源于《宝山年鉴》《宝山报》，以及"上海宝山"政府网站、"上海宝山"公众号等。

　　本书的编写得到上级部门高度重视和有力指导，也得到各供稿单位和上海人民出版社的倾力支持，在此向所有提供支持帮助的单位和个人表示诚挚的感谢。由于部分记录的历史还在发展变化之中，难免存在疏漏，敬请广大读者批评指正。

编者
2024 年 1 月

图书在版编目(CIP)数据

新时代非凡十年的宝山答卷/中共上海市宝山区委
党史研究室编. —上海:上海人民出版社,2024
ISBN 978 - 7 - 208 - 18789 - 4

Ⅰ. ①新… Ⅱ. ①中… Ⅲ. ①社会主义建设成就-宝
山区 Ⅳ. ①D619.513

中国国家版本馆 CIP 数据核字(2024)第 053584 号

责任编辑 宫兴林
封面设计 汪 昊

新时代非凡十年的宝山答卷
中共上海市宝山区委党史研究室 编

出 版 上海人民出版社
 (201101 上海市闵行区号景路 159 弄 C 座)
发 行 上海人民出版社发行中心
印 刷 上海盛通时代印刷有限公司
开 本 720×1000 1/16
印 张 20
字 数 306,000
版 次 2024 年 3 月第 1 版
印 次 2024 年 3 月第 1 次印刷
ISBN 978 - 7 - 208 - 18789 - 4/D · 4277
定 价 136.00 元